"十四五"职业教育国家规划教材

供中等卫生职业教育各专业使用

病原生物与免疫学基础

BINGYUANSHENGWU YU MIANYIXUE JICHU

主　　编　郑小波　王有刚
副 主 编　秦静英
编　　者（按姓氏汉语拼音排序）
陈　雯（广西玉林市卫生学校）
范丽英（邯郸市卫生学校）
吉木斯（内蒙古包头医学院职业技术学院）
李　辉（安徽省淮南卫生学校）
聂新星（石河子大学护士学校）
秦静英（南宁市卫生学校）
王有刚（吉林卫生学校）
杨　鹏（广西梧州市卫生学校）
姚伟妍（重庆市医药卫生学校）
郑小波（重庆市医药卫生学校）
祝司霞（攀枝花学院医学院）

科 学 出 版 社
北　京

内 容 简 介

本教材以教育部《中等职业学校专业教学标准（试行）》和《护士执业资格考试大纲（试行）》为依据，按照中等职业教育护理专业人才培养目标，遵循“必需为准，够用为度，实用为先”的基本原则进行编写。本教材主要内容分为病原生物和免疫学基础两部分，包括病原生物的生物学特性、致病性、免疫性、防治原则及免疫学相关基本概念、免疫知识应用等。针对中职学生的认知规律，本教材各章节均通过临床案例导入，正文部分增加知识链接、护考考点、自测题，书后附有实验指导、教学基本要求和自测题参考答案。

本教材可供中等卫生职业教育各专业使用。

图书在版编目（CIP）数据

病原生物与免疫学基础 / 郑小波，王有刚主编. —北京：科学出版社，2018.1

“十四五”职业教育国家规划教材

ISBN 978-7-03-055449-9

Ⅰ. 病… Ⅱ. ①郑… ②王… Ⅲ. ①病原微生物–中等专业学校–教材 ②医学–免役学–中等专业学校–教材 Ⅳ. ①R37 ②R392

中国版本图书馆 CIP 数据核字（2017）第 282659 号

责任编辑：张 茵 张 娟 / 责任校对：张凤琴
责任印制：吴兆东 / 封面设计：铭轩堂

科学出版社 出版
北京东黄城根北街 16 号
邮政编码：100717
http://www.sciencep.com

北京华宇信诺印刷有限公司印刷
科学出版社发行 各地新华书店经销
*
2018 年 1 月第 一 版 开本：787×1092 1/16
2026 年 1 月第十三次印刷 印张：10 1/2
字数：245 000

定价：29.80 元

（如有印装质量问题，我社负责调换）

中等职业教育数字化课程建设教材

编审委员会

中等职业教育数字化课程建设教材

教材目录

书　名	主　编	书　号
1. 语文	孙敬华　李经春	978-7-03-055597-7
2. 英语	方　莉	978-7-03-055594-6
3. 医护英语	曹　岚	978-7-03-055598-4
4. 计算机应用基础	张全丽	978-7-03-055596-0
5. 职业生涯规划与就业指导	宋晨升	978-7-03-055723-0
6. 护理礼仪	李　蕾	978-7-03-055595-3
7. 人际沟通	王艳华	978-7-03-055397-3
8. 解剖学基础	万爱军	978-7-03-055390-4
9. 生物化学	钟楠楠　丁金娥	978-7-03-055482-6
10. 化学（第 3 版）	丁宏伟	978-7-03-055914-2
11. 医用物理（第 2 版）	李长驰	978-7-03-055913-5
12. 生理学基础	柳海滨	978-7-03-055393-5
13. 病理学基础	周士珍　卢桂霞	978-7-03-055395-9
14. 药物学基础	符秀华	978-7-03-055387-4
15. 医学遗传学基础	王　懿	978-7-03-055349-2
16. 病原生物与免疫学基础	郑小波　王有刚	978-7-03-055449-9
17. 护理学基础	郭　蔚	978-7-03-055480-2
18. 内科护理	张晓萍	978-7-03-055354-6
19. 外科护理	王　萌　郝　强	978-7-03-055388-1
20. 妇产科护理	李民华	978-7-03-055355-3
21. 儿科护理	李砚池	978-7-03-055394-2
22. 健康评估	袁亚红　程　颖	978-7-03-055391-1
23. 社区护理	马　英	978-7-03-055389-8
24. 老年护理	杨建芬　张　玲	978-7-03-055350-8
25. 传染病护理	曾志励	978-7-03-055720-9
26. 中医护理基础	韩新荣	978-7-03-055558-8
27. 急救护理技术	程忠义	978-7-03-055396-6

前　言　QIAN YAN

党的二十大报告指出："培养造就大批德才兼备的高素质人才，是国家和民族长远发展大计。" 教材是教学内容的重要载体，是教学的重要依据、培养人才的重要保障。本次教材编写旨在贯彻党的二十大报告精神和党的教育方针，落实立德树人根本任务，坚持为党育人、为国育才。科学出版社组织全国多家医药职业院校优秀教师依据教育部最新《中等职业学校专业教学标准（试行）》要求，结合我国医药职业院校当前的教学要求编写了本套教材。本套教材具有以下特点。

1. 新形态教材　本套教材是以纸质教材为核心，通过互联网尤其是移动互联网，将各类教学资源与纸质教材相融合的一种新形态教材。读者可通过中科云教育平台，快速实现图片、音频、视频、3D 模型、课件等多种形式教学资源的共享，并可在线浏览重点、考点及对应习题，促进教学活动的高效开展。

2. 对接岗位需求　本套教材中依据科目的需要，增设了大量的案例和实训、实验及护理操作视频，以期让学生尽早了解护理工作内容，培养学生学习兴趣和岗位适应能力。教材中知识链接的设置，旨在扩大学生知识面，鼓励学生探索钻研专业知识，不断进步，更好地对接岗位需求。

3. 切合护考大纲　本套教材紧扣最新《护士执业资格考试大纲（试行）》的相关标准，清晰标注考点，并针对每个考点配以试题及相应解析，便于学生巩固所学知识，及早与护考接轨，适应临床护理岗位需求。

4. 落实立德树人根本任务　将思政教育融入专业知识的学习过程中，着力培养医学专业学生敬佑生命、救死扶伤、甘于奉献、大爱无疆的崇高精神。

本书在编写中作出以下尝试：一是按照知识逻辑顺序，将病原微生物与寄生虫部分合并为病原生物，并将细菌概述部分内容进行了整合，顺序上将免疫学基础部分放在病原生物之后，全书共 12 章；二是每章节均设计临床案例，通过临床情境和问题导入，实现本课程内容与临床岗位的对接，提升学生主动学习能力；三是教材编写以教学基本要求和《护士执业资格考试大纲（试行）》为指导，设置护考考点，便于学生突破教学重难点；四是配套有数字化教学资源，提升教学效果。

本课程建议教学时数 54 学时，各使用学校可根据具体情况予以调整。免疫学基础部分对中职学生的认知能力要求较高，各校在教学时可依据实际情况予以取舍，亦可调整教学顺序。

本书在编写过程中，得到了各位编委和所在学校的大力支持，在此一并表示感谢。因经验和编写能力所限，本教材存在的疏漏之处，恳请广大师生批评指正。

编　者

2023 年 5 月

目 录 MU LU

第1章 绪论

案例 1-1 某校学生在食堂集体用餐后，120 名学生出现恶心、呕吐、腹泻等症状，伴有低热，到医院就医检查血常规结果为白细胞升高。取呕吐物进行微生物检查，镜下观察可见革兰阳性球菌，普通培养基培养可见圆形中等大小的金黄色菌落。医生诊断为因感染金黄色葡萄球菌而导致食物中毒、急性胃肠炎。

1. 引起此病的病原体属于微生物的哪一型？
2. 该型微生物的特点是什么？

一、病原生物的概念与特点

我们生活的地球生命形式多样，生物种类繁多，其中包括微生物和寄生虫。部分具有致病性的微生物与寄生虫合称为病原生物。还有一些微生物和寄生虫在正常情况下不致病，只有在特定情况下才致病，称其为条件致病生物，如条件致病菌。

（一）微生物

微生物是存在于自然界的一群肉眼不能直接看到的体形微小、结构简单，必须借助于光学显微镜或电子显微镜才能观察到的微小生物。微生物广泛分布在土壤、水和空气等自然界中，在人、动物和植物的体表及与外界相通腔道中也存在大量的微生物。绝大多数微生物对人类是有益的，少数微生物能引起人和动物、植物疾病，这些具有致病性的微生物称为病原微生物。微生物具有如下特点。

1. 个体微小　微生物的体形极其微小，绝大多数是以纳米或微米为测量单位的非细胞或单细胞形式存在。各种微生物大小差异明显。

2. 结构简单　微生物由原核或真核细胞生命物质所组成，以单细胞、简单多细胞或无细胞形式存在，结构简单。

3. 种类繁多　微生物的种类很多，按其结构和组成可分为三大类。

（1）非细胞型微生物：是最小的一类微生物，能通过细菌滤器，无完整细胞结构，缺乏产生能量的酶系统，必须寄生于活的易感细胞内生长繁殖。此型微生物如病毒。

（2）原核细胞型微生物：这类微生物由单细胞组成，细胞核分化程度低，无核膜、核仁，染色体为裸露的 DNA 分子，胞浆中缺乏完整的细胞器。此型微生物包括细菌、支原体、衣原体、立克次体、螺旋体和放线菌。

（3）真核细胞型微生物：这类微生物细胞核分化程度较高，有核膜、核仁和染色体，胞质内有完整的细胞器。此型微生物如真菌。

4. 分布广泛　在自然界，微生物可谓无处不在，土壤、水、空气，甚至是太空、火山等极端环境，都有微生物的存在。我们人体的皮肤、口腔、胃肠道、泌尿生殖器官等部位，也分布种类、数量巨大的微生物。

5. 繁殖迅速　微生物代谢旺盛，繁殖迅速。微生物的繁殖方式简单，绝大多数为无性繁殖，繁殖速度极快，很多细菌 20 分钟即可繁殖一代，在生物界，微生物具有最高的繁殖速度。

6. 数量巨大　由于微生物的营养谱极广，生长条件要求不高，繁殖较快，因此凡有微生物生存之处，都有巨大的数量，其中土壤中的微生物最多，如每克土壤可含几亿个细菌。人的肠道中寄居着 100～400 种微生物，为肠道正常菌群，总数可达 100 万亿个。

7. 容易变异　微生物与外界环境直接紧密接触，易受环境因素的影响，发生突变，有很强的外环境适应力。如细菌的形态、结构、毒力、耐药性等发生变异。

（考点：微生物的种类）

知识链接

你知道微生物与人的关系吗

微生物分布广泛，自然界、人和动物的体表及与外界相通的腔道中都有数量不等、种类不同的微生物存在。绝大多数微生物对人和动、植物是有益的，有些是必需的。它们参与自然界的物质循环，如土壤中的微生物能将死亡动、植物的蛋白质转化为含氮的无机化合物，供植物生长需要，没有微生物，植物就不能进行代谢，人类和动物也将难以生存；在农业方面，广泛应用微生物制造菌肥、植物生长激素等，还利用微生物杀死害虫；在工业方面，微生物广泛应用于食品、皮革、纺织、石油、化工、冶金等行业；在医药工业方面，利用微生物制造抗生素、维生素和辅酶等；在环保工程中，利用微生物降解有机磷、氰化物等。近年来，在基因工程技术中用微生物作为基因载体生产胰岛素、干扰素等生物制品。

（二）寄生虫

在生物界，一些低等生物失去了自主生活能力，暂时或永久居留在其他生物体表或体内，从这些生物中摄取营养，维持生存，并对其产生损害，这些低等生物称为寄生虫。

寄居在人体并引起机体损伤的寄生虫，称为人体寄生虫，包括医学原虫、医学蠕虫和医学节肢动物三类。

1. 医学原虫　为单细胞真核动物，具有独立和完整的生理功能。寄生于人体的原虫均属原生动物门，共 40 余种，其中有一些对人体是致病的。包括叶足虫纲如溶组织内阿米巴、鞭毛虫纲如利士曼原虫、孢子虫纲如疟原虫和纤毛虫纲如结肠小袋纤毛虫。

2. 医学蠕虫　为多细胞无脊椎动物，体软，借肌肉伸缩蠕动。寄生于人体的蠕虫约 160 余种，其中重要的有 20～30 种。包括属于扁形动物门吸虫纲的吸虫和绦虫纲的绦虫；线形动物门线虫纲的线虫；棘头动物门棘头虫纲的棘头虫。

3. 医学节肢动物　主要指无脊椎动物中的节肢动物门，有 13 个纲，与人类关系密切的主要有蛛形纲的蠕螨类和昆虫纲的昆虫。

二、免疫的概念与功能

人类对免疫的认识源于对传染病的抵抗力。免疫的原意是免除或逃避“税捐”或“兵役”，后被用于医学领域将其含义引申为“免除瘟疫”（瘟疫即传染病），是指机体对病原生物所致疾病的抵抗能力，其结果对机体有利。

随着科学技术的不断发展和对免疫学的深入研究，人们发现免疫不仅仅局限于抗感染免疫。如临床上血型不符的输血会引起严重的输血反应；异体之间的植皮会出现强烈的移植排斥反应；使用青霉素等药物会引起过敏反应及植物花粉引起的过敏反应等。这些现象都说明机体具有识别“非己”物质的能力，而这些“非己”物质并不一定都是病原生物，其反应的结果也并非都对机体有利。

（一）免疫的概念

免疫是指机体识别和排除抗原性物质，维持自身平衡与稳定的一种生理功能。

（二）免疫的功能

机体的免疫功能是由免疫系统来完成的。免疫功能对机体的影响有利有害，在正常情况下，机体免疫系统能识别“自己”和“非己”物质，能有效地清除细菌、病毒等微生物和体内的肿瘤细胞、衰老、死亡细胞等，使机体内环境保持稳定，对机体有利。但在一定条件下，也可以导致组织损伤或生理功能紊乱，对机体产生有害反应，其结果就是发生免疫性疾病。机体的免疫功能主要体现在以下三个方面（表1-1）。

表1-1　免疫的功能及表现

免疫功能	正常表现	异常表现
免疫防御	抵抗各种感染	超敏反应/免疫缺陷病
免疫稳定	清除衰老、损伤的细胞	自身免疫病
免疫监视	清除突变细胞	肿瘤

1. 免疫防御　即通常所指的抗感染免疫。是机体对外来抗原（如病原微生物及其毒性产物）侵害机体时表现的一种生理性的保护反应。功能正常时，可抵抗各种病原生物的入侵，对已侵入机体的病原微生物及其毒性产物能及时进行清除，以保护机体免受感染。若此功能低下或缺陷时，病原生物即可在体内大量生长繁殖而引起免疫缺陷病，如反复感染、艾滋病等；倘若此功能过强，可引起机体组织细胞损伤或生理功能异常而导致超敏反应的发生。

2. 免疫稳定　是指机体免疫系统各组成之间的相互协调，以保证机体内环境相对平衡与稳定的一种生理功能，主要针对衰老、凋亡或受损的细胞。当功能正常时，能及时清除体内的衰老、凋亡或受损的细胞，使机体的各项生理功能处于最佳状态；若此功能紊乱，会导致辨“异”失误，使机体正常组织细胞遭到破坏，引起自身免疫病。

3. 免疫监视　是机体免疫系统对自身各组织细胞是否正常的一种监督机制。主要针对突变的细胞和病毒感染细胞，由体内的淋巴细胞来完成。该功能正常时，可及时发现和清除功能异常、发生突变的细胞和病毒感染细胞；若此功能降低时，则易发生肿瘤和病毒持续感染。

（考点：免疫的三大功能）

自测题

A_1/A_2 型题

1. 属于非细胞型微生物的是（　　）
   A. 真菌　B. 细菌　C. 放线菌
   D. 病毒　E. 螺旋体

2. 原核细胞型微生物不具备的结构是（　　）
   A. 细胞壁　B. 细胞膜　C. 细胞质

D. 核质　　E. 核膜

3. 寄居在人体并引起机体损伤的寄生虫，不包括（　）

A. 医学原虫　　B. 医学蠕虫

C. 医学节肢动物　　D. 哺乳动物

E. 华支睾吸虫

4. 有关免疫错误的描述是（　）

A. 机体可识别抗原性异物

B. 机体可排除抗原性异物

C. 机体可清除外来入侵者

D. 维护自身生理平衡

E. 以上都不对

（郑小波）

第2章 细菌概述

第1节 细菌的生物学特性

案例 2-1 某患者，女性，41岁，近1个月余咳嗽咳痰，并痰中带血。患者消瘦、感觉乏力，入院就诊。医生对患者痰培养标本进行检查，其结果是感染结核分枝杆菌，确诊为肺结核。

1. 医生是如何观察到结核分枝杆菌的？
2. 结核分枝杆菌的形态特点是什么？

细菌是一类具有细胞壁的原核细胞型微生物，在一定环境条件下，细菌有相对稳定的形态和结构。了解细菌的形态和结构，对研究细菌的生理功能、致病机制、免疫性及鉴别细菌、诊断和防治疾病等具有重要意义。

一、细菌的大小与形态

（一）细菌的大小

细菌个体微小，需用显微镜放大数百至上千倍才能看到。通常以微米（μm，1μm=1/1000mm）作为测量单位。不同种类的细菌大小不一，同种细菌随菌龄和环境变化有所差异。多数球菌的直径约为1μm，中等大小的杆菌长2.0～3.0μm、宽0.3～0.5μm。

（二）细菌的形态

细菌的基本形态有球形、杆形和螺旋形三种。根据形态特征可将其分为球菌、杆菌和螺形菌三大类（图2-1）。

1. 球菌　菌体呈球形或近似球形（肾形、豆形、矛头形等）。根据其繁殖时细菌分裂平面和分裂后排列方式的不同可分为以下几种。

（1）双球菌：细菌沿一个平面分裂，分裂后两个菌体成双排列，如脑膜炎奈瑟菌。

（2）链球菌：细菌沿一个平面分裂，分裂后多个菌体相连排列成链状，如溶血性链球菌。

（3）葡萄球菌：细菌沿多个不规则的平面分裂，分裂后菌体无规则地堆积呈葡萄串状排列，如金黄色葡萄球菌。

此外，还有沿两个相互垂直的平面分裂为四个菌体，分裂后每四个菌排列呈正方形的四联球菌；沿三个垂直平面分裂为八个菌体，分裂后八个菌体叠在一起排列呈正方体的八叠球菌。无论何种球菌，有时可看到单个菌体存在。

2. 杆菌　杆菌种类很多，其大小、长短、粗细均有差异。杆菌形态多数呈杆状，也有的菌体微弯，两端钝圆膨大或平切，长丝状或短球状。根据菌体两端形状和排列方式，可分为球杆菌、棒状杆菌、分枝杆菌和链杆菌等。杆菌多为分散存在，少数呈链状、栅栏状、八字状或分支状排列。

3. 螺形菌　螺形菌菌体弯曲，可分为两类。

（1）弧菌：菌体只有一个弯曲，呈弧形或逗点状，如霍乱弧菌。

（2）螺菌：菌体有数个弯曲，如鼠咬热螺菌。有的菌体细长弯曲呈螺旋形，成为螺杆菌，如幽门螺旋杆菌。

通常细菌在适宜条件下培养 8～18 小时，形态较为典型，当培养基成分、pH、培养时间及温度等环境条件改变时或细菌受抗生素等作用后，菌体则可能出现多形态。所以，在细菌的研究、鉴别及实验室诊断时应予以注意。

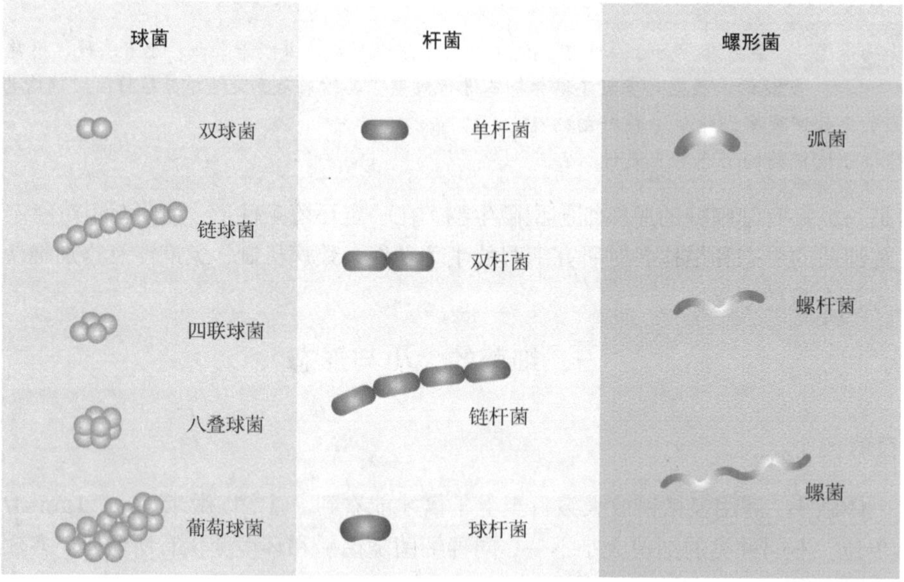

图 2-1　细菌的基本形态

二、细菌的结构

细菌的结构包括基本结构和特殊结构两部分。基本结构是各种细菌所共有的，包括细胞壁、细胞膜、细胞质和核质等；特殊结构是某些细菌在一定条件下所特有的结构，包括荚膜、鞭毛、菌毛和芽孢等（图 2-2）。

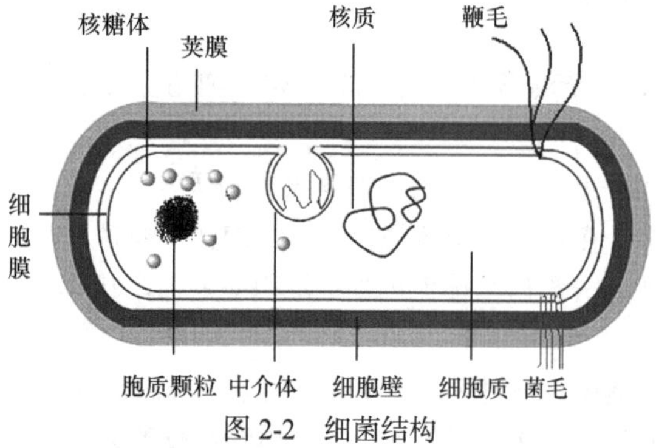

图 2-2　细菌结构

（一）细菌的基本结构

1. 细胞壁　细胞壁（cell wall）是包被于细胞膜外的坚韧而富有弹性的膜状结构。细胞壁的化学组成比较复杂，其厚度因菌种而异。光学显微镜下不易看到，经高渗溶液处理使其与细胞膜分离后，再经特殊染色才可见，或用电子显微镜可直接观察。用革兰染色法可将细菌分为两大类，即革兰阳性菌（G^+菌）和革兰阴性菌（G^-菌）。两类细菌细胞壁的结构和化学组成具有明显差异。

（1）G^+菌：细胞壁较厚（20～80nm），主要是由肽聚糖和磷壁酸构成。

1）肽聚糖：又称黏肽，是G^+菌细胞壁的主要化学成分，由聚糖骨架、四肽侧链和五肽交联桥三部分形成坚韧牢固的三维立体结构（图 2-3）。G^+菌细胞壁的肽聚糖层数多，15～50 层；含量高，占细胞壁干重的 50%～80%。凡是能破坏肽聚糖结构或抑制其合成的物质，均可损伤细胞壁而使细菌变形或裂解。如青霉素、溶菌酶能干扰肽聚糖的合成，故对G^+菌有杀灭作用。

2）磷壁酸：是G^+菌特有成分，穿插于肽聚糖中，并延伸至细胞壁外。磷壁酸抗原性很强，是G^+菌重要的表面抗原。磷壁酸具有黏附宿主细胞的作用，与细菌的致病性有关。

（2）G^-菌：细胞壁较薄（10～15nm），由肽聚糖和外膜构成。

1）肽聚糖：其结构与G^+菌不同，仅由聚糖骨架和四肽侧链构成，无五肽交联桥，为疏松的二维平面结构（图 2-3）。G^-菌细胞壁的肽聚糖含量少，只有 1～2 层，占细胞壁干重的 5%～20%。

2）外膜：是 G^-菌特有的化学成分，位于肽聚糖层外。外膜占细胞壁干重的 80%，是 G^-菌细胞壁的主要结构，由内向外依次为脂蛋白、脂质双层、脂多糖（lipopolysaccharide，LPS）三层结构（图 2-3）。脂多糖是 G^-菌的内毒素，菌体裂解后方可释放，与细菌的致病性有关。不同种类的细菌脂多糖结构一致，因此其对机体的毒性作用大致相同。G^-菌细胞壁含肽聚糖少，且有外膜多层结构的保护作用，因此，对青霉素、溶菌酶不敏感。

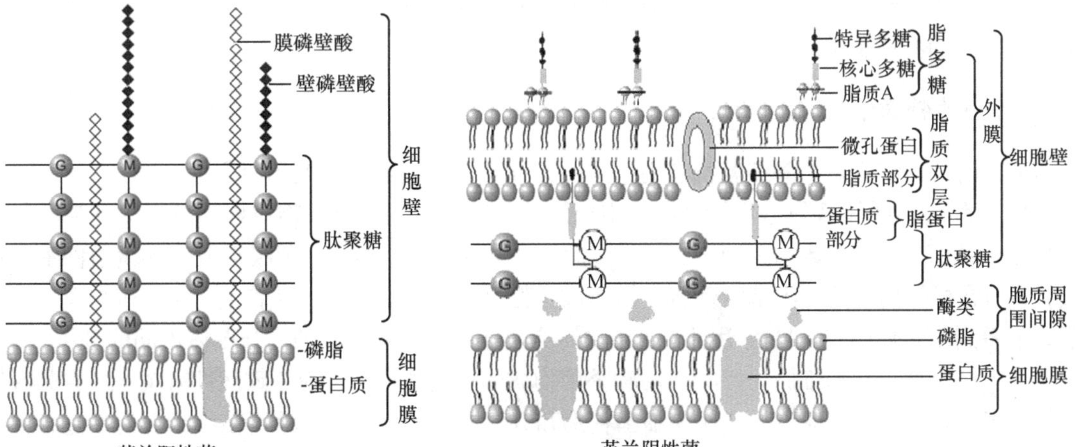

图 2-3 细菌细胞壁结构

由于G^+菌和G^-菌的细胞壁结构不同，导致两类细菌在染色性、免疫原性、致病性及对抗菌药物的敏感性等方面均有很大差异。如果细菌受某些理化或生物因素作用，细胞壁破坏或合成受抑制，但在高渗环境中仍可生长繁殖，这种细菌称为细胞壁缺陷型细菌或 L 型细菌。

细胞壁的主要功能：①维持细菌的固有形态；②参与细菌内外物质交换；③保护细菌抵抗低渗环境；④与细菌的致病性、免疫原性、药物敏感性及染色性有关。

2. 细胞膜 细胞膜是位于细胞壁内侧，紧密包绕细胞质的一层柔软并具有弹性的半渗透性生物膜。主要化学成分为脂类、蛋白质及少量多糖。基本结构与其他生物细胞膜基本相同，由脂质双层构成，其内镶嵌着具有特殊作用的酶和载体蛋白。膜内不含胆固醇是与真核细胞的区别点。

细胞膜的主要功能：①参与菌体内外物质交换；②参与细胞的呼吸过程；③是细菌生物合成的重要场所；④细胞膜内陷、折叠形成的囊状结构称为中介体，与细菌的分裂有关，多见于G^+菌。

3. 细胞质　细胞质是由细胞膜包裹的胶状物质。基本成分是水、蛋白质、核酸、脂类及少量的糖和无机盐。细胞质内含有多种酶系统，是细菌新陈代谢的主要场所。此外，细胞质中还含有许多重要结构。

（1）核糖体：又称核蛋白体，是游离于细胞质中的微小颗粒，数量可达数万个，由 RNA 和蛋白质组成，是细菌合成蛋白质的场所。有些抗生素如红霉素、链霉素，能分别与细菌核糖体的大、小亚基结合，干扰蛋白质合成而导致细菌死亡，但人体核糖体的组成与细菌存在差异，因而该类抗生素对人体无影响。

（2）质粒：是细菌染色体外的遗传物质，为双股环状闭合的 DNA 分子。质粒携带遗传信息，控制某些特定的遗传性状，医学上重要的质粒有 F 质粒（致育性质粒）、R 质粒（耐药性质粒）等。质粒能自我复制，并随细菌的繁殖传给子代，也可通过接合或转导的方式在细菌间传递。质粒不是细菌生命活动必需的遗传物质，失去后细菌仍能正常存活。

（3）胞质颗粒：多数为细菌贮存的营养物质，包括多糖、脂类、磷酸盐等。较常见的是异染颗粒，主要成分是 RNA 与多偏磷酸盐，嗜碱性强，经亚甲蓝染色后颜色较深，明显不同于菌体的其他部位，故称异染颗粒。常见于白喉棒状杆菌，有助于鉴别细菌。

4. 核质　核质是细菌的遗传物质。由于细菌是原核细胞，无核膜和核仁，也无蛋白质包绕，故称核质或拟核。其化学结构是由一条双股环状的 DNA 分子反复盘绕卷曲形成，与细胞质界线不明显，多位于菌体中央。核质具有细胞核的功能，控制细菌的生长繁殖、遗传和变异等，是细菌遗传变异的物质基础。

（二）细菌的特殊结构

细菌的特殊结构是某些细菌特有的结构，包括荚膜、鞭毛、菌毛和芽孢等。

1. 荚膜　某些细菌分泌并包绕在细胞壁外的一层较厚的黏液性物质称为荚膜。荚膜的化学成分因菌种而异，大多数为多糖，少数为多肽，个别的是透明质酸。荚膜形成与环境条件密切相关，一般在机体内或营养丰富的环境中易形成。荚膜用一般染色法不易着色，在普通光学显微镜下只能看到菌体周围有一层透明圈，用特殊的荚膜染色法可将荚膜染成与菌体不同的颜色。

荚膜具有抵抗吞噬细胞的吞噬作用和杀菌物质的损伤作用，与细菌致病性有关。组成荚膜的多糖、多肽等具有免疫原性，可作为细菌鉴别和分型的依据。荚膜多糖可使细菌彼此粘连，也可黏附于组织细胞表面，与细菌致病性有关，是构成细菌毒力的重要因素。

2. 鞭毛　某些细菌菌体上附着的细长呈波状弯曲的丝状物称为鞭毛。鞭毛很细，需用电子显微镜观察，或经特殊的鞭毛染色后才能在普通光学显微镜下看见。根据鞭毛的数目和位置，可将有鞭毛的细菌分 4 类，即单毛菌、双毛菌、丛毛菌、周毛菌。

鞭毛是细菌的运动器官，有鞭毛的细菌能运动，无鞭毛的细菌不能运动，可根据细菌的动力试验来鉴别细菌。鞭毛的化学成分主要是蛋白质，具有免疫原性，通常称为鞭毛抗原（H 抗原）。某些细菌如霍乱弧菌、空肠弯曲菌等借助鞭毛的运动穿透小肠黏膜表面的黏液层，使菌体黏附于肠黏膜上皮细胞，与致病性有关。

3. 菌毛　存在于许多 G^-菌和少数 G^+菌菌体表面的比鞭毛细而短直的丝状物称为菌毛。菌毛只能在电子显微镜下才能观察到，与细菌的运动无关。按其功能分为两类。

（1）普通菌毛：遍布于菌体表面，短而直，每个细菌可达数百根。普通菌毛具有黏附作用，可黏附于呼吸道、消化道、泌尿生殖器官黏膜上皮细胞表面，进而侵入黏膜引起感染，普通菌毛与细菌的致病性有关。

（2）性菌毛：数量少，只有1～4根，比普通菌毛长而粗，为中空管状，仅见于少数G^-菌。性菌毛由致育性质粒编码，通常把有性菌毛的细菌称为雄性菌（F^+菌），无性菌毛的细菌称为雌性菌（F^-菌）。雄性菌借性菌毛通过结合等方式将遗传物质（质粒）传递给雌性菌，使其获得相应的生物学性状。细菌的耐药性、毒力等可通过此方式传递。

4. 芽孢　某些细菌（多见于G^+菌）在一定环境条件下，细胞质脱水浓缩在菌体内形成的一个圆形或椭圆形小体称为芽孢。芽孢折光性强、壁厚、通透性低，需经特殊染色后在普通光学显微镜下才能观察到。芽孢的形成和遗传与环境条件有关，具有芽孢基因是形成芽孢的先决条件。芽孢是细菌抵抗不良环境形成的休眠状态，带有完整的核质和酶系统，能保持细菌的全部生命活性。环境条件适宜时，芽孢发芽形成一个新的菌体（繁殖体）。一个细菌只能形成一个芽孢，一个芽孢发芽也只能形成一个繁殖体，所以芽孢不是细菌的繁殖方式。

芽孢的大小、形状和位置随菌种而异，可用于鉴别细菌（图2-4）。芽孢对热、干燥、消毒剂和辐射等理化因素具有很强的抵抗力，在自然界中芽孢可存活几年到几十年，某些细菌的芽孢可耐煮沸数小时。在临床实践中，对医疗器械、敷料等进行灭菌时，应以杀灭芽孢为灭菌标准。

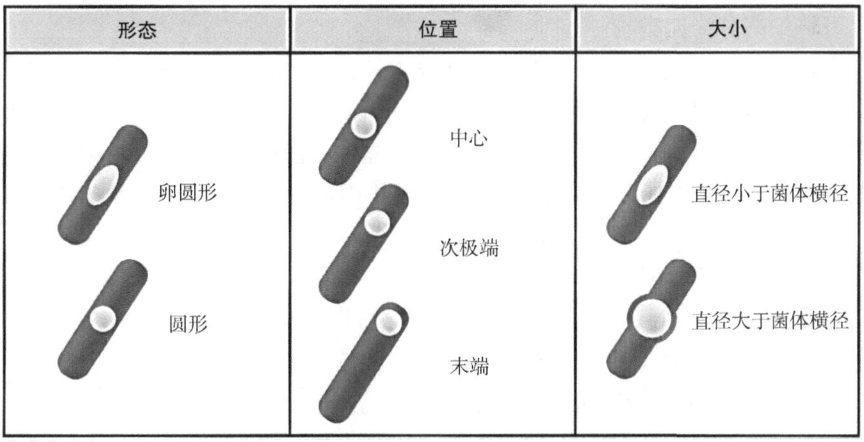

图2-4　细菌芽孢的形态、大小和位置

（考点：细菌的结构）

三、细菌形态的检查方法

（一）不染色标本检查法

细菌标本用显微镜直接镜检就可观察活细菌的形态、动力和运动方式，称为不染色标本检查法。常用的有悬滴法和压滴法。

（二）染色标本检查法

细菌标本需经染色后再进行镜检，称为染色标本检查法。染色标本检查的基本程序是涂片、干燥、固定、染色和镜检5个步骤。染色过程中根据所需要的染料将细菌染色法分为单染色法和复染色法。

1. 单染色法　只用一种染料染色便可在镜下观察细菌的大小、形态、排列方式及简单结构，但无法鉴别细菌。

2. 复染色法　需用两种或两种以上的染料进行先后染色，染色后在镜下既可以观察细菌的形态特征，还可以根据着色性的不同来鉴别细菌，故又称鉴别染色法。常用的有革兰染色法、抗酸染色法等。

四、细菌的生长繁殖

（一）细菌生长繁殖的条件

1. 营养物质　细菌的生长繁殖所需的营养物质一般包括水、糖类、蛋白质、无机盐和生长因子等。

2. 酸碱度　大多数细菌生长繁殖所需最适 pH 为 7.2～7.6，少数细菌对 pH 的需求不同，如霍乱弧菌最适 pH 为 8.4～9.2，结核分枝杆菌最适 pH 为 6.5～6.8。

3. 温度　大多数病原菌的最适生长温度为 37℃。

4. 气体　细菌生长繁殖所需的气体主要是氧气，有的细菌还需二氧化碳。根据细菌对氧的需要程度，可将细菌分为四类。

（1）专性需氧菌：细菌必须在有氧环境下才能生长繁殖，如结核分枝杆菌和铜绿假单胞菌等。

（2）专性厌氧菌：细菌只能在无氧环境下才能生长繁殖，如破伤风梭菌和肉毒梭菌等。

（3）兼性厌氧菌：细菌在有氧、无氧的环境下均能生长繁殖，如大肠埃希菌和痢疾志贺菌等。

（4）微需氧菌：细菌在 5%～6%的低氧压的环境中生长良好，如空肠弯曲菌和幽门螺杆菌等。

（二）细菌的繁殖方式与速度

1. 细菌的繁殖方式　细菌一般以无性二分裂方式进行无性繁殖。

2. 细菌的繁殖速度　在适宜的条件下，大多数细菌繁殖速度很快，一般繁殖一代细菌所需的时间为 20～30 分钟，个别细菌繁殖速度较慢，如结核分枝杆菌繁殖一代需 18～20 小时。

（三）细菌的人工培育

培养基是细菌培养的重要物质基础，培养基是用人工方法配制而成的供给细菌生长繁殖的营养基质。培养基的种类繁多，根据培养基的用途分为基础培养基、营养培养基、鉴别培养基、选择培养基、厌氧培养基、增菌培养基等。根据其物理性状的不同分为液体培养基和半固体培养基。

1. 液体培养基中的生长现象　将不同的细菌接种在液体培养基中，经培养后可出现浑浊、沉淀和菌膜。常用于增菌培养和细菌鉴别培养。

2. 固体培养基的生长现象　将细菌用划线接种于固体培养基上，经培养后可见单个细菌生长繁殖所形成的细菌集团称为菌落，多个菌落相互融合，称为菌苔。主要用于细菌的分离培养、鉴定及药敏试验等。

3. 半固体培养基的生长现象　将细菌用穿刺接种法接种于半固体培养基上，经培养后可见有鞭毛的细菌呈扩散生长，穿刺线不清；无鞭毛的细菌只沿着穿刺线生长，穿刺线清晰，主要用于观察细菌的动力和菌种保存等。

五、细菌的代谢产物

（一）细菌的分解代谢产物

不同的细菌具有不同的酶类系统，故形成的代谢产物也不同。如大肠埃希菌具有乳糖分解酶，能够分解乳糖产酸产气，伤寒沙门菌就不能分解乳糖。用生化试验的方法对细菌的各种基质代谢及产物的特性进行检测，可以鉴别细菌。

（二）细菌的合成代谢产物

细菌在进行合成代谢过程中可产生多种产物，这些代谢产物与细菌的致病性有关，与治疗药物的代谢产物有关，与鉴别细菌有关，在医学上对各种细菌的鉴别具有重要意义。

1. 与致病性有关的代谢产物

（1）热原质：是细菌在代谢过程中合成的一种多糖，耐高温，经高压蒸汽灭菌都不会被破坏。250℃高温才能破坏热原质。液体中的热原质可用特殊石棉滤板进行过滤、蒸馏除去，蒸馏是除去热原质最好的方法。

（2）毒素和侵袭性酶：毒素是病原菌在代谢过程中合成的对机体有毒性的物质，包括外毒素和内毒素。侵袭性酶是某些病原菌在代谢过程中产生的致病性物质，具有保护细菌、促使细菌侵袭和扩散的作用。如金黄色葡萄球菌产生的血浆凝固酶等。

2. 与治疗有关的代谢产物

（1）抗生素：某些微生物在代谢过程中产生的一类能抑制或杀死其他微生物或肿瘤细胞的物质，称抗生素。大多数抗生素由放线菌或真菌产生，如青霉素、链霉素等。少数抗生素由细菌产生，如多黏菌素等。

（2）维生素：某些细菌合成自身所需要的维生素，还能分泌到菌体外供人体吸收利用。如人类肠道内的大肠埃希菌能合成维生素 B 族和维生素 K 等。

3. 与鉴别细菌有关的代谢产物

（1）色素：有些细菌能产生色素，可用于细菌的鉴别。细菌色素分以下两类。

1）水溶性色素：可溶于水，如铜绿假单胞菌产生的绿色色素使培养基、浓汁呈绿色。

2）脂溶性色素：不溶于水，如金黄色葡萄球菌产生金黄色色素使菌落呈金黄色。

（2）细菌素：某些细菌可产生仅对有亲缘关系菌株有抗菌作用的蛋白质。多用于细菌的分型鉴定和流行病学调查。

六、细菌的遗传与变异

（一）概念与类型

细菌也具有遗传和变异的现象。细菌会在一定的条件下将其形态结构、生理功能等生物学特性相对稳定地传给子代，而后代代相传，这种现象称为遗传。在传代的过程中，子代的生物学性状与亲代之间或子代与子代之间出现不同程度的生物学性状的差异，这种现象称为变异。

细菌的变异分为遗传性变异与非遗传性变异。遗传性变异是由于细菌的遗传物质结构发生改变而传给后代，也称基因型变异，主要为基因突变、基因的转移和重组的变异；非遗传性变异是细菌因环境变化而发生的变异，当外界环境恢复时，细菌又可恢复原来的形状，也称表型变异。

（二）常见的细菌变异现象

1. 形态与结构变异　细菌在生长过程中受到外界环境等因素影响时，其形态、大小与结构会发生变异。如链球菌在人工培养基上反复传代，链球菌的结构就会发生改变，失去荚膜。

2. 菌落变异　细菌的菌落有光滑型（S 型）和粗糙型（R 型）两种。S 型菌落表面光滑、湿润、边缘整齐；R 型菌落经人工培养多次传代后表面粗糙、干燥有皱纹、边缘不整齐，即 S-R 变异。

3. 毒力变异　细菌的毒力变异可分为毒力减弱和毒力增强。如卡介苗，结核分枝杆菌毒力变异后毒力减弱为弱毒变异菌株，接种给人不仅不致病，还可以使人获得免疫力。

4. 耐药性变异　细菌对某种抗菌药物由原来的敏感变成不敏感的变异现象称为耐药性变异。有的细菌还具有多重耐药性。常见的耐药菌有金黄色葡萄球菌、结核分枝杆菌、淋病奈瑟菌等。

（三）细菌变异的意义

1. 病原学诊断的应用　可通过细菌生物学性状来鉴定细菌，为病原学诊断提供重要依据。但由于有些细菌变异而出现不典型特征，诊断时需特别注意鉴别。

2. 临床治疗的应用　细菌耐药性变异在临床治疗中尤为重要，抗菌药物的广泛使用使耐药菌株不断增多，故在治疗时应先做药物敏感试验，合理使用抗生素。

3. 疾病预防的应用　采用人工的方法可以使细菌的毒力减弱，制备减毒活疫苗，预防人类传染病。

4. 基因工程的应用　基因工程是通过细菌基因的转移与重组而发生新的生物学性状的原理，故细菌遗传变异的研究可推动基因工程的发展。

（郑小波）

第 2 节　细菌与外界环境

案例 2-2　某男，18 岁，1 周前郊外游玩，走进池塘不慎被带锈钉子扎伤右足底，伤口未做专业处理，只是简单包扎，至今未愈，且出现张口困难，逐渐加重，颈项发硬，不能弯腰，间歇性全身抽搐，来院就医，经查体及各项检验，医生判断患者感染了破伤风梭菌。

1. 在自然界中，细菌分布在哪里？
2. 破伤风梭菌在什么条件下会生长繁殖？

一、细菌的分布

细菌广泛分布于土壤、水、空气等自然界中。在人体的体表及与外界相通的腔道黏膜中，也存在着不同种类和数量的细菌。了解细菌的分布，充分认识它们与人类的关系，对环境保护、强化无菌观念、严格无菌操作、预防医院感染等有着重要意义。

（一）细菌在自然界的分布

1. 土壤中的细菌　土壤具有细菌生长繁殖的良好条件。土壤中的细菌种类和数量很多，1g肥沃的土壤中细菌数以亿万个，其中多数为非病原菌，对人类有益，参与自然界的物质循环。但土壤中也有来自人和动物的排泄物及死于传染病的人畜尸体中的病原菌，还有部分能形成芽孢的细菌，如破伤风梭菌、产气荚膜梭菌等，在土壤中可存活几年甚至几十年，可通过伤口侵入人体，引起创伤感染。因此，深而狭窄的伤口被泥土污染，容易发生破伤风、气性坏疽等疾病，应及时行清创等措施进行防治。

2. 水中的细菌　水是细菌生存的天然环境，水中的细菌主要来自土壤和人、动物的排泄物。不同的水源细菌的种类和数量不同，一般来说地面水比地下水含菌多，静止水比流动水含菌多。水中常见的病原菌有伤寒沙门菌、痢疾志贺菌、霍乱弧菌等，引起多种肠道传染病的流行。因此，保护好水源，加强粪便管理，是预防和控制肠道传染病的重要环节。

3. 空气中的细菌　空气中缺乏营养物质，且受阳光的照射，因此空气中细菌的种类和数量较少。空气中细菌主要来自土壤、尘埃、人和动物的呼吸道及口腔排泄物。尤其在人群密集的公共场所和医院，空气中细菌种类和数量明显增多。空气中常见的病原菌有金黄色葡萄球菌、结核分枝杆菌、乙型溶血性链球菌等，可引起呼吸道传染病或创伤感染。此外，空气中的非病原菌常造成培养基、药剂、生物制品等的污染。因此，传染病患者应隔离治疗，手术室、病房、制剂室、细菌接种室等应严格进行空气消毒，以防感染和污染的发生。

（二）细菌在正常人体的分布

1. 正常菌群　正常人体的体表及与外界相通的腔道（如口腔、鼻咽腔、消化道、泌尿生殖器官等）黏膜上存在着不同种类和数量的微生物，这些微生物通常对人体无害，甚至有益，称为正常微生物群或正常菌群。人体各部位的常见菌群分布见表2-1。

表2-1　人体各部位常见的正常菌群

部位	主要微生物
皮肤	葡萄球菌、类白喉棒状杆菌、铜绿假单胞菌、短棒菌苗、白假丝酵母菌、非致病性分枝杆菌等
口腔	葡萄球菌、甲型和丙型链球菌、肺炎链球菌、奈瑟菌、乳杆菌、类白喉棒状杆菌、梭杆菌、螺旋体、白假丝酵母菌、放线菌等
鼻咽腔	葡萄球菌、甲型和丙型链球菌、肺炎链球菌、非致病性奈瑟菌、类杆菌等
外耳道	葡萄球菌、类白喉棒状杆菌、铜绿假单胞菌、非致病性分枝杆菌等
眼结膜	葡萄球菌、干燥棒状杆菌、非致病性奈瑟菌等
胃	一般无菌
肠道	大肠埃希菌、产气肠杆菌、变形杆菌、铜绿假单胞菌、葡萄球菌、肠球菌、类杆菌、产气荚膜梭菌、破伤风梭菌、双歧杆菌、乳杆菌、白假丝酵母菌等
尿道	葡萄球菌、类白喉棒状杆菌、非致病性分枝杆菌等
阴道	乳杆菌、大肠埃希菌、阴道棒状杆菌、白假丝酵母菌等

2. 正常菌群的生理意义　正常情况下，人体与正常菌群之间，正常菌群内各微生物之间相互依存、相互制约，构成一种生态平衡。其生理作用主要有以下几方面。

（1）生物拮抗作用：正常菌群可以抑制病原菌的定居和生长繁殖。如口腔中的链球菌产生的过氧化氢能抑制脑膜炎奈瑟菌和白喉棒状杆菌的入侵和生长。

（2）营养作用：正常菌群参与机体的物质代谢、营养转换、合成和吸收。如大肠埃希菌合成的维生素 B、维生素 K 等，可供人体利用，具有营养作用。

（3）免疫作用：正常菌群能促进机体免疫器官的发育和成熟，也可刺激免疫应答的发生，限制正常菌群对机体的危害，也抑制或杀灭有交叉抗原的病原菌。此外，正常菌群还有一定的抗癌及抗衰老作用等。

知识链接

阴道的自净功能

正常情况下，女性阴道内有乳杆菌、其他厌氧菌、支原体、念珠菌等多种微生物，它们构成了一种正常的生态平衡。阴道上皮在雌激素的影响下增生变厚，能增强对病原菌的抵抗力。从月经初潮到绝经期，阴道内的乳杆菌能分解阴道上皮细胞中的糖原产生乳酸，维持阴道的酸性环境（pH3.9～4.4），抑制其他病原微生物的生长繁殖，这种作用称为阴道的自净作用。而月经初潮前及绝经期后的妇女，因雌激素水平的变化，阴道上皮细胞中糖原缺乏，同时乳杆菌较少，自净作用低，容易发生感染。

3. 条件致病菌　正常菌群与人体的平衡状态在某些特定条件下可被打破，使正常菌群也能引起疾病，因此把这些细菌称为条件致病菌或机会致病菌。条件致病菌的致病条件主要有以下几个。

（1）寄居部位的变化：如大肠埃希菌在肠道一般是不致病的，由于手术、外伤、留置导尿管等原因，细菌进入腹腔、血液、泌尿器官，可引起相应部位的感染。

（2）机体免疫功能低下：如大量使用皮质激素、抗肿瘤药物或放射治疗、慢性消耗性疾病、AIDS 晚期患者、大面积烧伤、过度疲劳等，可造成机体免疫功能降低，在此情况下，正常菌群中的某些细菌可引起自身感染而出现各种疾病。

（3）菌群失调：是指受某些因素的影响使正常菌群中各种细菌的种类、数量和比例发生较大幅度的变化。严重的菌群失调可使机体产生一系列临床表现，称为菌群失调症。在临床上，菌群失调症多是在抗菌药物治疗原有感染性疾病过程中产生的一种新的感染，故又称二重感染或重叠感染。引起二重感染的细菌以金黄色葡萄球菌、革兰阴性杆菌、白念珠菌多见，临床表现为假膜性肠炎、鹅口疮、肺炎、尿路感染或败血症等。在临床护理工作中，对长期使用抗生素、免疫抑制剂、激素等患者，应注意口腔护理，密切观察病情，防止发生二重感染。

二、消毒与灭菌

（一）基本概念

1. 消毒　是指杀死物体上或环境中的病原微生物的方法。消毒不一定能杀灭芽孢和非病原微生物。用于消毒的化学药品称为消毒剂。

2. 灭菌　是指杀灭物体上的所有微生物（包括病原微生物、非病原微生物及芽孢）的方法。灭菌比消毒要求高，通常用物理方法。

3. 防腐　是指防止或抑制微生物生长繁殖的方法。防腐一般不致细菌死亡，用于防腐的化学药品称为防腐剂。许多化学药品在高浓度时为消毒剂，低浓度时为防腐剂。

4. 无菌及无菌操作　无菌是指物体上无活的微生物存在。防止微生物进入机体或物体的操作方法，称为无菌操作或无菌技术。医护工作者在临床工作中必须牢固树立无菌观念，遵守无菌操作规范，熟练掌握无菌技术，防止微生物感染或污染。

（二）物理消毒灭菌法

1. 热力灭菌法　是利用高温进行灭菌的方法。热力灭菌的原理是高温使细菌的核酸崩解、蛋白质和酶发生变性或凝固，导致细菌死亡。热力灭菌法分为干热灭菌法和湿热灭菌法两类。在同一温度下，湿热的灭菌效果比干热好。因为湿热比干热的穿透力强，湿热环境中菌体易吸收水分使蛋白变性凝固，且热蒸汽变为液态时释放出大量热量，能迅速提高杀菌物品的温度。

（1）干热灭菌法：干热灭菌主要通过脱水和大分子变性导致细菌死亡。

1）焚烧：直接点燃或在焚烧炉内焚烧，是一种彻底的灭菌方法。适用于实验室废弃物或动物尸体。

2）烧灼：直接用火焰烧灼灭菌，适用于微生物实验室的接种环、试管口、瓶口等。

3）干烤：利用干烤箱灭菌，加热至160～170℃保持2小时。此法适用于高温下不变质、不受损、不蒸发的物品，如玻璃器皿、金属物品、滑石粉等的灭菌。

（2）湿热灭菌法：是最常用的消毒灭菌方法。湿热的杀菌作用主要使细菌蛋白质变性凝固导致细菌死亡。

1）巴氏消毒法：是利用较低温度杀灭液体中的病原菌或特定的微生物，而又不影响液体中所含的营养成分及味道的消毒方法，该方法因法国人巴斯德首创而得名。加热 61.1～62.8℃ 30分钟或加热 71.7℃保持 15～30 秒，现广泛采用后者。常用于牛奶和酒类的消毒。

2）煮沸法：煮沸 100℃5 分钟，可杀灭细菌的繁殖体，杀灭细菌的芽孢则需要 1～2 小时。在水中加入 2%碳酸氢钠可将沸点提高至 105℃，既能促进杀灭芽孢，又能防止金属器皿生锈，此法主要用于一般外科器械、注射器、餐具等的消毒。

3）高压蒸汽灭菌法：是一种最常用、灭菌效果最好的灭菌方法。利用密闭的灭菌器，将加热后产生的蒸汽限制在密闭的容器内，温度随压力的升高而升高。压力达到 103.4kPa（1.05kg/cm^2）时，灭菌器内温度可达 121.3℃，维持 15～20 分钟，可杀灭包括芽孢在内的所有微生物。此法适用于耐高温、耐潮湿的物品灭菌，如手术衣、敷料、手术器械、生理盐水及普通培养基等。高压蒸汽灭菌法在使用时应注意须将锅内冷空气排尽，物品摆放不宜过于紧密，否则会影响灭菌效果。

4）流通蒸汽法：是用普通蒸笼或阿诺蒸锅进行消毒。通常 100℃保持 15～30 分钟可杀灭细菌的繁殖体，但不能杀灭细菌芽孢。可用于一般外科器械、餐具等的消毒。

5）间歇蒸汽灭菌法：是利用反复多次的流通蒸汽间歇加热将芽孢分批杀死，以达到灭菌目的。把经过流通蒸汽消毒的物品放置 37℃恒温箱内过夜，使芽孢发育成繁殖体，次日再经流通蒸汽消毒，如此重复 3 次可达到灭菌目的。此法常用于不耐高温的营养培养基的灭菌。

（考点：灭菌方法）

2. 辐射杀菌法　主要包括紫外线和电离辐射。

（1）日光与紫外线：日光消毒是最简便而经济的方法，主要依靠日光中的紫外线。患者的衣服、被褥、书报等经日光直接暴晒数小时，可杀死大部分细菌。波长 200～300nm 的紫外线具有杀菌作用，其中 265～266nm 紫外线杀菌力最强，紫外线被细菌 DNA 吸收，干扰其复制和转录，导致细菌变异或死亡。紫外线穿透力弱，普通玻璃、纸张、尘埃、水蒸气等均能阻挡，故只适用于物体的表面及空气的消毒，如手术室、婴儿室、烧伤病房、传染病房、无菌室的空气消毒。紫外线用于室内空气消毒时，有效距离不超过 2m，照射时间不少于 30 分钟。灭菌波长的紫外线对人体皮肤和眼有损伤作用，使用时应注意防护。

（2）电离辐射：主要有 β 射线、γ 射线等。在足够剂量时对各种细菌均有致死作用。电离辐射的杀菌机制主要是干扰细菌 DNA 合成、破坏细胞膜、引起酶系统紊乱等。此法常用于一次性医用塑料制品，如注射器、导管的消毒，也可用于食品、药品和生物制品的消毒。

3. 滤过除菌法　滤过除菌是利用机械方法除去液体或空气中的细菌、真菌，以达到无菌的目的，但不能除去病毒、支原体和有些 L 形细菌。常用的器具是滤菌器，滤菌器的滤板或滤膜上有小孔，只允许液体或气体通过，大于孔径的细菌、真菌等不能通过。此法常用于不耐热的血清、抗毒素、抗生素、药物液体制剂和空气的除菌。

（三）化学消毒灭菌法

1. 化学消毒剂的作用机制

（1）使菌体蛋白变性或凝固：如醇类、重金属盐类、酸碱类、醛类等。

（2）干扰细菌的酶系统和代谢：如某些氧化剂、重金属盐类能与细菌的-SH 结合使有关酶失去活性。

（3）损伤细胞膜并增加其通透性：如酚类、表面活性剂、脂溶剂等。

2. 消毒剂　消毒剂对细菌和人体细胞都有毒性作用，所以只能用于人体体表、器械、排泄物和周围环境的消毒，不能口服和注射。

（1）常用消毒剂的种类、浓度与适用范围见表 2-2。

（2）影响消毒剂作用的因素：消毒效果受环境、微生物种类、消毒剂性质及使用方法等多种因素影响。主要因素有以下几种。

1）消毒剂的浓度和作用时间：一般消毒剂浓度越大，作用时间越长，杀菌效果也越好。但乙醇例外，以 70%～75%的浓度杀菌力最强。

2）细菌的种类、状态和数量：不同种类的细菌对消毒剂的敏感程度不同，同一细菌其芽孢比繁殖体抵抗力强。微生物数量越多，所需消毒的时间越长。

3）环境中有机物质的存在：环境中的有机物与消毒剂结合，可降低消毒剂的杀菌效果。临床护理工作中，消毒皮肤、器械等，应先清洁后再消毒，以保证消毒效果。

此外，温度、湿度和酸碱度等因素也会影响消毒剂的消毒效果。

表 2-2　常用消毒剂的名称、浓度及用途

名称	常用浓度	用途
漂白粉	10%～20%	饮水消毒
二氯异氰尿酸钠	4ppm	饮水消毒
过氧化氢	3%	伤口、皮肤黏膜消毒
过氧乙酸	0.1%～0.5%	物品表面、地面消毒
戊二醛	2%	医疗器械消毒
乙醇	70%～75%	皮肤、体温计及医疗器械消毒
碘酊	2%碘酒（用 75%乙醇溶液配制）	皮肤消毒

续表

名称	常用浓度	用途
碘伏	0.3%～0.5%有效碘溶液	皮肤、伤口消毒
苯扎溴铵	0.05%～0.1%溶液	皮肤、黏膜、物品表面消毒
高锰酸钾	0.1%	皮肤、黏膜、餐具、水果消毒
氯已定	0.02%～0.05%	皮肤、黏膜、物品表面消毒
生石灰	按1∶4～1∶8配成糊状	地面、排泄物消毒

3. 防腐剂　防腐剂与消毒剂之间并无严格的区别，同一化学药品低浓度是防腐剂，高浓度时则为消毒剂，如3%～5%的苯酚用于消毒，而0.5%的苯酚则用于防腐。防腐剂主要用于生物制品、注射剂及口服制剂等的防腐。

三、医院感染

（一）医院感染的概念

医院感染又称医院内感染，广义包括医院内各类人群所获得的感染。所谓各类人群包括患者、探视者、陪护者，以及医务工作人员在医院内获得的感染都属于医院内感染。狭义的医院感染主要是指住院患者在医院内获得的感染，包括住院期间发生的感染和在医院内获得而在出院后发生的感染，不包括入院前已经处于潜伏期的感染。按其来源可分为由患者本身的正常菌群引起的内源性感染和由患者身体以外的微生物引起的外源性感染。医院感染多以散发形式流行，如果在短时间内出现两例或以上的患者，之间有共同的传染源及传播途径，为暴发性流行。

（二）医院感染的基本条件

1. 感染源　包括患者、探视者、陪护人员、医务工作人员等。引起医院感染的大多数细菌是患者本身携带的正常菌群中的条件致病菌，各种诊疗器械用品未彻底消毒也可成为医院感染的感染源，以及经抗生素治疗后产生的多重耐药的病原菌。

2. 传播途径　外源性感染的传播途径包括空气传播、间接传播、直接接触、输液、医疗器械未彻底灭菌或污染及昆虫媒介等。

3. 易感人群　主要包括免疫功能低下的住院患者和医务工作人员。如老年人、婴幼儿、免疫缺陷病患者或在住院期间应用各种化疗、抗生素治疗及创伤性处置导致免疫功能进一步降低，处于高度易感状态的人群。

（三）医院感染常见的微生物

常见的引起医院感染的微生物有细菌、支原体、衣原体、病毒和真菌等。其中细菌是主要的微生物。如慢性阻塞性肺气肿的患者长期卧床引起呼吸系统感染，感染细菌常以革兰阴性菌为主，是医院感染死亡的重要原因。

（四）医院感染的预防和控制

1. 加强健康宣教，提高患者、陪护人员及医务工作人员对医院感染严重性的意识。

2. 医务工作人员应严格遵守技术操作规程，严格执行隔离技术规范，合理使用抗生素类药物。

（姚伟妍）

第3节　细菌的致病性与感染

案例 2-3　男性，25岁，在工作中不慎被10kV电压烧伤左上肢和右上肢。患者双上肢周围皮肤呈焦煳部分肌肉外翻，皮肤颜色为黑色，次日烧伤部位化脓，病情加重，入院就医，经医生查体及各项实验检查，诊断为烧伤继发铜绿假单胞菌感染。

1. 此感染的途径是什么？
2. 该患者应注意些什么？

一、细菌的致病因素

细菌引起机体疾病的性能称为致病性。具有致病性的细菌称为致病菌或病原菌。细菌的致病性是对特定的宿主而言，有的细菌仅对人有致病性，有的只对某些动物有致病性，有的则对人和动物均有致病性。不同的病原菌对机体可引起不同的病理过程和不同的疾病，如霍乱弧菌引起霍乱，结核分枝杆菌引起结核病。有些细菌可引起多种病理过程和多种疾病，如金黄色葡萄球菌可引起化脓性感染、食物中毒、皮肤烫伤样综合征、假膜性肠炎等。

细菌的致病性与其毒力强弱、侵入机体的数量，以及侵入门户密切相关。

（一）细菌的毒力

毒力是指病原菌致病性的强弱程度。不同病原菌的毒力常不一致，同种细菌的毒力也可因菌型或菌株不同而有差异。构成细菌毒力的要素是侵袭力和毒素。

1. 侵袭力　病原菌（包括条件致病菌）突破机体的防御功能，侵入机体，在体内生长繁殖、蔓延扩散的能力，称为侵袭力。主要包括侵袭性酶类和菌体表面结构。

（1）侵袭性酶类：是某些病原菌产生的一种合成代谢产物，本身一般不具有毒性，但能协助病原菌抵抗吞噬细胞的吞噬或有利于病原菌在机体内的扩散。如金黄色葡萄球菌产生的血浆凝固酶、A群链球菌产生的透明质酸酶、链激酶、链道酶等。

（2）菌体表面结构：主要包括荚膜、菌毛及其他表面物质。

1）荚膜：有些细菌具有荚膜，如肺炎链球菌、炭疽芽孢杆菌等。有些细菌表面有类似荚膜物质，但不如荚膜厚而明显，如A群链球菌的M蛋白、某些大肠埃希菌的K抗原等。荚膜及类荚膜物质均有抗吞噬细胞吞噬和抗体液中杀菌物质（补体、溶菌酶等）的作用。当其失去荚膜后，则能迅速被吞噬杀灭。

2）黏附因子：细菌黏附于宿主细胞是引起感染的首要条件。具有黏附作用的细菌结构和组分，称为黏附因子或黏附素。多数革兰阴性菌的黏附因子与普通菌毛有关，通过菌毛与宿主细胞表面的相应受体结合而黏附定居在黏膜表面，有助于细菌侵入。如痢疾志贺菌的菌毛。革兰阳性菌的黏附因子是菌体表面毛发样突出物，如A群链球菌的膜磷壁酸。

2. 毒素　细菌在代谢过程中合成的对机体有毒性作用的产物，是病原菌的主要致病物质。

细菌毒素按其来源、性质和作用不同，分为外毒素和内毒素。

（1）外毒素：外毒素是细菌生长繁殖过程中合成并分泌到菌体外的毒性物质。

产生外毒素的细菌主要是革兰阳性菌和少数革兰阴性菌。少数细菌外毒素合成后存在于菌体内，只有当菌体裂解后才释放出来，如鼠疫耶尔森菌产生的外毒素。

外毒素的化学成分是蛋白质，性质不稳定，易被热、酸碱、蛋白酶分解破坏，但也有例外，如金黄色葡萄球菌产生的肠毒素能耐受 100℃维持 30 分钟，并能抵抗胰蛋白酶的分解。外毒素的免疫原性强，可刺激机体产生抗体——抗毒素。外毒素用 0.3%～0.4%的甲醛处理，其可脱去毒性只保留免疫原性，这种生物制品称为类毒素，如破伤风类毒素等。类毒素和抗毒素可用于病原菌感染的防治，其中类毒素用于预防接种，抗毒素用于治疗和紧急预防。

外毒素的毒性极强，如肉毒梭菌产生的外毒素 1mg 可以杀死 2 亿只小白鼠，其毒性比氰化钾强 1 万倍，是目前已知的毒性最强的物质。不同细菌产生的外毒素对机体的组织器官有选择性毒性作用，引起特征性症状和体征。如破伤风外毒素与中枢神经系统的抑制性突触结合，阻断抑制性介质释放，引起骨骼肌强直性痉挛收缩。

（2）内毒素：内毒素是革兰阴性菌的细胞壁结构成分，不能由活菌释放到菌体外，只有当细菌裂解死亡后才能释放出来。

内毒素的化学成分为脂多糖，性质稳定，耐热，需加热 160℃ 2～4 小时才能破坏。内毒素免疫原性弱，不能用甲醛溶液脱毒制成类毒素。内毒素对机体的毒性较外毒素弱，对机体组织器官的选择性不强，引起的病理变化和临床表现基本相似。主要有发热反应、白细胞反应、内毒素血症与休克、弥散性血管内凝血（DIC）等。

外毒素和内毒素的主要区别见表 2-3。

表 2-3 外毒素与内毒素的主要区别

区别要点	外毒素	内毒素
来源	G^+菌和部分 G^-菌	G^-菌
释放方式	活菌分泌或少数菌裂解后释放	细菌裂解死亡后释放
化学成分	蛋白质	脂多糖
稳定性	不稳定，60～80℃保持 30 分钟被破坏	稳定，160℃保持 2～4 小时才被破坏
免疫原性	强，能刺激机体产生抗毒素；经甲醛处理脱毒可成为类毒素	弱，经甲醛处理不能成为类毒素
毒性作用	强，对组织器官有选择性毒害作用，可引起特殊临床症状	弱，各种细菌内毒素的毒性作用大致相同，可引起发热、白细胞反应、休克及 DIC 等

（二）细菌的侵入数量

病原菌进入机体后，能否引起疾病，除需有一定的毒力外，还需要足够的数量。细菌致病的数量取决于病原菌毒力的强弱和机体免疫力的高低。一般情况下，细菌毒力越强，所需的菌量越少；反之则需菌量越大。

（三）细菌的侵入门户

病原菌具有一定的毒力和足够的数量外，还要经适当的侵入途径，到达一定的器官和组织细胞才能致病。各种细菌均有特定的侵入途径，如破伤风梭菌及其芽孢，只有进入深部创伤的缺氧环境中，才有可能发生破伤风，若经口进入则不能致病。有些病原菌可有多种侵入门户，如结核分枝杆菌可经呼吸道、消化道、皮肤创伤部位等途径进入机体引起结核病。

二、细菌的感染

（一）感染的概念与来源

1. 感染的概念　感染是在一定条件下，病原菌突破机体防御功能侵入机体，与机体相互作用而引起的不同程度的过程。

2. 感染的来源　感染按其来源可分为外源性感染和内源性感染两种。

（1）外源性感染：病原体来自体外，如患者、带菌者、患病或带菌的动物及从环境（如食物、土壤、水、空气等）中来。

（2）内源性感染：病原体来自机体自身。这些细菌在引起感染前，多数是存在于体内或体表的正常菌群中的条件致病菌，由于抗生素的应用引起菌群失调和大量耐药菌株的出现，加上有些慢性消耗性疾病（如糖尿病、肿瘤等）和大面积烧伤等，以及免疫抑制剂的广泛应用，使机体免疫功能降低，使条件致病菌迅速繁殖而引起的感染。内源性感染在临床感染中显得愈来愈重要，不容忽视。

另外还可根据感染发生的场所不同，分为医院感染和社会感染，其中医院感染又称为医院内感染。

（二）感染途径与方式

1. 呼吸道感染　患者或带菌者通过咳嗽、打喷嚏、说话，病原菌经飞沫或呼吸道分泌物散布到空气中并被他人吸入引起的感染。常见呼吸道传染病如肺结核、白喉、流脑、百日咳等。

2. 消化道感染　含有病原菌的排泄物污染食物、水源等，经口进入消化道引起的感染。苍蝇、蟑螂等昆虫是引起消化道感染的重要媒介。常见的消化道传染病如伤寒、细菌性痢疾、霍乱及甲型肝炎等。

3. 接触感染　病原菌通过与患者或带菌者直接或间接接触引起的感染。常见的接触感染如淋病、梅毒、布鲁菌病等。

4. 创伤感染　病原菌侵入皮肤、黏膜创伤、破损处引起的感染。如皮肤化脓性感染、破伤风、钩端螺旋体病等。

5. 节肢动物媒介感染　病原菌通过节肢动物为传播媒介引起的感染。如鼠疫耶尔森菌可以鼠蚤作媒介传播鼠疫，乙型脑炎经蚊叮咬而感染。

（三）感染的类型

感染的发生、发展和结局，是机体的免疫力和病原菌的致病性在一定条件下相互斗争的过程。根据双方力量对比和斗争发展的结果，可出现隐性感染、显性感染和带菌状态三种类型。

1. 隐性感染　机体的免疫力较强，或侵入的病原体毒力较弱、数量少，感染后对人体损害较轻，不出现或仅出现不明显的临床症状，称隐性感染或亚临床感染。在感染过程中有的机体向体外排出病原菌而成为带菌者。通过隐性感染，机体可获得一定免疫力，可抵御同种病原体的再次感染。如脑膜炎奈瑟菌、结核分枝杆菌常可引起隐性感染。

2. 显性感染　机体抗感染免疫力较弱，或入侵的病原体毒力较强、数量较多，使机体的组织细胞受到不同程度的损害或生理功能发生改变，出现明显的临床症状和体征，称显性感染或临床感染。

显性感染按其发病快慢和病程长短可分为急性感染和慢性感染。前者发病突然，病程较短，数日至数周，病愈后病原菌可从体内消失，如麻疹、霍乱、大叶性肺炎等；后者起病缓慢，病程较长，可持续数月至数年，如结核、麻风等。介于急性与慢性之间者为亚急性感染，如牙龈炎、心内膜炎等。

显性感染按感染发生部位可分为局部感染和全身感染。病原菌侵入局部繁殖，造成组织损害，局限于特定部位，不扩散，称局部感染，如化脓性球菌引起的疖、痈，牙龈脓肿等。全身感染为病原体和（或）毒性产物向全身扩散，引起全身性症状。全身感染可有下列不同类型。

（1）毒血症：病原菌在入侵的局部组织生长繁殖，不侵入血流，但其产生的外毒素通过血液到达易感的组织细胞，引起特殊的中毒症状。如破伤风、白喉等。

（2）菌血症：病原菌由原发部位一时性或间歇侵入血流，但不在血中繁殖或极少量繁殖，一般无明显的中毒症状。如伤寒和流行性脑膜炎的早期可发生菌血症。

（3）败血症：由于机体防御功能降低，病原菌不断侵入血流并在其中大量繁殖，产生毒性代谢产物，引起机体严重损害并出现全身中毒症状，如高热、白细胞增多、肝脾大等，严重者可导致休克死亡。如鼠疫耶尔森菌、炭疽芽孢杆菌等可引起败血症。

（4）脓毒血症：化脓性细菌引起败血症时，细菌通过血流扩散到全身其他脏器或组织，引起新的化脓性病灶。如金黄色葡萄球菌引起的脓毒血症，可导致发生多发性肝脓肿、皮下脓肿、肾脓肿等。

（5）内毒素血症：革兰阴性菌在感染的机体内产生大量的内毒素进入血流，引起明显的全身症状，称为内毒素血症。严重的革兰阴性菌感染时，常发生内毒素血症。

（考点：感染的类型）

3. 带菌状态　机体在隐性或显性感染后，病原菌仍在体内继续存在，并不断向体外排出，称为带菌状态。处于带菌状态的人称为带菌者。隐性感染的带菌者称健康带菌者。患传染病后，临床症状消失，在短期内体内仍有病原菌者称恢复期带菌者。由于带菌者经常或间歇排出病原菌，因而是重要的传染源。及时检出带菌者并进行隔离和治疗，对于控制传染病的流行具有重要意义。

自测题

A_1/A_2型题

1. 测定和表示细菌大小的单位是（　　）
   A. μm　B. cm　C. mm
   D. nm　E. m

2. 革兰阳性菌细胞壁特有的成分是（　　）
   A. 肽聚糖　B. 脂多糖　C. 脂蛋白
   D. 磷壁酸　E. 外膜

3. 有关芽孢描述不正确的是（　　）
   A. 芽孢是细菌的特殊结构
   B. 芽孢是细菌的休眠体
   C. 芽孢是细菌的繁殖体
   D. 芽孢的大小、形状及位置因菌而异
   E. 芽孢对理化因素影响有很强抵抗力

4. 关于菌毛描述错误的是（　　）
   A. 多见于革兰阴性菌
   B. 包括普通菌毛和性菌毛
   C. 菌毛是细菌的运动器官
   D. 菌毛不能用普通显微镜观察

E. 与细菌致病性有关

5. 革兰阳性菌和革兰阴性菌细胞壁的共同成分是（　　）

A. 肽聚糖　B. 脂多糖　C. 脂蛋白

D. 外膜　E. 磷壁酸

6. 对人致病的细菌大多数是（　　）

A. 专性厌氧菌　B. 微需氧菌

C. 兼性厌氧菌　D. 专性需氧菌

E. 以上都不对

7. 与鉴别细菌有关的细菌特殊结构有（　　）

A. 鞭毛　B. 菌毛　C. 荚膜

D. 芽孢　E. A+C+D

8. 一般的细菌生长最适宜的 pH 是多少（　　）

A. 3.0～3.6　B. 4.0～4.6　C. 5.0～5.6

D. 7.2～7.4　E. 7.2～7.6

9. S-R 变异是（　　）

A. 菌落变异　B. 荚膜变异　C. 细胞壁变异

D. 抗原性变异　E. 鞭毛变异

10. 对人体无害的细菌代谢产物是（　　）

A. 热原质　B. 毒素

C. 侵袭性酶　D. 抗生素

E. 维生素

11. 正常人体不存在细菌的部位是（　　）

A. 体表　B. 口腔　C. 尿道

D. 血液　E. 大肠

12. 杀灭物体上所有微生物的方法是（　　）

A. 消毒　B. 灭菌　C. 防腐

D. 无菌　E. 无菌操作

13. 防止微生物进入机体或其他物品的操作方法是（　　）

A. 消毒　B. 灭菌　C. 无菌

D. 防腐　E. 无菌技术

14. 紫外线适用于消毒（　　）

A. 接种环　B. 手术器械

C. 玻璃器皿　D. 无菌室的空气

E. 培养基

15. 可用于皮肤、尿道消毒的化学物质是（　　）

A. 高锰酸钾　B. 乙醇

C. 甲醛　D. 乳酸

E. 苯酚

16. 关于紫外线杀菌作用的叙述错误的是（　　）

A. 265～266nm 紫外线杀菌作用最强

B. 干扰细菌 DNA 复制

C. 照射距离在 2m 内

D. 可用于注射器、输液器灭菌

E. 能刺激皮肤和眼睛

17. 内毒素的毒性成分是（　　）

A. 脂蛋白　B. 脂多糖

C. 植物蛋白　D. 特异性多糖

E. 核心多糖

18. 病原菌侵入血流并在其中大量繁殖，产生毒素代谢产物，引起严重的全身症状，称为（　　）

A. 菌血症　B. 败血症

C. 脓毒血症　D. 菌血症

E. 病毒血症

19. 化脓性球菌侵入血流后在其中大量繁殖，又到其他脏器引起化脓性病灶，称为（　　）

A. 毒血症　B. 脓毒血症

C. 菌血症　D. 败血症

E. 病毒感染

20. 外毒素的特点不包括（　　）

A. 由革兰阳性菌产生　B. 由细菌裂解后释放

C. 由蛋白质组成　D. 有选择性毒性作用

E. 可制备成类毒素

A_3/A_4 型题

（21～22 题共用题干）

患者，女性，45 岁。诊断为“肺结核”，患者取痰标本进行检验。

21. 镜下观察可见（　　）

A. 革兰阴性杆菌　B. 革兰阳性杆菌

C. 抗酸性杆菌　D. 非抗酸性杆菌

E. 什么都看不到

22. 结核分枝杆菌通过什么途径侵入易感机体（　　）

A. 尿道　B. 肠道

C. 触摸　D. 血液

E. 呼吸道、消化道和受损皮肤

（姚伟妍）

第3章 常见病原菌

病原菌是众多细菌中的“异己”分子，专门与人类作对，引起人类感染性疾病的发生。根据细菌的生物学特性、致病性等特点把病原菌分为以下几类。

第1节 病原性球菌

案例 3-1 患者，男性，23岁。在一家小餐馆进食后1小时突发恶心、呕吐、腹痛、腹泻就诊。查体：体温38℃，脉搏90次/分，呼吸20次/分，血压110/70mmHg；WBC13.0×10^9/L；取呕吐物及剩余食物进行微生物学检查，镜下见革兰阳性菌，球形，葡萄串状排列；普通培养基取呕吐物及剩余食物培养可见圆形、中等大小、金黄色菌落。

1. 可能的诊断是什么？最可能的病原菌是什么？
2. 如何明确病原学诊断？

病原性球菌主要引起化脓性炎症，故又称为化脓性细菌。根据革兰染色性不同分为两类：革兰染色阳性的有葡萄球菌、链球菌、肺炎链球菌等；革兰染色阴性的有脑膜炎奈瑟菌、淋病奈瑟菌等。

一、葡萄球菌属

葡萄球菌属因常堆积成葡萄串状而得名，广泛分布于自然界、人和动物的体表及与外界相通的腔道中，大多数为非致病菌，少数为致病菌。医护人员的带菌率可高达70%，是医院内交叉感染的重要来源。葡萄球菌是最常见的化脓性细菌，80%以上的化脓性感染由此菌引起，该菌所致的败血症和脓毒血症仍占首位。

（一）生物学性状

1. 形态与染色　球形，直径0.4～1.2μm，排列不规则，常聚集成葡萄串状（图3-1）。在浓汁或液体培养基中，可呈双球或短链状排列，革兰染色阳性。

2. 培养和生化反应　对营养要求不高，在普通培养基上生长良好，需氧或兼性厌氧，最适生长温度是37℃，最适pH7.4。在普通琼脂平板上可形成圆形、光滑、不透明的隆起菌落。菌株不同可产生不同的脂溶性色素，使菌落呈现不同的颜色，如金黄色、白色、柠檬色。在血琼脂平板上，多数致病菌株的菌落周围可形成透明的溶血环。触酶试验阳性，多数菌株能分解葡萄糖、麦芽糖和蔗糖，产酸不产气。致病性菌株能分解甘露醇。

3. 抗原构造　抗原构造复杂，有30种以上。其中最重要的是葡萄球菌A蛋白（SPA），该抗原存在于葡萄球菌壁表面，是一种蛋白抗原。90%以上的金黄色葡萄球菌有SPA。

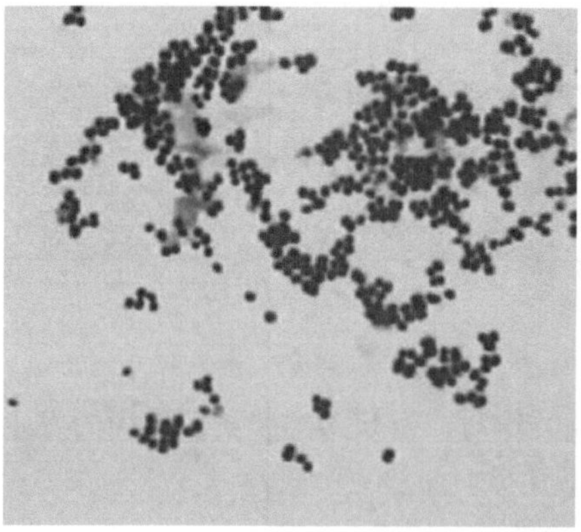

光镜图

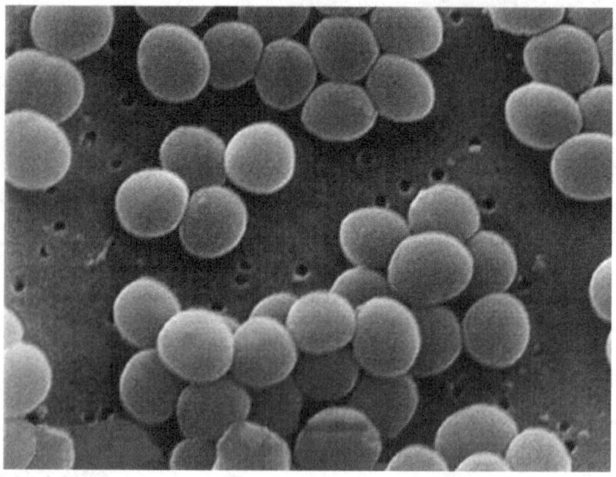

电镜图

图 3-1 葡萄球菌形态

4. 分类 根据色素和生化反应的不同，葡萄球菌可分为金黄色葡萄球菌、表皮葡萄球菌和腐生葡萄球菌三种。其主要生物学性状，见表 3-1。

表 3-1 三种葡萄球菌的主要性状

特性	金黄色葡萄球菌	表皮葡萄球菌	腐生葡萄球菌
色素	金黄色	白色	白色或柠檬色
血浆凝固酶	+	−	−
α 溶血素	+	−	−
耐热核酸酶	+	−	−
蛋白 A（SPA）	+	−	−
磷壁酸类型	核糖醇型	甘油型	两者兼有
分解甘露醇	+	−	−
致病性	强	弱或无	无

5. 抵抗力 在无芽孢细菌中抵抗力最强，在干燥的脓汁、痰液中可存活 2～3 个月，加热 60℃ 1 小时（或 80℃30 分钟）才被杀死。对甲紫敏感，故可用 2%～4%的甲紫治疗皮肤黏膜的感染。对青霉素、红霉素、金霉素敏感。随着抗生素的广泛使用，耐药菌株逐年增多。目前，金黄色葡萄球菌对青霉素的耐药菌株已达 90%以上，尤其是耐甲氧西林金黄色葡萄球菌（MRSA）已成为院内感染最常见的致病菌。

知识链接

耐甲氧西林金黄色葡萄球菌的名称由来

自从 20 世纪 40 年代青霉素问世后，金黄色葡萄球菌引起的感染性疾病得到较大的控制。但随着青霉素的广泛使用，有些金黄色葡萄球菌产生青霉素酶，表现为对青霉素的耐药，科学家研究出一种新的耐青霉素细菌的半合成青霉素，即甲氧西林。甲氧西林从 1959 年开始应用于临床后曾有效地控制了金黄色葡萄球菌产酶株的感染，可 1961 年英国的 Jevons 就首次发现了耐甲氧西林金黄色葡萄球菌，从发现至今，该类细菌感染几乎遍及全球。

（二）致病性与免疫性

1. 致病物质

（1）血浆凝固酶：能使人或兔血浆发生凝固，是鉴别葡萄球菌有无致病性的重要指标。致病性葡萄球菌大多数能产生此酶，而非致病性葡萄球菌则不能产生。血浆凝固酶有两种：一种是分泌至菌体外的能使纤维蛋白原变成纤维蛋白，并沉积在病灶周围的游离凝固酶；另一种是结合于菌体表面的能使血浆纤维蛋白沉积于菌体表面的结合凝固酶。两种均能阻止吞噬细胞对细菌的吞噬与杀灭，保护细菌免受体液中杀菌物质的破坏，同时也限制了细菌向外扩散。故葡萄球菌感染易局限化，且脓汁黏稠。

（2）葡萄球菌溶血素：为膜损伤毒素，致病性葡萄球菌能产生 α、β、γ、δ、ε 五型溶血素。对人致病的主要是 α 溶血素，为一种外毒素，除对多种哺乳动物红细胞有溶血作用外，还对白细胞、血小板、肝细胞、成纤维细胞、血管平滑肌细胞等有损伤作用。溶血素抗原性强，经甲醛处理可制成类毒素。

（3）杀白细胞素：能破坏中性粒细胞和巨噬细胞，有增强细菌侵袭力的作用。

（4）肠毒素：临床分离的近 50%的金黄色葡萄球菌可产生肠毒素。为外毒素，耐热，煮沸 30 分钟不能完全破坏。能抵抗胃液中蛋白酶的水解作用。食用含有肠毒素的食物后，可出现以呕吐为主要症状的食物中毒。

此外，金黄色葡萄球菌还能产生表皮剥脱毒素、毒性休克综合征毒素-1（TSST-1）和其他毒性物质。

2. 所致疾病

（1）化脓性炎症：①皮肤软组织感染。如毛囊炎、疖、痈、蜂窝织炎、伤口化脓等，其脓汁黄而黏稠，化脓病灶多局限，与周围组织界线明显（图 3-2）。②内脏器官感染。可引起肺炎、胸膜炎、中耳炎、脑膜炎、心包炎、心内膜炎等。③全身感染。若外力挤压疖、痈或切开未成熟脓肿可导致细菌扩散，引起败血症、脓毒血症等。

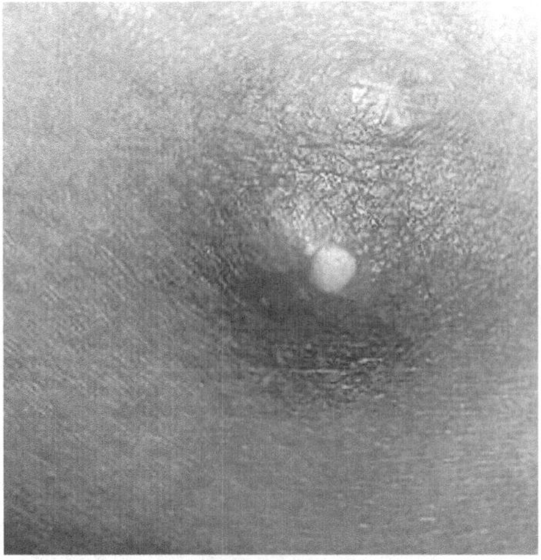
图 3-2 葡萄球菌引起的疖肿

（2）毒素性疾病：①食物中毒。人摄入被肠毒素污染的食物 1～6 小时后，即可出现头晕、恶心、呕吐等急性胃肠炎症状。发病 1～2 天后可自行恢复，预后良好。②烫伤样皮肤综合征。由表皮剥脱毒素引起，多见于新生儿及免疫功能低下者。患者皮肤呈弥漫性红斑，起皱，继而形成水疱，导致表皮脱落。③毒性休克综合征。由 TSST-1 引起，主要表现为高热、低血压、呕吐、腹泻、猩红热样皮疹，严重时可出现休克。④假膜性肠炎。正常人肠道中可有少量金黄色葡萄球菌寄居，长期大量使用抗生素后，正常菌群被抑制，耐药的葡萄球菌则乘机大量繁殖，产生肠毒素，引起以腹泻为主的急性胃肠炎，排出水样大便和黏膜状物，是一种菌群失调症。病理特点是肠黏膜被一层炎性假膜所覆盖，该假膜由炎性渗出物、肠黏膜坏死组织和细菌共同组成。

3. 免疫性　人体对葡萄球菌感染有一定的天然免疫力，患病后也能获得免疫力，但维持时间短，故难以防止再感染。

（考点：金黄色葡萄球菌可引起哪几种疾病）

（三）微生物学检查

根据不同疾病采集不同标本，如化脓性病灶取脓汁、败血症者取血液、食物中毒者取呕吐物、可疑食物、粪便等。

1. 直接涂片镜检　根据细菌形态、排列和染色性，进行初步诊断。

2. 分离培养与鉴定　脓汁标本分离接种在血液琼脂平板，血液标本需先经肉汤培养基增菌，再接种血液琼脂平板，37℃孵育 18 小时，观察其菌落特征，并涂片染色镜检，然后做必要的鉴定试验。

3. 肠毒素检查　目前主要采用免疫学方法检测葡萄球菌肠毒素，其中以 ELISA 法最为实用，此法可检测到 ng 水平的肠毒素，并可在 30 分钟内完成。

（四）防治原则

注意个人卫生，及时处理皮肤创伤；加强食品卫生管理；严格无菌操作，防止医院感染；合理使用抗生素，选用敏感药物进行治疗，预防耐药菌株形成。对反复发作疖病患者，可使用自身菌苗疗法，有一定疗效。

二、链球菌属

链球菌属是另一类常见的化脓性球菌，广泛分布于自然界和人体鼻咽部、胃肠道等处，多为人体正常菌群，少数为致病性链球菌，可引起各种化脓性炎症、猩红热、新生儿败血症、细菌性心内膜炎和风湿热、急性肾小球肾炎等。

（一）生物学性状

1. 形态与染色　球形或卵圆形，直径 0.6～1μm，链状排列，链的长短与生长环境有关，液体培养基中呈长链，固体培养基或患者标本中则以短链多见（图 3-3）。无芽孢、无鞭毛，革兰染色阳性。

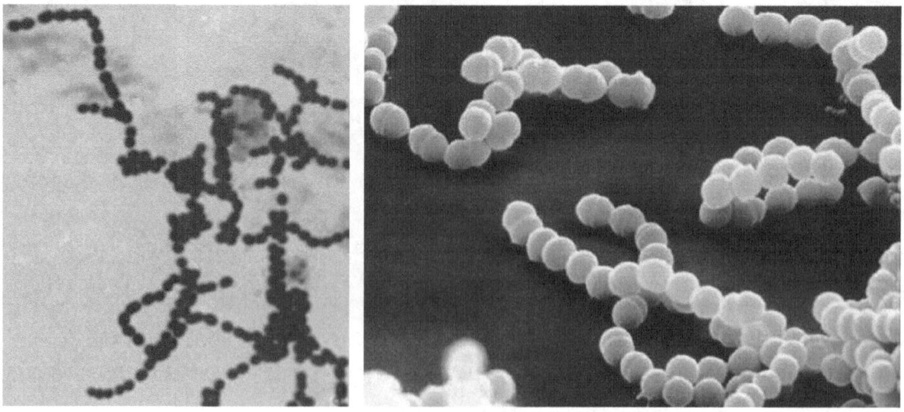

光镜图　　电镜图

图 3-3　链球菌形态

2. 培养与生化反应　营养要求较高，在含血液、血清、葡萄糖的培养基中才能生长良好，需氧或兼性厌氧，少数为专性厌氧，在血清肉汤中易形成长链呈絮状沉淀于管底；在血琼脂平板上形成灰白色、表面光滑、透明或半透明的细小菌落，不同菌株溶血情况不一。能分解葡萄糖，一般不分解菊糖，不被胆汁溶解。

3. 抗原构造　抗原构造较复杂，主要有多糖抗原（或称 C 抗原）、蛋白质抗原或表面抗原、核蛋白抗原（或称 P 抗原）。

4. 分类　根据抗原结构分类：按细胞壁中多糖抗原不同，可分为 A、B、C、D 等共 20 个群，对人致病的链球菌菌株 90%属 A 群。根据溶血现象可分为三种，其致病性也不同（表 3-2）。

表 3-2　三种链球菌的溶血现象及致病性

类别	名称	溶血现象	致病性
甲型溶血性链球菌	α 溶血	草绿色溶血环	条件致病菌
乙型溶血性链球菌	β 溶血	宽大透明溶血环	致病性强
丙型溶血性链球菌	γ 溶血	无溶血环	一般无致病性

5. 抵抗力　链球菌抵抗力不强，60℃ 30 分钟可被杀死，在干燥尘埃中可存活数月，乙型链球菌对青霉素、红霉素、四环素和磺胺药等敏感，极少发现耐青霉素的菌株。

（考点：链球菌的生物学性状）

（二）致病性与免疫性

1. 致病物质　A 群链球菌致病力最强，可产生多种外毒素和胞外酶，主要有以下几种。

（1）菌体表面物质

1）脂磷壁酸（LTA）：与宿主细胞膜具有高度亲和力，是该菌能黏附定居在机体皮肤和呼吸道黏膜的主要因素。

2）M 蛋白：链球菌侵入机体后，细胞壁表面的 M 蛋白发挥抗吞噬的重要作用。

（2）侵袭性酶：有透明质酸酶、链激酶、链道酶等。透明质酸酶能分解细胞间质的透明质酸；链激酶能使血液中的纤维蛋白酶原转变为纤维蛋白酶，可溶解血块或阻止血浆凝固；链道酶又称 DNA 酶，能分解脓液中高黏稠性的 DNA，使脓液变稀。上述酶的作用，使链球菌的感染易扩散。

（3）外毒素

1）链球菌溶血素：能溶解红细胞，破坏白细胞及损伤心肌。根据其对氧的稳定性，可分为溶血素 O（SLO）和溶血素 S（SLS）两种。其中溶血素 O 对氧敏感，抗原性强，在链球菌感染 2～3 周后，85%～90%患者血清中可出现溶血素 O 抗体（抗 O 抗体）。风湿热尤其是活动性患者抗 O 抗体显著增高。临床上测定患者血清中的抗 O 抗体含量，可作为新近链球菌感染的指标之一，也可以用于辅助诊断风湿热及其活动情况。溶血素 S 对氧稳定，无抗原性，与血平板上的溶血环形成有关。

2）致热外毒素：又称红疹毒素或猩红热毒素，是人类猩红热的主要致病物质，能引起发热和皮肤红斑疹等。该毒素为蛋白质，对热稳定。

2. 所致疾病　A 群链球菌引起的疾病约占人类链球菌疾病 90%，引起的疾病分为化脓性、中毒性、超敏反应性三类。

（1）化脓性感染：①局部化脓性感染。由皮肤伤口侵入，引起皮肤及皮下组织化脓性炎症，如疖、痈、蜂窝织炎、丹毒等，其特点是脓汁稀薄，病灶与周围组织界线不清，感染易扩散。经呼吸道侵入，常有急性扁桃体炎、咽峡炎，并蔓延周围引起脓肿、中耳炎、乳突炎、气管炎、肺炎等。也可经产道感染引起产褥热。②全身感染。本菌可沿淋巴管或血液扩散，引起淋巴管炎、淋巴结炎、败血症等。

（2）中毒性疾病：如猩红热，是由产生致热外毒素的A群链球菌引起的小儿急性呼吸道传染病。临床特征为发热、咽炎、全身弥漫性鲜红色皮疹，疹退后出现明显脱屑。

（3）超敏反应性疾病

1）风湿热：可由多种型别的A群链球菌引起，发病机制尚未十分清楚，可能是M蛋白与心肌有共同抗原而引起的Ⅱ型及Ⅲ型超敏反应所致。临床表现以心肌炎和关节炎为主。

2）急性肾小球肾炎：多见于儿童和少年，临床表现为蛋白尿、水肿和高血压。其致病机制与风湿热相同。

（4）其他链球菌感染：如甲型链球菌，为条件致病菌，可引起亚急性细菌性心内膜炎。

3. 免疫性　感染链球菌后，可获得一定的免疫力，主要是抗M蛋白抗体，可增强吞噬细胞的吞噬作用。因其型别多，各型之间无交叉免疫力，故常发生反复感染。猩红热患者可产生抗同型致热外毒素的抗体，对同型细菌有较牢固的免疫力。

（考点：A群链球菌所致疾病）

（三）微生物学检查

根据不同疾病采取不同的标本，可取脓液、咽拭子、血液等。

1. 直接涂片镜检　脓液标本可直接涂片，革兰染色后镜检。发现典型链状排列的革兰阳性球菌可初步诊断。

2. 分离培养和鉴定　将标本接种于血琼脂平板（血液标本需先增菌），培养后挑取可疑菌落涂片染色镜检，根据菌体形态、染色性、菌落特点、溶血性及生化试验进行鉴定。

3. 抗链球菌溶血素O试验　用于风湿热的辅助诊断。风湿热患者血清中抗“O”抗体如超过400U即有诊断意义。

（四）防治原则

注意个人卫生，保护皮肤黏膜，防止化脓性感染。注意空气、器械、敷料等的消毒灭菌。对急性咽炎、扁桃体炎患者，应及时彻底治疗，以防止风湿热或急性肾小球肾炎的发生。治疗首选青霉素。

三、肺炎链球菌

肺炎链球菌常寄居在正常人的鼻咽腔内，多不致病，只形成带菌状态，当机体免疫功能降低时致病。菌体呈矛头状，多成双排列，钝端相对，在机体内能形成厚荚膜，革兰阳性（图3-4）。兼性厌氧，营养要求较高，在血平板上形成草绿色溶血环，能产生自溶酶。抵抗力较弱，56℃20分钟即可杀死，有荚膜的菌株对干燥的抵抗力较强，在干痰中可存活1～2个月。主要以荚膜致病，通过呼吸道感染，主要引起大叶性肺炎。患者起病急，高热、寒战、胸痛、咳铁锈色痰。肺炎后可继发胸膜炎、脓胸，也可引起中耳炎、乳突炎、败血症和脑膜炎等。提高免疫力，接种荚膜多糖疫苗进行特异性预防，效果明显。治疗可选用青霉素、红霉素等，耐药者可选用林可霉素、万古霉素等。

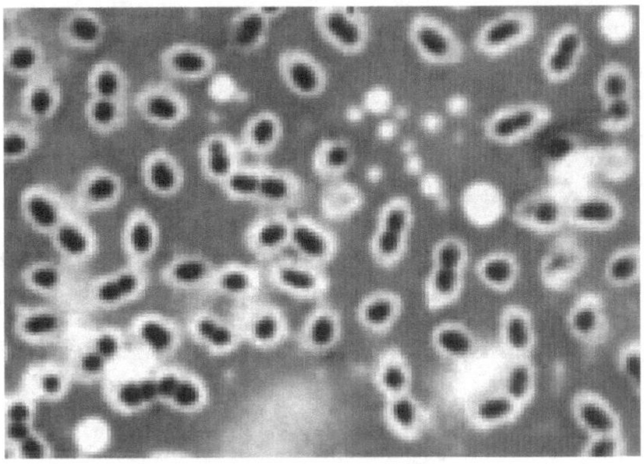

图 3-4　肺炎链球菌

四、奈 瑟 菌 属

奈瑟菌属是一群革兰染色阴性双球菌，多呈肾形或豆形，无芽孢，无鞭毛，有菌毛，专性需氧，氧化酶阳性，包括脑膜炎奈瑟菌、淋病奈瑟菌、干燥奈瑟菌、微黄奈瑟菌等。其中脑膜炎奈瑟菌及淋病奈瑟菌是引起人类疾病的病原菌，其他奈瑟菌多为人体呼吸道的正常菌群。

（一）脑膜炎奈瑟菌

又称为脑膜炎球菌。菌体呈肾形或豆形，成双排列，凹面相对，多有荚膜和菌毛，革兰阴性。专性需氧，营养要求较高，初次分离需 5%～10%的 CO_2，在巧克力血琼脂培养基上形成圆形、无色透明、光滑似露珠的菌落。抵抗力弱，对冷、热及干燥极其敏感，常用消毒剂可迅速将其杀死。在室内 3 小时即可死亡，55℃5 分钟内被破坏，脑膜炎球菌在体外可产生自溶酶，故标本应保温、保湿立即送检。主要致病物质有内毒素、荚膜、菌毛。通过飞沫经呼吸道感染，引起流行性脑脊髓膜炎（简称流脑），冬春季流行，流行期间正常人群带菌率达 70%以上，是重要的传染源。易感者主要为 15 岁以下儿童。患者先有呼吸道炎症，继而大量繁殖的病原菌从鼻咽部黏膜进入血流，引起菌血症或败血症，表现为突发寒战、高热、恶心和出血性皮疹或瘀斑。细菌到达中枢神经系统主要侵犯脑脊髓膜，引起化脓性炎症，导致剧烈头痛、喷射状呕吐、颈强直等脑膜刺激征症状。患者须早隔离、早治疗。对儿童接种流脑疫苗进行特异性预防，流行期间可服用磺胺类药物预防，治疗首选青霉素 G。

（二）淋病奈瑟菌

俗称淋球菌，是人类淋病的病原菌。淋病是国内发病率较高的性传播疾病。该菌革兰阴性，菌体肾形或豆形，成双排列，凹面相对，有荚膜和菌毛。专性需氧，营养要求高，常用巧克力血琼脂培养基培养，初次分离需 5%～10%的 CO_2。对冷、热、干燥和消毒剂极度敏感，对磺胺类、青霉素均敏感，但易产生耐药性。主要以菌毛、荚膜、内毒素致病。人类是淋病奈瑟菌的唯一自然宿主，通过性接触和间接接触被污染物如毛巾、浴盆、衣物等引起泌尿生殖器官的化脓性感染（即淋病）；新生儿可经产道感染，致淋病性结膜炎。取泌尿生殖器官的脓性分泌物涂片，如在中性粒细胞内发现革兰阴性的双球菌，有诊断价值。加强卫生宣教，洁身自好，是预防淋病的重要环节。治疗首选青霉素 G，新生儿可用 1%硝酸银或诺氟沙星滴眼以预防淋病性结膜炎。

（陈 雯）

第2节 肠道杆菌

案例 3-2 患者，女性，40 岁，1 天前在餐馆早餐后突发腹痛、腹泻，自行服用止泻药效果不佳进而就诊。经询问，患者腹泻为肠内容物，量较多，有少量黏液脓血便，有里急后重感。患者精神委靡，体温 38.5℃。取粪便革兰染色镜检，镜下见红色 G^-菌，粗大杆状。

1. 最有可能的诊断是什么？
2. 如何进一步确诊与治疗？

肠道杆菌是一大群寄居在人和动物肠道中的革兰阴性无芽孢杆菌，广泛分布于水、土壤或腐物中。多数肠道杆菌为正常菌群，但当人体免疫力低下或细菌侵入肠道以外部位时，也可引起疾病。少数为致病菌，如伤寒杆菌、痢疾杆菌、致病性大肠埃希菌等，引起肠道疾病。肠道杆菌种类繁多，大小形态相似，但具有以下共同特点。

1. 形态结构　均为中等大小的革兰阴性杆菌，无芽孢，除志贺菌属外多有鞭毛，致病菌多有菌毛，少数有荚膜或包膜。

2. 培养特性与生化反应　兼性厌氧或需氧，营养要求不高，在普通培养基上生长良好。生化反应活泼，能分解多种糖类和蛋白质，形成不同的代谢产物，常用于鉴别细菌。乳糖发酵试验初步将肠道杆菌分为肠道致病菌和非致病菌，致病菌一般不分解乳糖，非致病菌多数能分解乳糖。

3. 抗原构造　主要有菌体（O）抗原、鞭毛（H）抗原和荚膜或包膜（K）抗原。三种抗原常作为肠道杆菌分类、分型的依据。

4. 抵抗力　不强，加热 60℃ 30 分钟可被杀死，对一般消毒剂敏感。

一、埃希菌属

埃希菌属一般不致病，为人类和动物肠道中的正常菌群，其中以大肠埃希菌最为重要，大肠埃希菌又称大肠杆菌。

（一）生物学性状

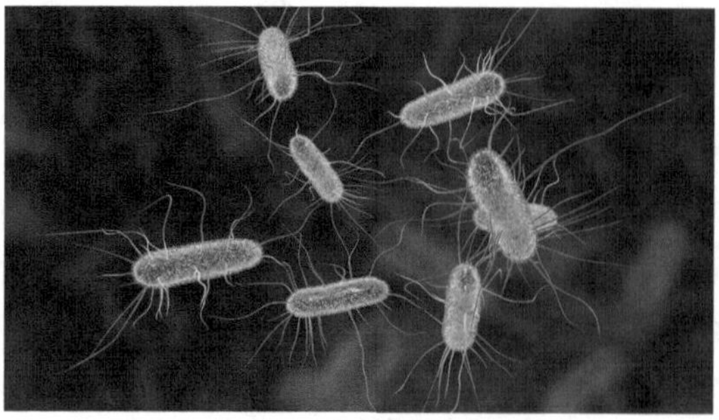

图 3-5　大肠埃希菌

大肠埃希菌为革兰阴性杆菌，多数有周鞭毛，有菌毛，无芽孢（图 3-5）。对营养要求不高，兼性厌氧。菌体表面主要有 O、H、K 三类抗原，是血清学分型的基础。该菌对热抵抗力强，对常用化学消毒剂敏感，对链霉素、卡那霉素、妥布霉素等抗生素敏感，但易产生耐药性。

（二）致病性

属条件致病菌，当宿主免疫力低下或细菌侵

入肠外组织器官时可引起感染。某些血清型大肠埃希菌为致病菌，可直接引起肠道感染。

1. 致病物质

（1）定居因子：又称为黏附素，似菌毛，具有黏附肠黏膜的功能。

（2）外毒素：重要的有肠产毒型大肠埃希菌产生的肠毒素，分不耐热肠毒素（LT）和耐热肠毒素（ST）两种，两者均可使肠道细胞中 cAMP 水平增高引起肠液大量分泌而导致腹泻；肠出血型大肠埃希菌产生的志贺样毒素，可致血性腹泻；肠集聚型大肠埃希菌产生的肠集聚耐热毒素，可致肠黏膜细胞分泌功能亢进引起腹泻。

2. 所致疾病

（1）肠外感染：多为机会感染，以泌尿系感染和化脓性感染最为常见。在泌尿系感染中，常见的有尿道炎、膀胱炎、肾盂肾炎等；在化脓性感染中，常见的有腹膜炎、胆囊炎、阑尾炎、手术创口、烧伤感染等。在婴幼儿、老年人或免疫力低下者可引起脑膜炎及败血症等。

（2）肠道感染：由致病的大肠埃希菌引起，主要表现为腹泻，有以下 5 种类型：①肠产毒性大肠埃希菌（ETEC），是旅游者腹泻和婴儿腹泻的重要病因。②肠致病性大肠埃希菌（EPEC），引起婴幼儿腹泻。③肠出血性大肠埃希菌（EHEC），临床表现为严重的腹痛和血便。④肠侵袭性大肠埃希菌（EIEC），症状类似菌痢样腹泻。⑤肠集聚性大肠埃希菌（EAEC），引起婴儿持续性腹泻。

（三）微生物学检查

1. 临床细菌学检查　根据感染情况可采取中段尿、脓汁、血液、脑脊液、粪便等标本。进行分离培养后，挑选可疑菌落进行生化反应鉴定，必要时做血清分型。

2. 卫生细菌学检查　寄居于肠道中的大肠埃希菌不断随粪便排出体外可污染周围环境、水源、食品等。在环境卫生学和食品卫生学中，常以细菌总数和大肠菌群数作为粪便污染的检测指标。我国卫生标准规定：每 1000ml 饮水中大肠菌群不得超过 3 个。

（四）防治原则

目前尚无用于人群免疫的疫苗。此菌耐药性非常普遍，因此抗生素治疗应在药敏试验的指导下进行。

（考点：大肠埃希菌卫生细菌学检查的意义）

二、志贺菌属

志贺菌属是人类和灵长类动物细菌性痢疾（简称菌痢）的病原菌，俗称痢疾杆菌，1898 年由 Shiga 首先发现而得名。

（一）生物学性状

志贺菌属细菌为革兰阴性杆菌，无鞭毛为其特征，无芽孢，无荚膜，多数有菌毛（图 3-6）。根据 O 抗原可将志贺菌分为四群：A 群——痢疾志贺菌、B 群——福氏志贺菌、C 群——鲍氏志贺菌和 D 群——宋内志贺菌。

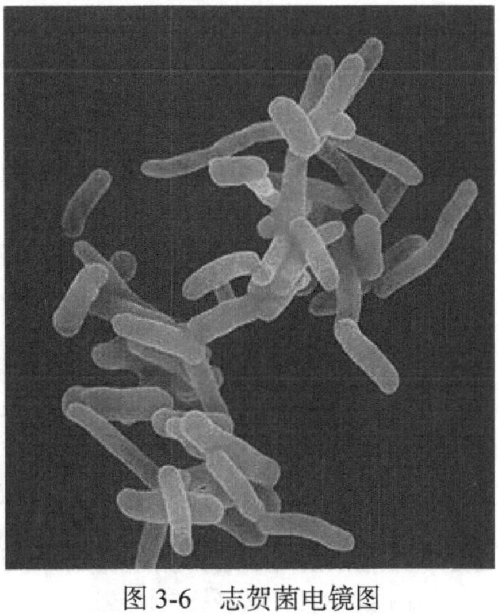

图 3-6　志贺菌电镜图

我国以B群志贺菌最为常见。志贺菌属抵抗力弱，加热60℃ 10分钟即可杀死。对消毒剂敏感，对酸敏感，对磺胺及多种抗生素敏感。粪便中因其他细菌产酸，志贺菌可在数小时内死亡，故采集标本应及时送检。

（二）致病性与免疫性

1. 致病物质　主要是侵袭力和内毒素，有些菌株尚可产生外毒素。菌毛构成细菌的侵袭力，内毒素可引起发热、意识障碍、中毒性休克、腹痛、里急后重、肠黏膜炎症、溃疡、黏脓血便。外毒素由A群志贺菌产生，又称志贺毒素，可引起致死性感染、水样腹泻等。

2. 所致疾病　志贺菌引起细菌性痢疾，经消化道传播，一年四季均可发生，夏秋季多发。传染源是患者和带菌者。临床常见类型有以下几种。

（1）急性菌痢：其特点是起病急，有高热、腹痛、腹泻、里急后重及黏液脓血便等。

（2）中毒性菌痢：多发生于小儿，各型痢疾杆菌都可引起。发病急，常在腹痛、腹泻未出现之前呈现严重的毒血症，致使微血管收缩或舒张功能紊乱，造成微循环衰竭，导致休克。

（3）慢性菌痢：急性菌痢治疗不彻底，或机体抵抗力低，营养不良或伴有其他肠道疾病时易转为慢性。病程多在2个月以上，迁延不愈或时愈时发。部分患者可成为带菌者，带菌者不能从事饮食、保育工作。

3. 免疫性　病后免疫力不强，以肠黏膜局部的sIgA抗感染为主。可反复感染。

（三）微生物学检查

取患者或带菌者新鲜粪便中的黏液脓血便，中毒性菌痢取肛拭子。分离培养后挑取可疑菌落，进行生化反应和血清学试验，确定菌群与菌型。也可用荧光菌球法、协同凝集试验等免疫学方法进行诊断。

（四）防治原则

早期诊断，早期治疗。加强饮水、食品卫生管理，防蝇灭蝇，是预防菌痢的重要措施。在流行季节，口服减毒活疫苗进行特异性预防。治疗用磺胺、诺氟沙星（氟哌酸）、氯霉素、庆大霉素等有较好的疗效。

三、沙门菌属

沙门菌属由Salmon于1885年首次分离成功，故被命名沙门菌。对人类致病主要有伤寒沙门菌，甲、乙、丙型副伤寒沙门菌等。

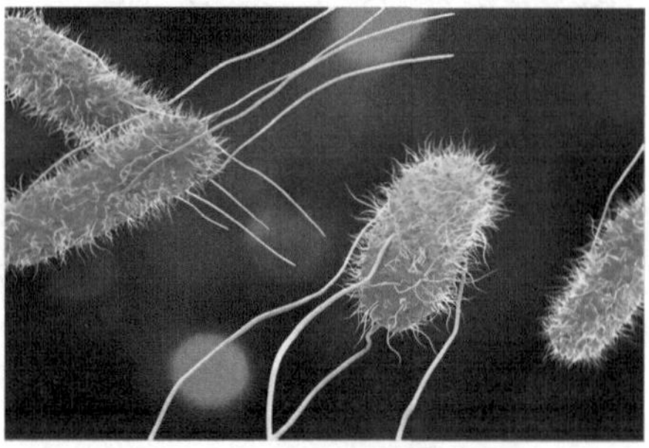
图3-7　沙门菌及鞭毛电镜图

（一）生物学性状

沙门菌属细菌为革兰阴性杆菌，多数有周鞭毛，无芽孢（图3-7）。营养要求不高，因不分解乳糖，因而在肠道选择培养基（如SS、麦康凯琼脂平板）上形成无色菌落。沙门菌属抗原结构复杂，主要有O抗原和H抗原。该菌对热抵抗力不强，对一般消毒剂敏感，对氯霉素、复方磺胺甲噁唑（复方新诺明）等敏感。

（二）致病性与免疫性

1. 致病物质　侵袭力主要是菌毛；内毒素是沙门菌主要的致病物质，可引起机体体温升高、白细胞下降、休克等；肠毒素可引起水样腹泻。

2. 所致疾病　沙门菌主要通过消化道传播，引起下列疾病。

（1）伤寒和副伤寒：由伤寒和副伤寒沙门菌感染引起的疾病，又称肠热症。传染源为患者及带菌者，细菌随污染的食物和饮水经口进入消化道，部分抵达肠系膜淋巴结进一步繁殖，随后经胸导管入血，引起第一次菌血症，患者出现发热、乏力、全身酸痛等前驱症状。细菌经血流进入骨髓、肝、脾、肾、胆囊等器官大量繁殖后，再次进入血流，引起第二次菌血症。此时症状加重，出现持续高热、相对缓脉、肝脾大、皮肤玫瑰疹、外周血白细胞减少等临床表现，胆囊中的病原菌随胆汁进入肠腔，部分随粪便排出，部分再次侵入肠壁淋巴组织，引起Ⅳ型超敏反应，导致局部坏死、溃疡，严重者发生肠出血、肠穿孔等并发症。若无并发症，病程 3～4 周。进入肾中的细菌可随尿排出。部分患者病愈后仍可自粪便排菌达 1 年或更长时间，成为无症状带菌者，是伤寒、副伤寒重要的传染源。

知识链接

伤寒玛丽的悲剧

20 世纪初，慢性伤寒携带者玛丽作为厨师曾被许多家庭和组织雇用。George Soper 博士通过伤寒突发事件的广泛调查发现，玛丽是可能的传染源。检查发现她的粪便中含有大量的伤寒沙门菌，她的胆囊先受到感染，病菌从胆囊不断分泌到肠，使她成为携带者多年。公共健康组织提出摘除她的胆囊但遭到她拒绝。为了防止她再度成为感染源，当局捕她入狱。3 年后出狱，她隐姓埋名，继续做厨师。5 年后，她再度入狱，被监禁了 23 年，最后死于 1938 年，即被发现为慢性伤寒携带者的 32 年后。

（2）急性胃肠炎（食物中毒）：由于食入大量猪霍乱沙门菌、鼠伤寒沙门菌、肠炎沙门菌等污染的食物引起。主要症状为发热、恶心、呕吐、腹痛、腹泻等。病程短，2～4 天可康复。

（3）败血症：多见于儿童或免疫力低下的成年人，常由猪霍乱沙门菌引起，丙型副伤寒沙门菌、鼠伤寒沙门菌、肠炎沙门菌等也可引起。因进入肠道的细菌迅速侵入血液大量生长繁殖引起患者高热、寒战、厌食和贫血，可播散引起脑膜炎、骨髓炎、肾盂肾炎等。

3. 免疫性　伤寒或副伤寒沙门菌为胞内寄生菌，机体对病原菌的杀灭和清除，主要依靠细胞免疫，病后免疫力牢固。

（三）微生物学检查

1. 病原菌的分离鉴定

（1）标本：伤寒、副伤寒可因病程采集不同的标本：第 1～2 周可取外周血；第 2～3 周可采集粪便或尿液；全程可采集骨髓。食物中毒取患者粪便、呕吐物或可疑食物。败血症取外周血。

（2）分离培养和鉴定：将标本接种于肠道选择培养基上进行分离培养，挑取无色半透明菌落进行生化反应和血清学鉴定。

（3）快速诊断：近年来通过酶联免疫吸附试验、放射免疫测定、SPA 协同凝集试验、乳胶凝集试验等方法检测患者血清、尿液、粪便中的沙门菌可溶性抗原，基因探针、PCR 技术等检测沙门菌 DNA，可用于沙门菌感染的快速诊断。

2. 血清学试验　常用肥达试验，是用已知伤寒菌菌体（O）抗原和鞭毛（H）抗原，以及甲、乙、丙型伤寒沙门菌 H 抗原与患者血清做定量凝集试验，测定患者血清中相应抗体的含量，以辅助诊断伤寒或副伤寒。一般伤寒沙门菌O凝集效价≥1∶80，H凝集效价≥1∶160，副伤寒沙门菌H凝集效价≥1∶80时，有诊断意义。病程中，抗体效价随病程延长而逐渐增高者有诊断价值。

（四）防治原则

及时发现、隔离、治疗患者及带菌者，控制传染源。加强饮水和食品卫生管理，切断传播途径。接种伤寒和副伤寒疫苗为其特异性预防措施。治疗可用环丙沙星、氯霉素、氨苄西林、复方三甲氧烯胺等药物治疗。

四、变形杆菌属

变形杆菌为多形性的革兰阴性杆菌，有周鞭毛，广泛分布于自然界及人和动物肠道中。在普通固体培养基上常呈扩散生长。本菌属有O和H两种抗原。某些特殊菌株如OX_{19}、OX_2及OX_k与某些立克次体间有共同抗原，故临床上采用这些变形杆菌代替立克次体抗原，与斑疹伤寒、恙虫病患者血清进行凝集反应，即外斐反应，作为立克次体病的辅助诊断。

本属菌为条件致病菌，常引起继发感染，如泌尿系感染、创伤感染，也可引起食物中毒、婴幼儿腹泻。变形杆菌易产生耐药性，治疗前应做药物敏感试验。一般采用氨苄西林、头孢霉素、庆大霉素、卡那霉素等治疗。

（陈　雯）

第3节 弧　菌　属

案例 3-3 患者，男性，20岁。突起腹泻1天，腹泻20余次，腹泻10次后出现呕吐。查体：疲倦面容，皮肤、唇舌干燥，眼窝深陷，体温37℃，血压85/55mmHg。大便镜检：米泔水样便，白细胞0～1个/HP。

1. 患者可能患了什么疾病？
2. 该病应如何进行防治？
3. 作为护士，该患者入院后应做哪些护理工作？

弧菌属是一群菌体短小，弯曲呈弧状的革兰阴性菌。该菌广泛存在于自然界中，以水中居多。大多数为非致病菌，对人致病的主要有霍乱弧菌和副溶血弧菌。

一、霍 乱 弧 菌

霍乱弧菌是引起霍乱的病原体。霍乱是一种烈性的消化道传染病，发病急、传播速度快、死亡率高，是我国法定的甲类传染病。

（一）生物学性状

菌体呈弧形或逗点状，革兰染色阴性。菌体一端有单鞭毛，运动活泼，呈穿梭样或流星样。有菌毛，某些菌株有荚膜。营养要求不高，兼性厌氧，喜碱怕酸，在pH8.8～9.2的碱性蛋白胨水或碱性琼脂平板上生长良好。抵抗力较弱，对热、干燥、酸及常用的化学消毒剂敏感。用1∶4

的含氯石灰处理患者呕吐物和排泄物 1 小时可消毒。耐低温、耐碱，在水中可存活 1～3 周。对链霉素、四环素敏感，对庆大霉素耐药。

（二）致病性与免疫性

1. 致病物质　主要致病物质为霍乱肠毒素，其是目前已知致泻能力最强的外毒素。化学成分是蛋白质，由 1 个 A 亚单位和 5 个 B 亚单位构成，A 亚单位为毒性中心，B 亚单位为结合单位。当 B 亚单位与肠黏膜上皮细胞表面的神经节苷脂受体结合后，A 亚单位被导入细胞内发挥毒性作用，使肠黏膜上皮细胞分泌功能亢进，大量的肠液潴留于肠腔中，从而导致严重的腹泻和呕吐。此外，霍乱弧菌可借助鞭毛运动穿过肠黏膜表面的黏液层；借助菌毛可帮助细菌黏附于肠黏膜上皮细胞内并迅速生长繁殖。

2. 所致疾病　霍乱是一种烈性的消化道传染病。传染源为患者和带菌者。细菌通过污染的水源或食物经消化道感染机体，到达小肠后黏附在肠黏膜表面，产生霍乱肠毒素使患者出现剧烈的腹泻和呕吐，腹泻物呈米泔水样。由于大量水分和电解质丧失，导致严重脱水、电解质紊乱和代谢性酸中毒，严重者可出现肾衰竭、休克而死亡，死亡率可高达 60%。若及时补充水分和电解质，多数患者数日内可恢复。

3. 免疫性　细菌感染后可诱导机体产生肠毒素抗体（IgG）、抗菌抗体（IgM）及黏膜抗体（sIgA），特别是 sIgA 在肠黏膜局部免疫中发挥重要的保护作用，故病后可获得牢固的免疫力。

（三）微生物学检查

霍乱是消化道烈性传染病，传播快、危害极大，应快速、准确确诊首例患者并及时上报疫情。标本采集患者米泔水样粪便或呕吐物，用悬滴法检查有无穿梭样的细菌；革兰染色镜检有无鱼群状排列的革兰阴性弧菌，并将标本接种于培养基中进行分离培养，选择可疑菌落进行生化反应并做进一步鉴定。

（四）防治原则

早发现、早隔离、早治疗是防治霍乱的基本原则。加强检疫，及时检出患者，严格隔离治疗，必要时实行疫区封锁；加强饮水和食品卫生管理，培养良好的个人卫生习惯；接种霍乱疫苗，提高人群免疫力；治疗原则以及时补液，纠正水、电解质、酸碱平衡紊乱为主，同时使用四环素、氧氟沙星、诺氟沙星等抗生素。

知识链接

霍乱的危害

霍乱是因摄入的食物或水受到霍乱弧菌污染而引起的一种急性腹泻性传染病。它是由霍乱弧菌所引起，分为 O_1 和 O_{139} 两型，可引起大规模的暴发，死亡率较高。该菌存在于水中，最常见感染原因是食用被患者粪便污染过的水，患者以米泔水样便为主要特征，呕吐、腹泻、脱水等临床症状。因其发病急、传染性强，死亡率高，现被列为我国法定的甲类传染病。

二、副溶血弧菌

副溶血弧菌是一种嗜盐性弧菌，菌体呈弧形、杆状、球形等多种形态，革兰染色阴性，有单鞭毛，无芽孢和荚膜。嗜盐性强，在3.5%～5%氯化钠培养基中生长良好。该菌广泛分布于近海海水、海底沉积物和鱼类贝类等海产品中，人食用被该菌污染且烹饪不当的海产品或盐腌制品而引起食物中毒，主要表现为腹痛、腹泻、呕吐、发热等症状，粪便多为水样或糊状。好发于夏秋季节，是我国沿海地区最常见的食物中毒。

（李 辉）

第4节 分枝杆菌属

案例 3-4 患者，男性，30岁，因发热、咳嗽、咳痰、胸痛数日入院。患者主诉近3个月出现低热、咳嗽、消瘦、夜间盗汗，给予抗感冒药物治疗，疗效不佳。X线检查可见肺纹理增粗，左肺尖有片状阴影，结核菌素试验强阳性。

1. 该患者可能感染了何种细菌？其生物学性状有何特点？
2. 结核菌素试验有何意义？

分枝杆菌属是一类细长略弯曲的杆菌，因有分枝生长的趋势而得名。由于该属细菌的细胞壁含有大量脂质，具有耐酸和抗乙醇的特色，故又称抗酸杆菌。对人致病的主要有结核分枝杆菌和麻风分枝杆菌。

一、结核分枝杆菌

结核分枝杆菌简称结核杆菌，是引起结核病的病原菌。对人致病的主要有人型和牛型两类。该菌可侵犯全身组织器官，以肺结核最多见。

（一）生物学性状

1. 形态与染色　结核杆菌为细长弯曲的杆菌，长1～4μm，宽约0.4μm，常聚集成团，有分枝生长现象，经抗酸染色后呈红色，其他非抗酸菌和细胞则染成蓝色。

2. 培养特性　结核分枝杆菌为专性需氧菌，最适温度为37℃，最适酸碱度为pH6.5～6.8。营养求高，常用含蛋黄、甘油、马铃薯、孔雀绿等的罗氏培养基培养，生长速度缓慢，需18～20小时繁殖一代，接种后2～4周才能出现乳白色或淡黄色、干燥，表面粗糙、呈菜花状的菌落。

3. 抵抗力　较强。结核分枝杆菌对干燥、酸碱和染料有较强的抵抗力。在干燥的痰中可存活6～8个月；在6%的硫酸、3%的盐酸和4%的氢氧化钠中可存活30分钟。但对紫外线、湿热和乙醇抵抗力较弱，日光直射2～3小时、加热62～63℃15分钟、75%的乙醇消毒数分钟即可被杀死。

4. 变异性　结核分枝杆菌可发生毒力和耐药性变异。卡介苗（BCG）是Calmette和Guerin两人将牛型结核分枝杆菌培养于含有甘油、胆汁、马铃薯的培养基中，经13年230次传代获得的减毒活疫苗，1921年起应用于人类，现广泛应用于结核病的预防。单一使用链霉素、异烟肼，利福平等抗结核药物或选择药物方案不当，易产生耐药性变异。

（二）致病性与免疫性

结核分枝杆菌不产生毒素和侵袭性酶，其致病作用可能与细菌在组织细胞内大量繁殖引起的炎症反应、菌体成分和代谢产物的毒性作用及机体超敏反应引起的免疫损伤有关。

1. 致病物质　主要为菌体成分。

（1）脂质：约占细胞壁干重的 60%。与毒力有关的主要包括磷脂（导致结核结节和干酪样坏死）、索状因子（引起慢性肉芽肿）、硫酸脑苷脂（抗吞噬作用）、蜡质 D（诱导机体发生Ⅳ型超敏反应）。

（2）蛋白质：结核分枝杆菌菌体内有多种蛋白质，其中重要的是结核菌素。结核菌素与蜡质 D 结合，能刺激机体发生Ⅳ型超敏反应。

（3）荚膜：荚膜对结核分枝杆菌一定的保护作用，具有黏附、抗吞噬、抗杀菌抑菌物质的作用。

2. 所致疾病　结核分枝杆菌可通过呼吸道、消化道、破损的皮肤黏膜等多种途径侵入机体，引起人体多个组织器官的结核病变，其中以肺结核最为常见。

（1）肺部感染：人体最易受结核分枝杆菌侵犯的器官是肺，细菌经呼吸道进入肺泡引起原发感染和继发感染。①原发感染：多见于儿童，结核分枝杆菌初次进入肺泡后引起炎症反应，称为原发灶，原发灶内的细菌沿淋巴管到达肺门淋巴结，并在其中繁殖引起肺门淋巴结肿大。原发灶、淋巴管炎和肿大的肺门淋巴结称为原发复合征。随着机体抗结核免疫力的建立，原发感染大多可纤维化和钙化而自愈。少数免疫力低下者，细菌经血流扩散，可引起全身粟粒性结核或结核性脑膜炎。②继发感染：多见于成年人，感染可为潜伏在病灶中的结核分枝杆菌（内源性感染），也可为再次从外界侵入的结核分枝杆菌（外源性感染）引起。当机体免疫力下降时，细菌大量繁殖而发病，此时机体已建立特异性免疫，因此病灶多局限，易形成结核结节和干酪样坏死。少数干酪样坏死可液化溃破，形成空洞，随痰液释放大量结核分枝杆菌，称为开放性肺结核。

（2）肺外感染：部分肺结核患者可经血液、淋巴液扩散到肺外组织器官，引起相应的脏器结核，如结核性脑膜炎、肾结核、关节结核、骨结核等。经破损皮肤感染结核分枝杆菌可引起皮肤结核。

（考点：结核分枝杆菌的致病性）

3. 免疫性　结核分枝杆菌为胞内寄生菌，因此机体的抗结核免疫主要是细胞免疫，这种免疫力的维持依赖于结核分枝杆菌在体内的存在，一旦体内结核分枝杆菌消失，这种免疫力也随之消失，故又称为有菌免疫。

4. 结核菌素试验　是用结核菌素来测定机体对结核分枝杆菌是否会发生迟发型超敏反应的一种皮肤试验。由于机体的抗结核免疫与迟发型超敏反应同时存在，由此可判断机体对结核分枝杆菌有无免疫力。

（1）试剂；结核菌素试剂有两种，一种为旧结核菌素（OT），另一种为纯蛋白衍生物（PPD），目前多用 PPD。

（2）方法：取 PPD 0.1ml 注入受试者前臂屈侧皮内，48～72 小时观察局部皮肤有无红肿硬结，并测量其直径。

（3）结果及意义：见表 3-3。

表 3-3 结核菌素试验结果及意义

红肿硬结的直径	结果	意 义
＜5mm	阴性反应	表明机体未感染过结核杆菌或未接种过卡介苗，对该菌无免疫力
5～15mm	阳性反应	表明机体曾感染过结核杆菌或接种过卡介苗，对该菌有免疫力
＞15mm	强阳性反应	表明体内可能有活动性结核，应进一步检查

（4）应用：①选择卡介苗接种对象及接种后免疫效果的测定；②婴幼儿结核病的辅助诊断；③对未接种卡介苗的人群做结核分枝杆菌感染的流行病学调查；④测定肿瘤患者的细胞免疫功能。

（三）微生物学检查

根据病变部位不同而选择不同的标本，如痰、尿、脑脊液、腹水等，将标本直接涂片，用抗酸染色后镜检，若发现抗酸杆菌即可初步诊断。进一步可通过分离培养、生化反应、免疫学实验进行鉴定。PCR 技术用于结核杆菌的 DNA 鉴定，对结核病的快速诊断具有重要意义。

（四）防治原则

1. 预防 ①控制传染源、切断传播途径、增强免疫力、降低易感性；②建立与健全各级防结核组织，积极开展卫生宣传教育；③对肺结核患者应及时发现，加强管理，早期治疗，对痰菌阳性患者应施行隔离措施，外出应戴口罩，禁止随地吐痰；④广泛开展 BCG 接种，降低发病率，BCG 接种对象为新生儿、6 个月以内健康婴儿及结核菌素试验阴性的较大儿童，免疫力可维持 3～5 年。

2. 治疗 ①治疗原则是早期、联合、适量、规律、全程使用敏感药物；②积极发展和治疗痰菌阳性的结核病患者，常见药物为异烟肼、利福平、盐酸乙胺丁醇、吡嗪酰胺等。鉴于目前耐多药结核分枝杆菌日益增多，在治疗过程中应定期进行药物敏感试验，选用敏感药物进行治疗。

知识链接

世界防治结核病日

据 WHO 统计，全世界 1/3 人口感染了结核分枝杆菌。20 世纪 80 年代后，因 AIDS、MTB 耐药菌株的出现、免疫抑制剂的使用、吸毒、人口流动及不规范治疗等因素，导致结核病的发病率回升，再次成为世界范围内危害最为严重的传染病之一。现在，全球每年出现约 900 万例结核病新病例，并导致约 300 万人死亡。1995 年决定把每年的 3 月 24 日定为“世界防治结核病日”，以进一步推动全球预防与控制结核病。

二、麻风分枝杆菌

麻风分枝杆菌简称麻风杆菌，是麻风病的病原菌。其大小、形态、染色性和结核杆菌相似，常在患者破溃皮肤渗出液的细胞中发现，呈束状排列，胞质呈泡沫状，称为麻风细胞。

麻风病是一种慢性传染病。患者的鼻咽腔分泌物、痰液、阴道分泌物、精液中均有麻风杆菌的排出，细菌通过呼吸道、破损的皮肤黏膜和密切接触等方式传播，潜伏期长，几年至几十年不等，主要侵犯人体皮肤和周围神经。根据临床表现、免疫病理变化和细菌检查，麻风病患者大部分可分为瘤型麻风和结核样型麻风。瘤型麻风是进行性损害和病情严重的临床类型，传染性强。

常在患者皮肤或黏膜下形成麻风结节，面部的结节可融合呈“狮面容”，是瘤型麻风的典型特征；结核样型麻风为自限性疾病，传染性小，较稳定，损害可自行消退。

麻风病尚无特异性预防方法，主要依靠早发现、早隔离、早治疗。治疗的药物主要是利福平、丙硫异烟胺、氨苯砜等，为防止耐药性的发生，应采用多种药物联合治疗。

（李　辉）

第 5 节　厌氧性细菌

案例 3-5　患者，男性，35 岁。1 周前在施工中受伤，入院时面部肌肉抽搐，苦笑面容，出现张口困难，牙关紧闭，继而颈部、背部肌肉发生强直性痉挛，躯体出现角弓反张，面部发绀，呼吸困难。

1. 患者可能患了什么疾病？
2. 该病的致病物质是什么？
3. 作为护士，该患者入院后应做哪些护理工作？

厌氧性细菌是一群必须在厌氧环境中才能生长繁殖的细菌。根据能否形成芽孢，将其分成厌氧芽孢梭菌属和无芽孢厌氧菌两大类。

一、厌氧芽孢梭菌属

厌氧芽孢梭菌是一群专性厌氧、革兰染色阳性并能形成芽孢的大杆菌。由于芽孢直径比菌体宽，使菌体膨大呈梭形，故得名。主要分布在土壤、人和动物肠道中，多数为腐生菌，少数为致病菌，对人类有致病作用的主要有破伤风梭菌、产气荚膜梭菌、肉毒梭菌。霍乱弧菌是引起霍乱的病原体。霍乱是一种烈性的消化道传染病，其发病急、传播速度快、死亡率高，是我国法定的甲类传染病。

（一）破伤风梭菌

破伤风梭菌是引起破伤风的病原菌，大量存在于人和动物的肠道中，通过粪便污染土壤，在适宜的条件下形成芽孢，在自然界长期存在。

1. 生物学性状　革兰阳性杆菌，有周鞭毛，无荚膜。芽孢正圆形，位于菌体顶端，直径宽于菌体，使菌体呈鼓槌状，为本菌典型特征。芽孢抵抗力强，在土壤中可存活数十年。繁殖体对青霉素敏感。

2. 致病性

（1）致病条件：破伤风梭菌经伤口感染，其感染的重要条件是伤口形成厌氧微环境：伤口窄而深，有泥土或异物污染；创伤组织大面积坏死，局部缺血；同时伴有需氧菌或兼性厌氧菌的混合感染。

（2）致病物质：破伤风梭菌无侵袭力，芽孢在适宜的厌氧微环境中发芽繁殖后，分泌外毒素而致病。其能产生两种外毒素：破伤风痉挛毒素和破伤风溶血素。破伤风痉挛毒素是引起破伤风的主要毒素。该毒素属于神经毒素，毒性强，对脑干和脊髓前角神经细胞有高度亲和力，能阻止抑制性神经介质的释放，从而阻断上下神经元之间的抑制性冲动的传递，使屈肌和伸肌同时发生强烈收缩，引起骨骼肌发生强直性痉挛。

（3）所致疾病：破伤风。潜伏期7～14天，发病早期有发热、头痛、全身不适、肌肉酸痛，继而出现破伤风的典型症状：牙关紧闭、苦笑面容、颈强直、角弓反张，严重者可因呼吸肌痉挛而窒息死亡。

（考点：破伤风感染的致病条件）

3. 防治原则

（1）正确处理伤口：用3%过氧化氢清洗伤口，及时清创扩创，防止厌氧微环境。

（2）特异性预防：①人工主动免疫。儿童可接种“白百破”三联疫苗，成人可接种破伤风类毒素。②人工被动免疫。对伤口较深或污染较为严重者，应立即注射破伤风抗毒素（TAT）进行紧急预防，注射前必须先做皮肤过敏试验。

（3）治疗：应早期足量使用破伤风抗毒素，同时使用抗生素（首选青霉素）治疗。

（二）产气荚膜梭菌

产气荚膜梭菌广泛分布于自然界及人与动物的肠道中，是引起气性坏疽的病原菌。

1. 生物学性状　革兰阳性杆菌，有荚膜，无鞭毛。芽孢呈椭圆形，位于菌体次极端，直径小于菌体。专性厌氧。能分解多种糖和蛋白质产气产酸，在牛奶培养基中分解乳糖产酸，使其中的酪蛋白凝固，同时产生大量的气体冲散凝固的酪蛋白，气势凶猛，称为“汹涌发酵”现象，是鉴别本菌的主要特征。

2. 致病性

（1）致病物质：本菌能产生外毒素和侵袭性酶，同时还有荚膜，侵袭性强，入侵后可出现严重的局部感染和食物中毒。

（2）所致疾病：主要为气性坏疽，也可引起食物中毒。

1）气性坏疽：致病条件与破伤风梭菌相同。是严重的创伤感染性疾病。潜伏期8～48小时，细菌经伤口入侵，在局部迅速繁殖，产生毒素和酶，分解破坏组织细胞，造成局部组织水肿、气肿、出血、坏死、并伴有恶臭。若病菌产生的毒素和毒性产物入血，可引起毒血症、休克、死亡率高。

2）食物中毒：因食入被本菌污染的食物引起。潜伏期8～24小时，临床表现为恶心、呕吐、腹痛、水样腹泻。1～2天可自愈。

3. 防治原则　及时对伤口进行清创扩创，防止厌氧微环境的形成；早期使用气性坏疽多价抗毒素和青霉素；高压氧舱可抑制厌氧菌的生长。目前无类毒素用于疾病的预防。

（三）肉毒梭菌

肉毒梭菌主要存在于土壤和动物粪便中。食入被该菌污染的食物，在厌氧环境中能产生肉毒毒素，引起进食者中毒，出现神经中毒症状。

1. 生物学性状　革兰阳性杆菌，有周鞭毛，无荚膜。芽孢呈椭圆形，位于菌体的次极端，宽于菌体，使菌体呈网球拍状。专性厌氧。

2. 致病性

（1）致病物质：主要是肉毒毒素，是已知毒性最强烈的外毒素，比氰化钾毒性强1万倍，对人的致死量为 0.1μg。该毒素为嗜神经毒素，作用于外周胆碱能神经，抑制神经肌肉接点处神经介质乙酰胆碱的释放，引起肌肉弛缓性麻痹。

（2）所致疾病：食物中毒。食入被肉毒梭菌污染的食物如罐头、香肠、腊肠、发酵豆制品等食品引起，其临床表现以神经系统症状为主。先有乏力、头痛、头晕，接着出现斜视、复视、上睑下垂，继而咽部肌肉麻痹出现呼吸困难、口齿不清，严重者因呼吸肌和心肌麻痹而死亡。

3. 防治原则　加强食品管理和监督；食品低温保存，进食前加热煮沸是预防的主要措施。治疗应早期足量注射多价抗毒素血清，同时加强护理和对症治疗，以降低病死率。

（考点：肉毒毒素的特点）

二、无芽孢厌菌属

无芽孢厌氧菌是一类寄生于人和动物皮肤、口腔、上呼吸道、泌尿道等部位的正常菌群。在人体正常菌群中占有绝对优势，包括革兰阳性和革兰阴性的球菌和杆菌。在特定状态下可作为条件致病菌引起内源性感染，在临床厌氧菌感染中，无芽孢厌氧菌的感染占 90%，以混合感染多见。

（一）无芽孢厌氧菌的种类

无芽孢厌氧菌包括有革兰阳性和革兰阴性的球菌和杆菌，其中以革兰阴性的脆弱类杆菌、产黑色素类杆菌及革兰阳性的消化链球菌最为多见。

（二）致病性

1. 致病条件　本类细菌是人体的正常菌群，一般不致病。但当寄居部位发生改变、机体免疫力下降、菌群失调或局部形成厌氧微环境，则易引起内源性感染。

2. 致病物质　主要有菌毛、荚膜、侵袭性酶和毒素等。

3. 感染特征

（1）感染属内源性感染，可遍及全身，多为慢性感染。

（2）无特定病型，大多为化脓性感染，形成局部脓肿或组织坏死。

（3）脓液或分泌物黏稠带有恶臭，有时有气体。

（4）用氨基糖苷类抗生素长期治疗无效。

4. 所致疾病　主要为化脓性感染，可遍及全身组织器官，无特定的临床表现。如口腔与牙周慢性感染、呼吸道感染、女性生殖器官和盆腔感染、腹腔感染、皮肤及软组织感染、败血症等。

（三）防治原则

目前无特异性预防。治疗常用的药物有青霉素、头孢菌素、林可霉素、甲硝唑等。

（李　辉）

第 6 节　其他病原菌

其他常见的病原性细菌，见表 3-4。

表 3-4 其他病原性细菌

种类	主要生物学性状	致病性	防治原则
白喉棒状杆菌	G^+杆菌，一端或两端膨大呈棒状，有异染颗粒	致病物质是白喉外毒素呼吸道传播，引起白喉治疗或紧急预防	接种“百白破”三联疫苗，白喉抗毒素
铜绿假单胞菌	G^-杆菌，有荚膜、鞭毛、菌毛，产生水溶性绿色色素	致病物质为内毒素、外毒素、胞外酶。通过接触、空气、医疗器械引起继发感染和医院感染	严格无菌操作，防止医源性感染
炭疽芽孢杆菌	G^-粗大杆菌，呈竹节状排列，芽孢椭圆位于菌体中央	致病物质为荚膜、炭疽毒素，通过呼吸道、消化道、皮肤黏膜等途径引起炭疽病	病畜应严格隔离或处死焚烧、深埋于 2m 以下。接种炭疽减毒活疫苗
百日咳鲍特菌	G^-短小杆菌，有荚膜和菌毛	致病物质为荚膜、菌毛和外毒素，通过呼吸道传播，引起百日咳	早期隔离患者，接种“百白破”三联疫苗
流感嗜血杆菌	G^-短小杆菌，呈多形态，有菌毛和荚膜	致病物质为荚膜、菌毛和内毒素，通过呼吸道传播，引起继发性感染和化脓性感染	接种荚膜多糖疫苗。治疗选用广谱抗生素
幽门螺杆菌	G^-杆菌，菌体细长弯曲，呈螺旋形、S形、W 形	致病物质为鞭毛、黏附素、内毒素等。通过消化道感染引起慢性胃炎、消化性溃疡、胃癌	治疗可采用抗菌药与胶体铋制剂联合用药
鼠疫耶尔森菌	G^-卵圆形短杆菌，有荚膜	致病物质为内毒素、荚膜等。通过带菌	灭鼠、灭蚤，加强检疫、流行地区接种鼠疫疫苗

自 测 题

A_1/A_2 型题

1. 判断葡萄球菌有无致病性的标志之一是（ ）
   A. 透明质酸酶 B. 链激酶 C. 链道酶
   D. 血浆凝固酶 E. 卵磷脂酶
2. 下列哪项不是金黄色葡萄球菌的致病物质（ ）
   A. 溶血素 B. 肠毒素 C. 血浆凝固酶
   D. 透明质酸酶 E. 表皮剥脱毒素
3. 下列哪项不是 A 群链球菌的致病物质（ ）
   A. M 蛋白 B. 链激酶 C. 透明质酸酶
   D. 血浆凝固酶 E. 溶血素 O
4. 链球菌感染引起的超敏反应性疾病是（ ）
   A. 产褥热 B. 猩红热 C. 出血热
   D. 波浪热 E. 风湿热
5. 可辅助诊断风湿热的试验是（ ）
   A. 结核菌素试验 B. 肥达试验
   C. 抗 O 试验 D. 凝固酶试验
   E. 乳糖发酵试验
6. 下列哪种疾病是一种菌群失调症（ ）
   A. 假膜性肠炎 B. 风湿热
   C. 急性肾小球肾炎 D. 脓疱疮
   E. 流脑
7. 对青霉素易产生耐药性的细菌是（ ）
   A. 链球菌 B. 金黄色葡萄球菌
   C. 肺炎链球菌 D. 脑膜炎奈瑟菌
   E. 淋病奈瑟菌
8. 肺炎链球菌在机体内可形成下列哪个结构（ ）
   A. 鞭毛 B. 荚膜 C. 芽孢
   D. 菌毛 E. 细胞壁
9. 引起大叶性肺炎的病原体是（ ）
   A. 嗜肺军团菌 B. 乙型溶血性链球菌
   C. 肺炎支原体 D. 肺炎衣原体
   E. 肺炎链球菌
10. 流脑的传播途径是（ ）
   A. 消化道 B. 呼吸道 C. 皮肤
   D. 血液 E. 蚊叮咬
11. 淋病的传播途径是（ ）

A. 呼吸道　B. 消化道　C. 皮肤
D. 性接触　E. 动物咬伤

12. 鉴别肠道致病菌和非致病菌经常选用（　）
A. 吲哚试验　B. 葡萄糖发酵试验
C. 菊糖发酵试验　D. 乳糖发酵试验
E. 甘露醇发酵试验

13. 下列无动力的细菌是（　）
A. 霍乱弧菌　B. 伤寒沙门菌
C. 痢疾志贺菌　D. 大肠埃希菌
E. 变形杆菌

14. 卫生学上检出何种细菌表示有粪便污染（　）
A. 葡萄球菌　B. 变形杆菌
C. 沙门菌　D. 志贺菌
E. 大肠埃希菌

15. 细菌性痢疾的患者，粪便的性状是（　）
A. 水样　B. 蛋花样
C. 洗肉水样　D. 米泔水样
E. 黏液脓血便

16. 下列疾病中白细胞计数下降的是（　）
A. 伤寒、副伤寒　B. 急性链球菌感染
C. 炎症　D. 急性失血
E. 急性中毒

17. 肥达试验可辅助诊断（　）
A. 细菌性痢疾　B. 伤寒、副伤寒
C. 急性肾小球肾炎　D. 猩红热
E. 肺炎

18. 霍乱弧菌在下列哪种培养基上生长良好（　）
A. 庖肉培养基　B. 普通琼脂平板
C. 营养培养基　D. 碱性蛋白胨水
E. 肉浸液

19. 霍乱弧菌的主要致病因素是（　）
A. 内毒素　B. 菌毛
C. 侵袭性酶　D. 肠毒素
E. 鞭毛

20. 关于霍乱弧菌的防治，错误的是（　）
A. 加强水源管理
B. 患者应严格隔离
C. 治疗的关键是补充液体和电解质
D. 同时使用敏感的抗生素
E. 尽快摒弃患者的排泄物

21. 关于结核分枝杆菌的生物学特性错误的是（　）
A. 营养要求高　B. 抗酸染色呈红色
C. 专性需氧　D. 菌落干燥
E. 对乙醇不敏感

22. 关于结核菌素试验，下面哪项是错误的（　）
A. 可用来选择卡介苗的接种对象
B. 检测机体的体液免疫状况
C. 红肿硬结大于 5mm 为阳性
D. 作为婴幼儿结核病的辅助诊断
E. 试验阳性表明机体曾感染过结核杆菌

23. 破伤风的紧急预防应使用（　）
A. 破伤风类毒素　B. 破伤风抗毒素
C. 破伤风外毒素　D. 破伤风菌苗
E. 青霉素

24. 破伤风特异性治疗可应用（　）
A. 抗生素　B. 抗毒素
C. 细菌素　D. 干扰素
E. 类毒素

25. 结核菌素试验的发生机制是哪型超敏反应（　）
A. Ⅰ型　B. Ⅱ型
C. Ⅲ型　D. Ⅳ型
E. 以上都不是

（李　辉）

第4章 其他原核细胞型微生物

第1节 螺 旋 体

案例 4-1 患者，男性，36岁。3个月前生殖器冠状沟处有一单发的不痛溃疡，后自愈。近1个月来颈、腋淋巴结肿大，四肢躯干出现皮疹，曾治疗但病情反复。检查：全身皮肤黏膜有不融合的铜红色斑丘疹，掌跖见硬性脓疱带鳞屑，外生殖器无皮损。

1. 患者可能患了什么疾病，病因是什么？
2. 该病如何进行防治。

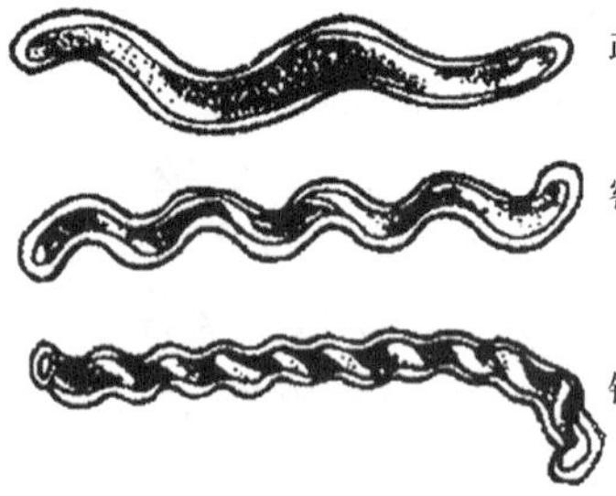

图4-1 螺旋体形态

螺旋体是一类细长、柔软、弯曲呈螺旋状，运动活泼的原核细胞型微生物。螺旋体在自然界和动物体内广泛存在，种类很多，分为三个属（图4-1），对人致病的主要钩端螺旋体、回归热螺旋体和梅毒螺旋体。

一、钩端螺旋体

钩端螺旋体简称钩体，是引起人及动物钩体病的病原体。

（一）生物学性状

钩端螺旋体为圆柱形，螺旋细密而规则，一端或两端弯曲呈钩状，常使菌体呈C、S、8等形状。在暗视野显微镜下可见形如细小闪亮的珍珠串，运动活泼。常用Fontana镀银染色法将菌体染成棕褐色，常用柯氏培养基培养。对热和酸敏感，56℃10分钟即死亡，对青霉素、庆大霉素敏感。

（二）致病性和免疫性

致病物质主要是钩体产生的溶血素、细胞毒因子和内毒素样物质。

钩体病为人畜共患传染病，在夏秋季节，不少农村地区有该病流行。鼠和猪是主要传染源和储存宿主。动物感染后多无症状，但钩体在肾内繁殖，并随尿液排出，污染水源和土壤。人在参加田间劳作、防洪等接触疫水时，钩体经破损的皮肤或黏膜进入机体而感染。

临床上患者可出现畏寒发热、头痛、腰痛、腓肠肌痛、眼结膜充血等症状。临床常见的为流感伤寒型、黄疸出血型、肺出血型、脑膜炎型等。病后或隐性感染后，可获得对同型钩体的持久免疫力，以体液免疫为主。

记一记　钩体病临床诊断的助记顺口溜：
寒热“三痛”爬不起，拒绝检查腓肠肌；眼红出血淋巴肿，流行多在夏秋季。

（三）防治原则

主要是搞好防鼠、灭鼠工作，管理好带菌家畜，保护好水源。对严重流行区的易感人群可接种多价钩体死疫苗。治疗首选青霉素。

二、梅毒螺旋体

梅毒螺旋体是引起人类梅毒的病原体。梅毒是性传播疾病中危害性较严重的一种。

（一）生物学性状

菌体细长，两端尖直，螺旋致密而规则，运动活泼。镀银染色法染成棕褐色。人工培养较困难且易失去毒力。抵抗力极弱，对冷、热、干燥均敏感，血液中 4℃3 天即失去感染性，故在血库冷藏 3 天以上的血液无传染梅毒的危险。对砷剂和青霉素、四环素、红霉素等敏感。

（二）致病性和免疫性

致病物质是梅毒螺旋体表面的黏多糖、内毒素样物质等。

人是梅毒螺旋体的唯一宿主。病原体通过性接触传播引起获得性梅毒（后天梅毒）；或是从母体通过胎盘传给胎儿，引起先天性梅毒（胎传梅毒）。

后天梅毒的病程可分三期。

1. 一期梅毒　感染发生约 3 周后，常在患者外生殖器出现无痛性硬结及溃疡，称硬下疳，其溃疡渗出物含有大量梅毒螺旋体，传染性极强。硬下疳常可自然愈合，经 2～3 个月无症状时期后进入第二期。

2. 二期梅毒　患者全身淋巴结肿大，全身皮肤黏膜出现铜红色皮疹，密集不融合，称梅毒疹。在梅毒疹及淋巴结中有大量螺旋体。经 5 年或更久的反复发作，进入第三期。

3. 三期梅毒　此期表现为皮肤黏膜的溃疡性损害或内脏器官的肉芽肿样病变（梅毒瘤）。严重患者约 15 年后引起心血管及中枢神经系统损害，导致动脉瘤、脊髓痨及全身麻痹等，危及生命。此期病灶中不易找到梅毒螺旋体，传染性小。

孕妇如患梅毒，病原体可经胎盘进入胎儿血流引起全身感染，常导致流产、早产或死胎；或生出活的梅毒儿，呈现锯齿形牙、间质性角膜炎、先天性耳聋等症状。

梅毒的免疫是有菌免疫，以细胞免疫为主。

（三）微生物学检查法

一期梅毒患者取硬下疳渗出物，二期梅毒患者取皮疹、脓疮病灶组织渗出液，直接在暗视野显微镜下观察或镀银染色后镜检。

诊断梅毒的血清学试验，一般发病 2 周以上才出现阳性。

（四）防治原则

预防的主要措施是加强卫生宣传教育和社会管理，目前尚无疫苗预防。对患者应早诊、早治，青霉素为首选药。

三、其他螺旋体

回归热疏螺旋体和伯氏疏螺旋体的致病特点见表 4-1。

表 4-1 其他主要螺旋体种类及致病性

名称	感染方式	所致疾病及临床表现
回归热疏螺旋体	虱、蜱叮咬	引起回归热。急起急退的高热、全身肌肉酸痛、肝脾大
伯氏疏螺旋体	硬蜱	引起莱姆病。关节炎、游走性肌痛、心肌炎、慢性神经系统损害或皮肤异常。

第 2 节 立 克 次 体

立克次体是一类严格细胞内寄生的原核细胞型微生物。多为球杆状，以二分裂方式增殖。常用 Giemsa 染色法呈紫色或蓝色。专性细胞内寄生，在细胞内可观察到包涵体。抵抗力较弱，在 56℃30 分钟、0.5%苯酚溶液及 75%乙醇中数分钟即可杀灭。在干燥虱粪中能保持传染性 6 个月左右。对四环素和氯霉素敏感。

对人致病的立克次体其传播媒介和致病特点见表 4-2。

表 4-2 主要致病性立克次体的致病特点

病原体	传播方式	所致疾病	临床表现
普氏立克次体	人虱叮咬	流行性斑疹伤寒	高热、肌肉痛、皮疹，伴神经系统、心血管系统或其他实质脏器被损害。
莫氏立克次体	鼠蚤叮咬	地方性斑疹伤寒	与流行性斑疹伤寒相似，但症状较轻，病程较短。
恙虫病立克次体	恙螨幼虫叮咬	恙虫病	高热、淋巴结肿大，叮咬部位有焦痂，心血管系统及肝、脾、肺等被损害。

用变形杆菌的某些菌株代替立克次体作为抗原，与患者血清做定量凝集反应，测定患者血清中相应的抗体及其含量，辅助诊断立克次体病，此试验称为外斐反应。

预防立克次体病的关键是灭虱、灭蚤、灭鼠、灭螨。注意个人卫生，改进环境卫生，加强防护。治疗用氯霉素、四环素等。

第 3 节 衣 原 体

衣原体是一类严格细胞内寄生、并有独特发育周期的原核细胞型微生物。对人致病的有沙眼衣原体、肺炎衣原体、鹦鹉热衣原体。本节主要介绍沙眼衣原体。

一、生物学性状

衣原体有独特的发育周期（图 4-2）。光镜下可观察到两种形态，即原体和始体。原体小而致密呈球形，Giemsa 染色呈紫红色，无繁殖能力，有高度感染性。始体大而疏松，Giemsa 染色呈深蓝或暗红色，有繁殖能力，无感染性。

沙眼衣原体抵抗力较弱，60℃仅能存活 5～10 分钟，2%甲酚作用 5 分钟则失去活性，用 0.1%甲醛溶液或 0.5%苯酚溶液经 24 小时可被杀死。对四环素、氯霉素和红霉素等敏感。

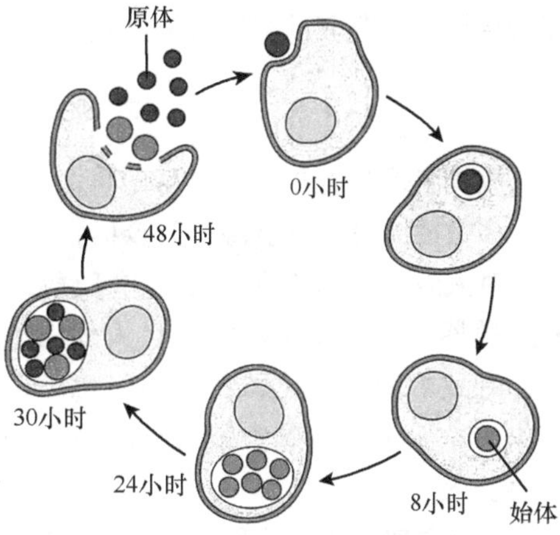

图 4-2　衣原体的生活周期

二、致病性与免疫性

致病物质是外膜蛋白、毒性代谢产物和内毒素样物质。

沙眼衣原体引起的疾病主要有以下四种。

1. 沙眼　通过眼—眼或眼—手—眼传播。发病缓慢，表现为流泪、黏液脓性分泌物、结膜充血、滤泡增生、乳头增生，最终结膜瘢痕、眼睑内翻、倒睫、角膜血管翳引起角膜损害、失明。

沙眼是致盲的首位病因。

（考点：沙眼的传播途径和疾病发展）

2. 包涵体结膜炎　可因两性接触，手□眼途径或来自污染的游泳池水，引起滤泡性结膜炎。

3. 泌尿生殖器官感染　某些沙眼生物变种引起非淋病性尿道炎、生殖器官感染。

4. 性病淋巴肉芽肿　是一种性病，可侵犯腹股沟淋巴结，也可累及会阴、肛门、直肠及盆腔淋巴结，发生化脓性炎症和慢性肉芽肿。

三、防 治 原 则

注意个人卫生，避免直接或间接接触传染，是预防沙眼的重要措施。治疗可用利福平、氯霉素、红霉素。

第 4 节　支　原　体

案例 4-2　患者，男性，28 岁。近 1 周常有黏液脓性分泌物从尿道口流出，排尿时淋漓不尽，有“放射状疼痛”。追问病史承认有多个性伴侣。检查：尿道分泌物涂片革兰染色镜检和细菌培养无淋菌，尿液离心沉淀后培养检出支原体。

分析：非淋菌性尿道炎主要由衣原体、支原体引起。本病目前在欧美国家已超过淋病跃居性传播疾病首位，我国病例亦日益增多。患者如因症状不明显或不愿正视，不检查治疗，任其发展可引起附睾炎、前列腺炎、盆腔炎、宫颈炎、输卵管炎及不育症等。

支原体是能在无生命培养基上生长繁殖的最小的原核细胞型微生物。可通过滤菌器，常给细胞培养工作带来污染的麻烦。

支原体形态多样，可呈球形、丝状，在血清培养基中生长缓慢，菌落微小呈油煎蛋样。对热、干燥的抵抗力弱，易被脂溶剂灭活。对两性霉素 B、红霉素、阿奇霉素等敏感。

支原体通过释放神经毒素、过氧化氢等引起细胞损伤。肺炎支原体引起原发性非典型性肺炎。传染源是患者或带菌者，主要经飞沫传染，多发生于夏末秋初，青少年多见。临床表现为头痛、咽痛、发热、咳嗽、淋巴结肿大等，重者可出现心血管、中枢神经系统症状。溶脲脲原体通过性接触传播，引起非淋菌性尿道炎及生殖器官感染。

第5节 放线菌

放线菌是一类介于细菌和真菌之间的单细胞原核细胞型微生物。丝状呈分支生长，种类繁多。绝大多数放线菌为有益菌，至今已报道过的近万种抗生素中，约70%由放线菌产生。

对人致病的放线菌主要有衣氏放线菌，常寄生于人和动物口腔、上呼吸道、胃肠道和泌尿生殖器官，属正常菌群。在人体抵抗力减弱、口腔卫生不良、拔牙或外伤时引起内源性感染，导致软组织的化脓性炎症。感染多呈慢性无痛性过程，并常伴有多发性瘘管形成，瘘管排出的脓液中可找到肉眼可见的黄色小颗粒，称为硫黄样颗粒，实为放线菌在组织中形成的菌落。

机体对放线菌的免疫主要靠细胞免疫。

注意口腔卫生、预防牙病发生和牙病早日治疗是预防放线菌病的主要方法。对放线菌患者的治疗可采取外科手术切除脓肿瘘管，同时用大剂量青霉素或磺胺药做较长时间治疗。

自测题

A_1/A_2型题

1. 钩端螺旋体的主要传染源和储存宿主是（　　）
   A. 体虱　B. 钩体病患者
   C. 鼠蚤　D. 蚊
   E. 鼠和猪
2. 钩端螺旋体的传播方式是（　　）
   A. 呼吸道途径
   B. 接触鼠、猪尿污染的水及土壤
   C. 皮肤伤口感染芽孢
   D. 犬咬伤
   E. 性接触
3. 梅毒的传染源是（　　）
   A. 猫　B. 人　C. 鼠
   D. 蚤　E. 蚊
4. 关于梅毒螺旋体叙述错误的是（　　）
   A. 患者是唯一传染源
   B. 主要通过性接触传播，也可通过胎盘传播
   C. 螺旋致密而规则
   D. 对干燥、热、冷均不敏感
   E. 对青霉素敏感
5. Ⅰ期梅毒患者，检查梅毒螺旋体的最适标本是（　　）
   A. 血液　B. 尿液
   C. 硬下疳渗出液　D. 局部淋巴结抽出液
   E. 梅毒疹渗出液
6. 引起流行性斑疹伤寒的微生物是（　　）
   A. 钩端螺旋体　B. 支原体
   C. 衣原体　D. 普氏立克次体
   E. 放线菌
7. 传播立克次体的节肢动物是（　　）
   A. 蚊　B. 蝇　C. 蚤
   D. 虱　E. 螨
8. 外斐反应用于检查哪种微生物（　　）
   A. 放线菌　B. 支原体　C. 细菌
   D. 真菌　E. 立克次体
9. 具有特殊发育周期的是（　　）
   A. 支原体　B. 衣原体　C. 立克次体
   D. 螺旋体　E. 病毒
10. 沙眼由哪种微生物引起（　　）
    A. 病毒　B. 支原体　C. 衣原体
    D. 立克次体　E. 螺旋体
11. 下列无细胞壁的微生物是（　　）

A. 衣原体　B. 支原体　C. 细菌
D. 真菌　E. 螺旋体

12. 引起原发性非典型性肺炎的是（　　）
A. 立克次体　B. 支原体　C. 衣原体
D. 螺旋体　E. 病毒

13. 硫黄样颗粒是以下哪种微生物的特性（　　）
A. 放线菌　B. 立克次体　C. 螺旋体
D. 衣原体　E. 支原体

（秦静英）

第5章 真 菌

第1节 真菌概述

案例 5-1 患儿，女，1.5岁。近3天来发热、哭闹、流口水，拒绝进食，检查发现口腔内有白色膜状物而就诊。病史：19天前曾因感冒、咳嗽服用抗生素1周，无其他疾病史。查体：体温38℃，脉搏120次/分，呼吸26次/分。口腔膜状物涂片镜检有出芽酵母菌和假菌丝。

1. 幼儿患何种疾病？由何种病原体引起的感染？
2. 该病原体在什么情况下可引起感染？

真菌是一大类真核细胞型微生物。有典型的细胞核和完善的细胞器，不含叶绿素，无根、茎、叶的分化。真菌广泛分布于自然界，有10多万种。真菌大多数对人无害，有的甚至有利于人类，用于生产抗生素和酿酒等。引起人类疾病的共300余种，包括致病性真菌、条件致病性真菌、产生毒素及致癌的真菌。近年来真菌感染明显上升，这与滥用抗生素引起菌群失调和应用激素、抗癌药物导致免疫低下有关，应引起注意。

（考点：真菌的概念及常见致病性真菌）

一、生物学性状

（一）形态与结构

真菌比细菌大几倍至几十倍，细胞壁不含肽聚糖，主要由多糖（75%）与蛋白质（25%）组成。缺乏肽聚糖，故青霉素、头孢菌素对真菌无作用。真菌按形态可分单细胞和多细胞两类。

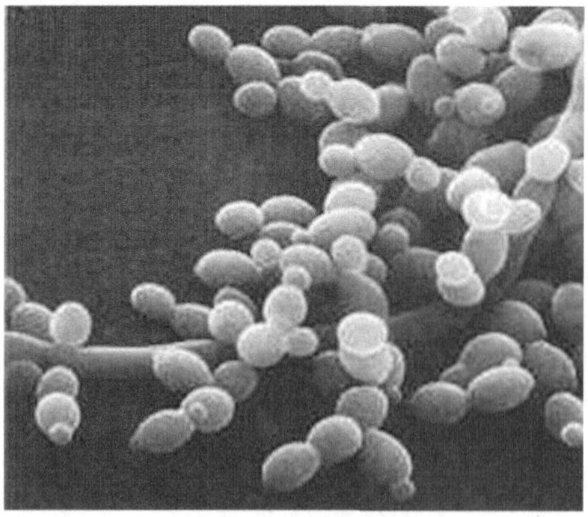

图5-1 单细胞真菌形态

1. 单细胞真菌 呈圆形或卵圆形（图5-1），常见于酵母菌或类酵母菌，对人致病的主要有新型隐球菌和白假丝酵母菌。以出芽方式繁殖，芽生孢子成熟后脱落成独立个体。

2. 多细胞真菌 又称丝状菌或真菌，由菌丝和孢子组成。各种丝状菌长出的菌丝和孢子形态不同，是鉴别真菌的重要标志。

（1）菌丝：真菌的孢子在环境适宜情况下长出芽管，逐渐延长呈丝状，称菌丝。不同种类的真菌可有不同形态的菌丝，故菌丝形态有助于鉴别（图5-2）。

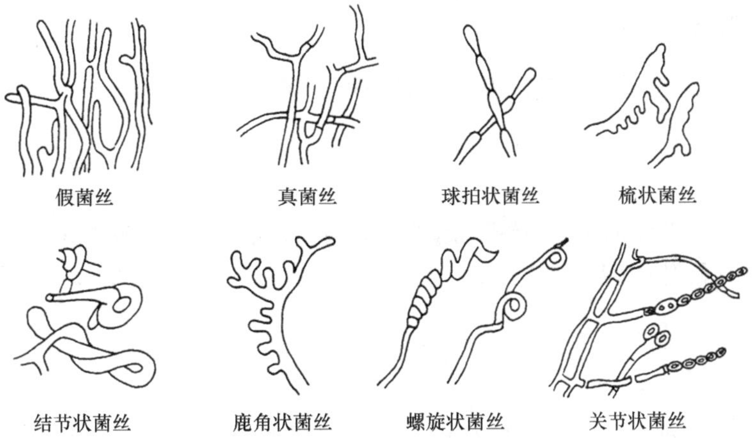

图 5-2　真菌的各种菌丝形态

（2）孢子：是真菌的繁殖结构，真菌的孢子与细菌的芽孢不同，其抵抗力不强，加热 60℃短时间即可死亡。孢子可分有性孢子和无性孢子两种，病原性真菌大多形成无性孢子。孢子的形态也有助于鉴别真菌（图 5-3）。

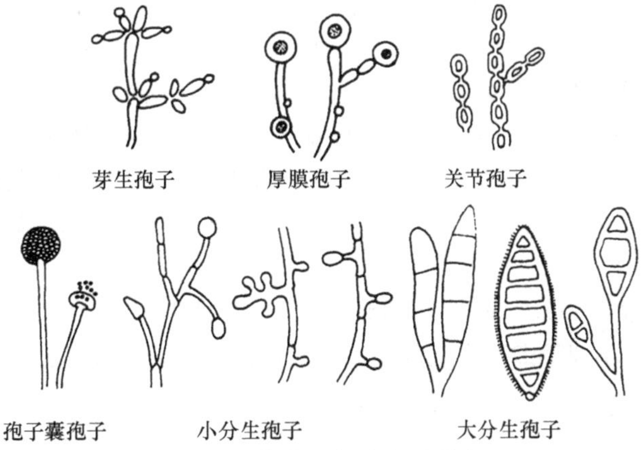

图 5-3　真菌的各种孢子形态

（二）培养特性

真菌的营养要求不高，常用沙保培养基培养。最适 pH4～6，浅部感染真菌的最适温度为 22～28℃，某些深部感染真菌在 37℃中生长最好，培养真菌需较高的湿度与氧气。单细胞真菌形成与细菌菌落相似的酵母型菌落，有些单细胞真菌在出芽繁殖后，芽管延长不与母细胞脱离成为假菌丝，形成类酵母菌落。多细胞真菌的菌落呈棉絮状、绒毛状或粉末状，菌落正背两面呈现不同的颜色，可作为鉴定真菌的参考。

（考点：真菌的培养特性）

（三）抵抗力

真菌对干燥、紫外线及一般消毒剂有较强的抵抗力，60℃1 小时可杀死菌丝和孢子。真菌对苯酚、碘酊或 10%甲醛溶液较敏感，对常用于抗细菌感染的抗生素不敏感。制霉菌素、两性霉素 B、酮康唑等对真菌感染有抑制作用。

二、真菌的致病性与免疫性

（一）致病物质

白假丝酵母菌、黄曲霉菌的细胞壁糖蛋白有内毒素样活性，能引起组织化脓性反应和休克。白假丝酵母菌具有黏附人体细胞的能力，随着其芽管的形成，黏附力加强。新型隐球菌的荚膜有抗吞噬作用。

（二）所致疾病

1. 致病性真菌感染　为外源性真菌感染，可引起皮肤、皮下组织和全身性真菌感染。根据感染部位可分为浅部真菌感染和深部真菌感染：①浅部真菌，如皮肤癣菌，该菌经接触传播，引起皮肤局部炎症，如各种癣病。②深部真菌，如申克孢子丝菌，感染后能在吞噬细胞中生存、繁殖，引起慢性肉芽肿或组织溃疡坏死。

2. 条件致病性真菌感染　为内源性真菌引起的感染，如白假丝酵母菌、毛霉菌在正常情况下不致病，但在长期应用广谱抗生素、激素、免疫抑制剂或放射治疗后造成菌群失调或机体免疫力下降的情况下，则可造成感染。

3. 超敏反应性疾病　某些真菌的孢子或菌丝成分具有抗原性，当敏感患者吸入或食入时可引起Ⅰ型超敏反应，如荨麻疹、变应性皮炎与哮喘等，还有一些不明原因的Ⅱ型和Ⅳ型超敏反应。

4. 真菌性中毒症　粮食受潮霉变，摄入真菌或其产生的毒素后可引起急、慢性中毒称为真菌中毒症。发病有地区性和季节性，但没有传染性，粮食多次搓洗可以减少污染的毒素，有一定的预防作用。

5. 真菌毒素与肿瘤的关系　近年来不断发现有些真菌毒素与肿瘤有关，研究最多的是黄曲霉毒素，其毒性很强，小剂量即可有致癌作用。大鼠试验饲料中含 0.015 ppm 即可诱发肝癌。

知识链接

警惕黄曲霉毒素致肝癌

2012 年全国多地蒙牛牛奶因黄曲霉毒素超标滞销。原因是原料问题，农户把发霉的谷物作为饲料饲养奶牛。黄曲霉菌以花生、玉米污染最为严重。毒素一旦产生便很难消除，因其对光、热和酸较稳定，熔点为 299℃。黄曲霉毒素主要危害肝脏，乙型肝炎患者、乙肝病毒携带者较健康人更容易在黄曲霉毒素暴露下患上肝癌，而我国是乙型肝炎的重灾区，对黄曲霉毒素致肝癌需高度警惕。

（考点：黄曲霉毒素与肝癌的关系）

三、免　疫　性

1. 非特异性免疫　最主要的是皮肤黏膜屏障，一旦破损、受创伤或放置导管，真菌即可入侵引起感染。

2. 特异性免疫　一般认为真菌感染的恢复主要靠细胞免疫，激活的巨噬细胞、NK 细胞和 CTL 等参与对真菌的杀伤。

四、微生物学检查

（一）标本

浅部感染真菌的检查取皮屑、毛发、指（趾）甲屑等标本，深部感染真菌的检查可根据病情取痰、血液、脑脊液等标本。

（二）直接镜检和意义

皮屑、毛发、指（趾）甲屑等标本若镜下见菌丝或孢子，即有诊断意义，但一般不能确定其菌种；白假丝酵母菌感染则取材涂片，经革兰染色后镜检；隐球菌感染取脑脊液离心，沉淀物用墨汁负染色后镜检。

结果的判断：①阴道、痰等分离出白假丝酵母菌需多次阳性才有意义；②皮肤癣菌菌丝肥大粗长，提示处于活跃状态；③墨汁负染法对新型隐球菌的诊断有意义。

（三）分离培养

直接镜检不能确诊时应做真菌培养，可用沙保培养基上培养，于镜下观察菌丝、孢子特征进行鉴定。

五、防 治 原 则

真菌由于表面抗原性弱，无有效的预防疫苗。皮肤癣的预防主要是注意清洁卫生，保持鞋袜干燥，防止真菌孳生，避免直接或间接与患者接触。对于条件致病性真菌感染，主要的预防措施是去除诱因，合理使用抗生素，局部治疗可用咪康唑霜、克霉唑软膏。若疗效不佳或深部感染可口服抗真菌药物如两性霉素 B、制霉菌素等。

第 2 节 常见病原性真菌

一、皮肤癣真菌

皮肤癣真菌具有嗜角质蛋白的特性，能产生角蛋白酶水解角蛋白，在皮肤局部大量繁殖后通过机械刺激和代谢产物的作用引起局部炎症，病变只限于角化的表皮、毛发和指（趾）甲，引起皮肤浅部的感染，因不接触组织细胞，很少引起宿主细胞反应。皮肤癣菌分毛癣菌、表皮癣菌和小孢子癣菌 3 个属。目前已知皮肤癣真菌对人致病的有 20 多种，三者的特点见表 5-1。

表 5-1 皮肤癣真菌的孢子菌丝及侵害部位

菌属	孢子	菌丝	侵害部位
毛癣菌	大分生孢子、小分生孢子	螺旋状、球拍状	皮肤、指（趾）甲、毛发
表皮癣菌	大分生孢子	鹿角状、结节状	皮肤、指（趾）甲
小孢子癣菌	大分生孢子、小分生孢子	球拍状、梳状	皮肤、指（趾）甲、毛发

二、着色真菌和申克孢子丝菌

着色真菌感染都发生在暴露部位，引起皮下组织感染，病损皮肤变黑，故称着色真菌病。早期皮肤患处发生丘疹，形成结节且融合成疣状或菜花状。随病情发展，原病灶结痂愈合，新灶又在四周产生。日久瘢痕广泛，影响淋巴回流，形成肢体象皮肿。免疫力低下时亦可侵犯中枢神经，或经血行扩散。

申克孢子丝菌可经微小损伤侵入皮肤，然后沿淋巴管分布，引起亚急性或慢性肉芽肿，使淋巴管形成链状硬结，称为孢子丝菌下疳。此菌也可经口进入肠道或经呼吸道进入肺，随后经血行播散至其他器官引起深部感染。

三、新型隐球菌

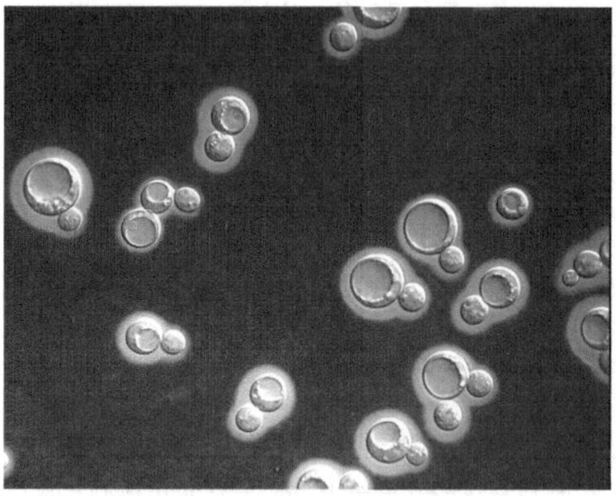

图 5-4 新型隐球菌（镜下观）

新型隐球菌广泛分布于自然界，主要传染源是鸽子，在鸽粪中大量存在。人群中特别是免疫低下者因吸入鸽粪污染的空气而感染，主要引起肺组织和脑组织的急性、亚急性或慢性感染。

新型隐球菌为圆形的酵母型菌，外周有荚膜，折光性强。一般染色法不被着色难以发现，故称隐球菌。墨汁负染后镜下见可在黑色的背景中有圆形或卵圆形的透亮菌体，内有 1 个较大与数个小的反光颗粒。为双壁细胞，外包有一层透明的荚膜（图 5-4）。

新型隐球菌一般是外源性感染，主要引起肺部感染，大多数感染者症状不明显，且能自愈。严重病例可见肺组织大片浸润，呈暴发性感染迅速致死。部分患者发生血行播散而累及中枢神经系统，引起脑膜的亚急性和慢性感染。

四、白假丝酵母菌

白假丝酵母菌又称白念珠菌，主要引起皮肤、黏膜和内脏的急性和慢性炎症，多为继发性感染，发生于免疫力低下患者。

（一）生物学性状

菌体呈圆形或卵圆形 2μm×4μm，革兰染色阳性，在沙保培养基上生长良好。菌落呈灰白色或奶油色，表面光滑，有较长的假菌丝为类酵母型菌落，在玉米粉培养基上可长出厚膜孢子。

（二）致病性

白假丝酵母菌可侵犯人体多个部位，如口腔与阴道黏膜、皮肤、肺、肠、肾和脑。机体抵抗力减弱是白假丝酵母菌入侵的主要原因。近年来由于抗菌药物、激素和免疫抑制剂在临床上的大量使用，白假丝酵母菌感染日益增多，血培养阳性仅次于大肠埃希菌和金黄色葡萄球菌。

1. 皮肤黏膜感染　好发于皮肤皱褶处，如腋窝、腹股沟、乳房下、肛门周围、会阴部及指（趾）间等皮肤潮湿部位，易与湿疹相混淆。黏膜感染则有鹅口疮、口角糜烂、外阴与阴道炎等，其中以鹅口疮最多见。鹅口疮多见于体质虚弱的初生婴儿，尤以人工喂养者较多，当口腔正常菌群建立后就很少见到。鹅口疮常为艾滋病患者最先发生的继发性感染。

2. 内脏感染　有肺炎、支气管炎、食管炎、肠炎、膀胱炎和肾盂肾炎等，偶尔也可引起败血症。

3. 中枢神经感染　可发生脑膜炎、脑膜脑炎、脑脓肿等。

自测题

A_1/A_2 型题

1. 常见的新型隐球菌病为（　　）
   A. 尿道炎、肠炎 B. 肺炎、脑膜炎
   C. 鹅口疮 D. 甲沟炎
   E. 湿疹样皮炎
2. 下列哪种真菌可引起癣病（　　）
   A. 白念珠菌 B. 新型隐球菌
   C. 黄曲霉菌 D. 皮肤癣真菌
   E. 曲霉菌
3. 下述培养基常用来培养病原性真菌的是（　　）
   A. 亚甲蓝培养基 B. 沙保培养基
   C. SS 平板 D. 血清培养基
   E. 血琼脂平板
4. 真菌的菌丝形状为（　　）
   A. 螺旋状 B. 球拍状 C. 鹿角状
   D. 结节状 E. 以上均是
5. 皮肤癣真菌的传染方式主要为（　　）
   A. 消化道 B. 呼吸道 C. 媒介昆虫
   D. 直接或间接接触 E. 血液传播
6. 能导致肝癌或肝硬化的真菌是（　　）
   A. 镰刀菌 B. 桔青霉菌
   C. 白念珠菌 D. 黄曲霉菌
   E. 新型隐球菌
7. 可引起鹅口疮的真菌是（　　）
   A. 新型隐球菌 B. 表皮癣菌
   C. 小孢子菌属 D. 毛癣菌属
   E. 白念珠菌
8. 下述哪种真菌主要侵犯浅部组织（　　）
   A. 白念珠菌 B. 皮肤丝状菌
   C. 新型隐球菌 D. 黄曲霉菌
   E. 桔青霉菌
9. 真菌的孢子有（　　）
   A. 大分生孢子 B. 小分生孢子
   C. 叶状孢子 D. 孢子囊孢子
   E. 以上均是
10. 腐烂的水果上长出的“毛毛”属于（　　）
   A. 细菌 B. 真菌 C. 植物
   D. 病毒 E. 放线菌

（秦静英）

第6章 病毒概述

病毒（virus）是一类体积微小、结构简单、只含单一类型核酸（DNA 或 RNA），严格在活细胞内寄生，以复制方式增殖的非细胞型微生物。

病毒与人类疾病关系极为密切，人类传染病有 80%以上是由病毒引起。目前病毒性疾病尚无特效的治疗药物，预防接种是控制病毒性疾病最有效的措施。

（考点：病毒的概念及特点）

第 1 节 病毒的基本性状

知识链接

“virus”这个名词的由来

1898 年，荷兰细菌学家贝杰林克（Beijerinck）跟着前人研究的步伐，也发现烟草花叶病病原体能够通过细菌过滤器。但贝杰林克想得更深入，他把烟草花叶病株的汁液置于琼脂凝胶块的表面，发现感染烟草花叶病的物质在凝胶中以适度的速度扩散，而细菌仍滞留于琼脂的表面。从这些实验结果，贝杰林克指出，引起烟草花叶病的致病因子有三个特点：①能通过细菌过滤器；②仅能在感染的细胞内繁殖；③在体外非生命物质中不能生长。根据这几个特点他提出这种致病因子不是细菌，而是一种新的物质，称为“有感染性的活的流质”，并取名为病毒，拉丁名为“virus”。

一、病毒的大小与形态

病毒大小的测量单位为纳米（nm），不同病毒大小相差悬殊，最大的如痘病毒直径可达 300nm，最小的病毒如口蹄疫病毒直径仅有 20nm，大多数病毒直径约为 100nm，必须用电子显微镜放大数千倍至数万倍后才能观察到。

病毒的形态多种多样，有球形、砖形、杆形、丝状、子弹状及蝌蚪状等（图 6-1），使人和动物感染的病毒多为球形。

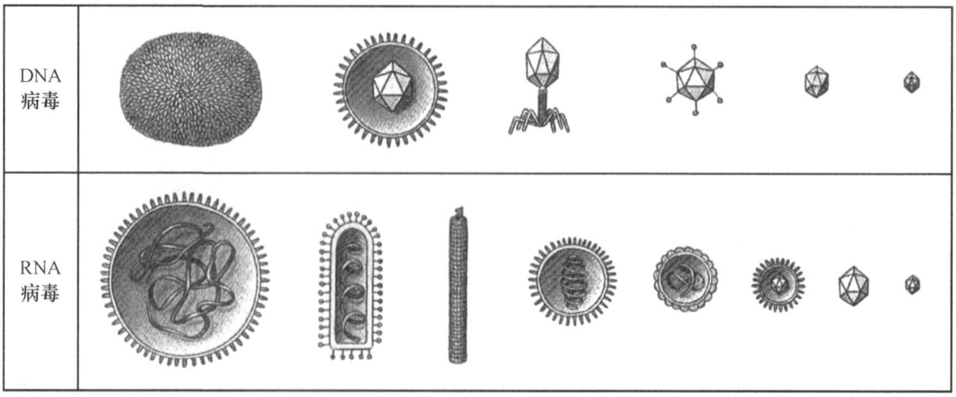

图 6-1 常见病毒的形态

二、病毒的结构与化学组成

（一）病毒的结构

病毒结构简单，无完整的细胞结构，其基本结构由核心和衣壳组成，称为核衣壳，又叫裸露病毒。有的病毒在核衣壳外还有一层包膜，此类病毒称包膜病毒（图 6-2）。裸露病毒和包膜病毒都是结构完整的具有传染性的病毒颗粒，即病毒体。

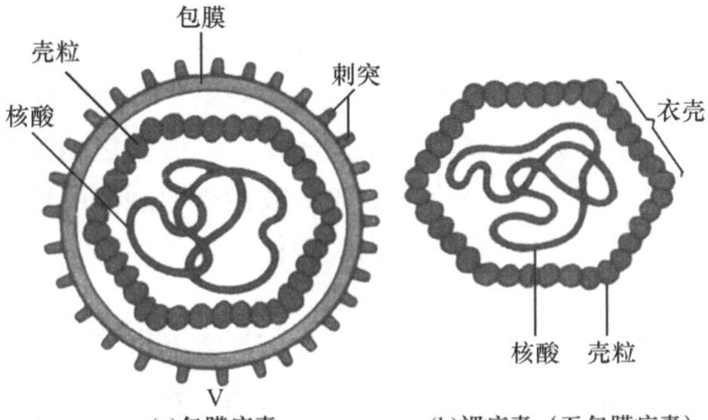

图 6-2 常见病毒的结构

1. 核心 核心是病毒体的中心结构，主要由核酸分子组成。一种病毒只含一种类型的核酸，即 DNA 或 RNA，病毒核酸为病毒的基因组，控制病毒的遗传变异、复制增殖及感染性，是病毒体中最重要的组成成分。

2. 衣壳 衣壳是包围在病毒核心外面的一层蛋白质，由一定数量的壳粒组成。壳粒围绕核酸按一定的对称形式排列，根据壳粒的数目及排列方式不同，可分为螺旋对称、20 面体立体对称、复合对称三种排列形式。其主要生物学作用包括：①保护核酸免受核酸酶及其他理化因素的破坏；②衣壳与易感细胞表面的受体结合，决定病毒感染细胞的种类；③衣壳蛋白具有免疫原性，可诱发机体产生特异性免疫。

3. 包膜 包膜是病毒在成熟的过程中穿过宿主细胞的核膜或细胞膜，以出芽方式向宿主细胞外释放时而获得的，故含有宿主细胞膜或核膜的化学成分，主要化学成分为蛋白质、多糖和脂类。有些包膜表面有蛋白质性质的钉状突起，称为刺突。包膜的功能为：①维护病毒体结构的完整性；②参与感染过程，与病毒吸附、感染宿主细胞有关；③具有免疫原性，包膜糖蛋白刺突是病毒很重要的抗原物质，可激发机体产生免疫应答。

（二）病毒的化学组成

病毒的主要化学成分为核酸和蛋白质。有的病毒还有少量糖类和脂类。

三、病毒的增殖

（一）病毒的复制周期

当病毒进入宿主细胞后，利用宿主细胞提供的酶系统、能量、原料和生物合成场所，以病毒

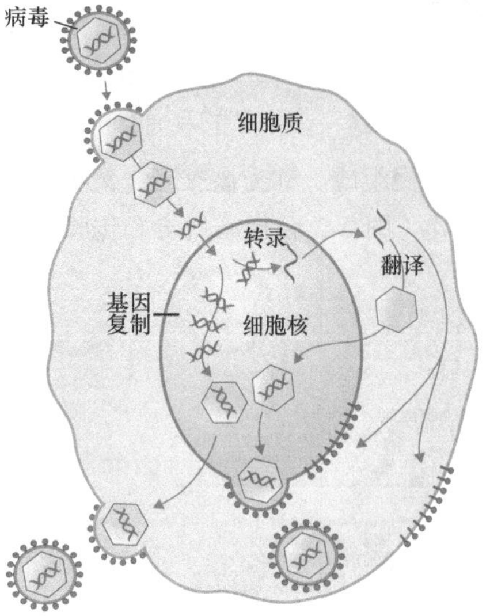

图 6-3 病毒的复制周期

核酸为模板，进行病毒核酸的复制和蛋白质的合成，并装配成完整的子代病毒体，病毒的这种增殖方式称为复制。从病毒体侵入细胞到子代病毒生成释放，称为一个复制周期，其过程包括吸附、穿入、脱壳、生物合成、组装、释放六个阶段（图 6-3）。

（考点：病毒的增殖方式及步骤）

（二）包涵体

有些病毒感染宿主细胞后，在宿主细胞质或核内形成普通显微镜下可观察到的嗜酸性或嗜碱性的团块，称为包涵体。不同病毒所形成的包涵体特征各异，是细胞被病毒感染的标志，故检查包涵体可辅助诊断病毒感染，如狂犬病毒的内氏小体等。

四、病毒的干扰现象

当两种病毒感染同一细胞时，可发生一种病毒抑制另一种病毒增殖的现象，称为病毒的干扰现象。

干扰现象是机体固有免疫的重要部分，能够阻止发病，也可使感染终止，机体康复。了解干扰现象可指导疫苗的合理使用，接种疫苗时应注意病毒干扰现象，在规定的时间和间隔使用疫苗，以免影响免疫效果。

五、病毒的抵抗力与变异性

（一）病毒对理化因素的抵抗力

1. 物理因素

（1）温度：大多数病毒耐冷不耐热，在 0℃以下生长良好，特别是在干冰温度（–70℃）和液氮温度（–196℃）下可长期保持其感染性（可保持数月至数年）。室温下存活时间不长，加热 56℃30 分钟，100℃几秒钟即可被灭活。但有些病毒如乙型肝炎病毒较耐热，加热 100℃10 分钟以上才被灭活。

（2）射线：电离辐射（包括 α、β、γ 射线和 X 射线等）与紫外线均可使病毒灭活，其机制是破坏或改变病毒核酸的分子结构，使之丧失生物活性，但病毒体仍保留免疫原性。

（3）干燥：病毒在常温干燥条件下易被灭活，但若冷冻后再进行真空干燥，则可使病毒长期存活，故常用于保存病毒毒株或制备冻干疫苗。

2. 化学因素

（1）脂溶剂：乙醚、氯仿、去氧胆酸盐等脂溶剂可使包膜病毒的脂质溶解而灭活病毒。可用来鉴别裸病毒与包膜病毒。

（2）醛类：甲醛对病毒蛋白质和核酸都有破坏作用，使病毒失去感染性，是常用的灭活剂。

（3）氧化剂、卤素及其化合物：病毒对过氧化氢、漂白粉、高锰酸钾、碘和碘化物及其他卤素类化学物质都很敏感，为有效的病毒灭活剂。

（4）酸碱度：大多数病毒在 pH6～8 的范围内比较稳定，而在 pH5 以下或 pH 9 以上迅速灭活，病毒实验室常用酸性或碱性消毒剂消毒被病毒污染的器材和用具。

（5）中草药：如板蓝根、大青叶、大黄等对某些病毒有一定的抑制作用。

（二）病毒的变异

通常病毒变异的机制为基因突变和基因重组两个方面，病毒在医学上重要变异有以下几方面。

1. 抗原性变异　甲型流感病毒的抗原性变异是造成流感流行的原因。

2. 毒力变异　毒力的变异可表现为毒力减弱或毒力增强。甲型肝炎减毒活疫苗是经人工培养的方法获得的毒力减弱的变异株。

3. 耐药性变异　乙型肝炎病毒（HBV）常常发生基因变异，导致 HBV 产生耐药性，使得乙型肝炎的治疗变得更加复杂和困难。

第2节　病毒的致病性与免疫性

案例 6-1　丽丽这两天感觉咽喉不舒服，干、痒伴有些少许干咳，人比较困乏，肌肉酸痛，去校医那里看病，诊断为“流感”，拿了药回宿舍，当天晚上高热 39.5℃，鼻塞、流涕、咽痛明显。在丽丽“感冒”后没过两天，宿舍里又有两个同学发生了感冒，症状跟丽丽差不多。

1. 该病发生的诱因和致病性是什么？

2. 该病的典型临床表现和防治原则是什么？

一、病毒的感染方式与类型

（一）感染方式和途径

1. 水平传播　指病毒在人群中不同个体之间，或受染动物与人群个体之间的传播方式。其途径主要有：①呼吸道传播，如流感病毒、麻疹病毒等；②消化道传播，如轮状病毒、甲型肝炎病毒等；③接触（直接接触或间接接触）传播，如人类免疫缺陷病毒、人乳头瘤病毒等；④血液传播，如乙型肝炎病毒、丙型肝炎病毒、人类免疫缺陷病毒等；⑤动物咬伤传播，如狂犬病毒等；⑥节肢动物叮咬传播，如登革热病毒、乙型脑炎病毒等。

2. 垂直传播　指病毒通过胎盘或产道由亲代传播给子代的方式，又称母婴传播。垂直传播引起的感染后果严重，可致流产、早产、死胎或先天畸形等。已知有 10 余种病毒可引起垂直感染，其中以风疹病毒、巨细胞病毒、人类免疫缺陷病毒及乙型肝炎病毒等多见。

知识链接

历史上 9 种致命的病毒

自从人类进化到现代形态，我们就一直在与病毒做斗争。下面根据人感染后的致死率，历史上的致死人数和潜在的威胁，列举 9 种最致命的病毒：马尔堡病毒、埃博拉病毒、狂犬病、HIV、天花、汉坦病毒、流感、登革热、轮状病毒。

（二）病毒的感染类型

1. 隐性感染　病毒侵入机体后不出现临床症状者，称为隐性感染或亚临床感染。此种感染最为常见，感染后机体可获得适应性免疫力。因感染者不出现临床症状，称为病毒携带者，是重要的传染源。

2. 显性感染　病毒侵入机体后出现明显的临床症状者，称为显性感染。按症状出现早晚和持续时间长短又分为急性感染和持续性感染。

（1）急性感染：潜伏期短、发病急、病程短（数日或数周），恢复后机体内不再有病毒，并常获得适应性免疫。如流行性感冒等。

（2）持续性感染：可分为以下三种类型。

1）慢性感染：病毒在体内持续存在，病程长，症状长期迁延，多为慢性进行性感染，并可经常或间歇地排出病毒，如乙型肝炎病毒等。

2）潜伏感染：经显性感染或隐性感染后，病毒与机体处于平衡状态，病毒基因组潜伏在特定组织或细胞内。在某些条件下若平衡被破坏，则病毒可被激活，增殖而出现临床症状，如水痘-带状疱疹病毒等。

3）慢发感染：病毒感染后有很长的潜伏期，达数年或数十年之久，一旦发病即呈亚急性进行性发展，直至死亡。如人类免疫缺陷病毒引起的获得性免疫缺陷综合征，从感染到发病一般经过数年的时间。又如麻疹病毒引起的亚急性硬化性全脑炎，是儿童期感染麻疹病毒恢复后，经10余年后才出现的中枢神经系统症状，病死率100%。

二、病毒的致病性

（一）对宿主细胞的直接损伤

1. 细胞溶解　病毒在宿主细胞内增殖成熟后短时间大量释放子代病毒，造成细胞溶解死亡，多见于无包膜病毒，如脊髓灰质炎病毒等。

2. 细胞融合　某些病毒感染人体可导致感染细胞与邻近细胞的融合，形成多核巨细胞，并借此促成病毒扩散，如麻疹病毒等。

3. 细胞转化　有些病毒的核酸可整合到宿主细胞的染色体上，导致宿主细胞遗传特性发生变化，即细胞转化。此转化作用与病毒的致肿瘤作用有密切相关。如EB病毒可能与恶性淋巴瘤及鼻炎癌的发生有关，单纯疱疹病毒Ⅱ型可能与宫颈癌有关。

4. 细胞凋亡　细胞凋亡是由细胞基因自身指令发生的一种生物学过程。某些病毒，如人类免疫缺陷病毒感染$CD4^{+}$T细胞后，通过信号传导作用，激活细胞凋亡基因，使细胞发生凋亡。

（二）免疫病理损伤

病毒在细胞内复制，由病毒基因编码的抗原可表达在宿主细胞膜上构成新的抗原，这些新抗原的出现可被机体免疫识别而成为免疫应答的靶细胞，引起Ⅱ型、Ⅲ型、Ⅳ型超敏反应，最终导致组织细胞的损伤。还有许多病毒感染后可引起机体免疫功能低下或者免疫抑制，甚至有些病毒能直接攻击和杀伤免疫细胞，使其数量大量减少，机体出现免疫缺陷，比如艾滋病的发生。

三、抗病毒免疫

(一)体液免疫的抗病毒作用

抗病毒中和抗体能与相应病毒表面受体结合，阻止病毒对宿主细胞的吸附，中和性抗体的类型为 IgG、IgM 和 sIgA，具有抗同型呼吸道及消化道病毒再感染作用。

(二)细胞免疫的抗病毒作用

效应性 T 淋巴细胞、巨噬细胞、NK 细胞等，通过特异性杀伤靶细胞及分泌细胞因子、吞噬作用、溶细胞作用等，攻击并清除病毒感染的靶细胞。

(三)干扰素的抗病毒作用

1. 干扰素的概念　干扰素（interferon，IFN）在病毒或者干扰素诱生剂作用下，由受感染的宿主细胞产生的一组具有高度活性的多功能糖蛋白。

2. 干扰素的种类　干扰素主要由人的白细胞、成纤维细胞和 T 细胞产生，包括 α、β、γ 三种类型。

3. 干扰素的作用　干扰素具有广谱抗病毒作用，但不能直接进入宿主细胞杀灭病毒，而是通过诱导受感染宿主细胞产生抗病毒糖蛋白而发挥其抑制病毒增殖的作用，是一种间接抗病毒作用。此外干扰素还有抗肿瘤和免疫调节作用。

（考点：干扰素的抗病毒机制）

第3节　病毒感染的检查方法与防治原则

一、病毒感染的检查方法

(一)标本的采集与送检

根据不同的病毒性疾病采集不同的标本，采集应早期进行，过程中应遵循无菌操作规程。采集的标本通常包括鼻咽分泌物、痰液、血液、脑脊液、粪便等。采集标本后应立即送检，若不能及时送检，应将标本低温冷藏，如存于冰瓶，病变组织可置于 50%甘油盐水中，而对于痰液、粪便等污染标本，可加适量抗生素处理后从速送检。

(二)形态学检查

可用光学显微镜进行病毒包涵体的检查及某些病毒颗粒（痘病毒）的检查。而电子显微镜主要用于病毒形态、结构的观察，有助于早期诊断。也可用免疫电镜法将病毒标本与特异性抗体混合后使病毒凝集后再观察，提高检出率。

(三)分离培养

由于病毒只能在活的易感宿主细胞内才能增殖，因此病毒培养必须提供活的细胞。常用方法有细胞培养法、动物接种及鸡胚接种。

（四）免疫学检查

应用抗原抗体反应的原理，既可用已知病毒抗原检测患者血清中的相应抗体，以诊断某些病毒性疾病或进行流行病学调查；也可用已知抗体检测未知病毒抗原，以进行病毒种和型的鉴定。常用方法有中和试验、血凝抑制试验、酶联免疫吸附试验 ELISA 及免疫荧光技术、补体结合试验、放射免疫法、免疫电泳等。

（五）核酸检测

进行病毒核酸检测，常用的方法有核酸分子杂交技术、聚合酶链反应（PCR），具有特异性强、灵敏度高等优点。

二、病毒感染的防治原则

病毒性疾病传播快、危害大，且大多数目前尚无特效药物，故预防尤为重要。

（一）特异性预防

1. 人工自动免疫　接种病毒疫苗可以特异性预防病毒性疾病。目前常用的疫苗有减毒活疫苗（如脊髓灰质炎疫苗、麻疹疫苗、流感疫苗、甲肝疫苗等）、灭活疫苗（狂犬病疫苗、乙型脑炎疫苗等）、亚单位疫苗（如乙肝疫苗等）及基因工程疫苗等。

2. 人工被动免疫　注射人免疫球蛋白等生物制剂可用于某些病毒性疾病的紧急预防和治疗。常用的生物制剂有胎盘丙种球蛋白、人血清丙种球蛋白、特异性免疫球蛋白、细胞因子、肿瘤坏死因子等。该措施起效快，但免疫力维持时间短，1 个月左右。

（二）药物和生物制剂治疗

1. 化学药剂　由于病毒只能在细胞内增殖，对病毒有效的化学药剂多数对机体细胞也有一定毒性，因此尚不能广泛应用于临床。目前疗效较好、不良反应较小的药物有阿昔洛韦、拉米夫定、阿糖腺苷等。

2. 干扰素及干扰素诱生剂　干扰素具有广谱抗病毒作用，能抑制病毒的增殖，对某些病毒性疾病的治疗有较好的效果。临床上主要用于乙型肝炎、艾滋病等的辅助治疗。干扰素诱生剂如聚肌胞对乙型肝炎等有一定疗效。

3. 中草药　常用的有大青叶、板蓝根、金银花、贯众等，对某些病毒性疾病有一定作用。

自测题

A_1/A_2 型题

1. 病毒严格胞内寄生是因为（　　）

A. 在细胞外抵抗力弱

B. 体积小，结构简单

C. 只含单一核酸

D. 缺乏完整的酶系统及细胞器，不能独立地进行代谢

E. 病毒以二分裂法增殖

2. 病毒大小的测量单位是（　　）

A. m　B. cm　C. mm

D. nm　E. μm

3. 干扰素抗病毒的机制是（　　）

A. 阻止病毒进入易感细胞
B. 直接杀伤细胞内的病毒
C. 诱导细胞产生抗病毒蛋白质，抑制病毒复制
D. 杀伤细胞外的病毒
E. 灭活病毒

4. 病毒的垂直感染是指通过哪种途径感染（　　）
A. 皮肤黏膜　B. 呼吸道
C. 消化道　D. 接触
E. 经过胎盘或分娩时经产道感染

5. 病毒抵抗力特点是（　　）
A. 耐冷又耐热　B. 运送病毒标本注意保温
C. 耐热不耐冷　D. 耐冷不耐热
E. 对抗生素敏感

6. 对病毒的描述不正确的是（　　）
A. 体积小　B. 结构简单
C. 核酸单一　D. 寄生生存
E. 对抗生素敏感

7. 病毒性疾病的特异性预防方法有（　　）
A. 化学药物　B. 抗生素
C. 疫苗　D. 干扰素
E. 丙种球蛋白

8. 病毒性标本的采集与送检过程中错误的是(　　)
A. 早期采集
B. 立即送检
C. 污染标本要加入阿糖腺苷处理
D. 可置于50%甘油盐水中送检
E. 未能立即送检的可保存于冰瓶冷藏

（杨　鹏）

第7章 常见病毒

第1节 呼吸道病毒

案例 7-1 患者，男性，5 年前受凉后出现咳嗽、咳痰伴喘息，痰量中等且黏稠，自服抗炎及镇咳药后缓解。此后 5 年间断出现上述症状，多于冬季气候交替时出现，咳嗽以晨起和夜间明显，咳嗽时伴有排痰，多为白色黏痰，时有痰量增多、痰液变稠或呈黄色，常迁延 1 个月以上，经治疗后偶有轻微咳嗽和少量痰液，每年伴发 3～4 个月。

1. 该患者是什么疾病？
2. 是由什么引起的？

呼吸道病毒系指由飞沫传播，以呼吸道为侵入门户，引起呼吸道局部感染或全身感染的病毒。呼吸道病毒所致的疾病，发病率高，传播快，占呼吸道感染的 90%～95%。能引起呼吸道感染的病毒种类很多，目前已发现 160 多种，重要的有流行性感冒病毒、麻疹病毒、冠状病毒和 SARS 冠状病毒、其他呼吸道病毒等。

一、流感病毒

流感病毒是流行性感冒的病原体。主要有人类的甲、乙、丙三型流感病毒。

（一）生物学特性

1. 形态与结构　流感病毒为单股 RNA 病毒，多呈球形或丝状，直径 80～120nm。从内到外可分为三层，内层是病毒核心，由 RNA 及与核酸结合的蛋白质（核蛋白）所组成，基因组分为 7～8 个节段；中层是一种膜结构，称为膜蛋白（M 蛋白）；最外层结构是一类脂质的包膜，膜上的血凝素与神经氨酸酶呈放射状突起，称为刺突，具有抗原性（图 7-1）。

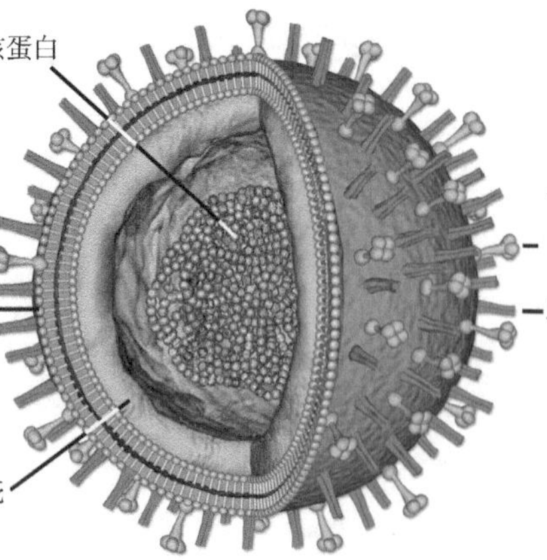

图 7-1　流感病毒结构

2. 抗原结构与分型　流感病毒主要有两种抗原。

（1）核心抗原（核蛋白）：即可溶性抗原（S 抗原），根据其核蛋白抗原的不同将流感病毒分为甲、乙、丙三型，同型流感病毒的核蛋白的抗原相同，因此核蛋白抗原具有型特异性。

（2）表面抗原（包膜抗原）：有血凝素（HA）与神经氨酸酶（NA）。各型流感病毒又根据其表面 HA（H_1～H_3）和 NA（N_1～N_9）抗原性的不同，将同型流感病毒分为若干亚型。如甲型可分为 A_0、A_1、A_2、A_3 等。

3. 抗原变异与流感流行的关系　甲型流感病毒的表面抗原最易发生变异。自从 1933 年分出甲型流感病毒以来，至今经过数次重大的变异。甲型流感病毒的变异主要是血凝素和神经氨酸酶的变异，但 HA 变异较 NA 快。有时变异幅度小，系量变，称为抗原性漂移。有时变异幅度大，甚至形成一个新的亚型，系质变，称为抗原性转变。变异幅度大小直接影响到流行的规模。量变往往造成中小流行，质变往往形成新的亚型，引起较大的流行，甚至暴发世界性大流行。这是由于一个新的亚型出现后，人群对新亚型完全缺乏免疫力，从而造成大流行。

乙型和丙型流感病毒抗原性较稳定，因此仅引起局部流行和散发病例。

（二）致病性与免疫性

流行性感冒的传染源为患者。病毒由呼吸道分泌物排出，通过飞沫传播。病毒在易感者呼吸道黏膜细胞内增殖，引起局部黏膜充血水肿，细胞变性脱落等病变。潜伏期 1～2 天，发病后 2 天内，患者鼻腔分泌物中含有大量病毒，因而传染性也最强。由于病毒产生毒素样物质，患者有明显全身中毒症状，如发热、发冷、头痛、全身肌肉酸痛、眼结膜充血等，病程一般为 3～7 天。年老体弱者因继发细菌感染易引起肺炎，严重者可导致死亡。

由于流感病毒易发生变异，且引起疾病病程较短，因此病后仅对同一抗原型病毒有暂时免疫力，可维持 1～2 年。机体对流感病毒的免疫力，主要是呼吸道黏膜下固有层产生的分泌型 IgA 抗体和血液中和抗体（IgG、IgM）共同起作用。此外，干扰素对病毒的扩散也有一定限制作用。

（三）防治原则

以预防为主，早期发现患者，及时隔离治疗。流行期间应避免人群聚集，必要时加强对空气的消毒。目前对流感尚无特效药物，金刚烷胺预防 A_2 型流感病毒有一定作用，某些中草药，如蟛蜞菊等及干扰素均有一定防治作用。特异性预防可用灭活疫苗或减毒活疫苗做人工自动免疫，亚单位疫苗也可用于预防。如继发细菌感染可用抗生素治疗。

（考点：流行性感冒病毒的防治原则）

二、麻 疹 病 毒

麻疹病毒是麻疹的病原体。麻疹是小儿常见的一种急性传染病。传染性强，易感者接触后 90%以上会发病，且易并发肺炎和脑膜炎，如继发感染未及时应用抗生素则死亡率高。

（一）生物学特性

麻疹病毒为球形、单股 RNA、有包膜病毒，直径 80～120nm。麻疹病毒包膜含有能凝集猴红细胞的血凝素并含有溶血素，因此能凝集猴红细胞并使之裂解，但不含神经氨酸酶。抗原性稳定，只有一个血清型。麻疹病毒对理化因素的抵抗力不强，对热敏感，56℃30 分钟被灭活。-20℃可保存数月，对紫外线敏感。

（二）致病性与免疫性

麻疹传染性强，发病率高。传染源主要是患者，从潜伏期后几天到出疹期内均有传染性，特别是在出现皮疹前2～3天，呼吸道分泌物中含大量病毒。病毒从患者鼻咽腔、眼分泌物中排出，通过飞沫、尘埃、用具和玩具等传播。病毒侵入呼吸道、眼结膜，先在入侵局部的上皮细胞内增殖，随后侵入血流形成第一次病毒血症。病毒随血流侵入淋巴组织和单核吞噬细胞系统内增殖，增殖到一定程度时，再次侵入血流，形成第二次病毒血症，病毒散布到全身各个部位。患者出现高热、咳嗽、口颊黏膜出现灰白色、外绕红晕的膜斑（柯氏斑），皮肤出现红色斑丘疹。皮疹出全后，体温逐渐下降，若无并发症，可自然痊愈。由于抵抗力下降，可并发支气管炎、肺炎、中耳炎及少见的亚急性硬化性全脑炎。麻疹后，体内可出现中和抗体、补体结合抗体，免疫力持久，一般很少再次发生麻疹。

（考点：麻疹病毒的致病性与免疫性）

（三）防治原则

对6个月以上的易感儿童，可接种麻疹减毒活疫苗，其免疫力可维持3～5年。对未注射疫苗而又与麻疹患者接触的儿童，可注射丙种球蛋白或健康成人血清作被动免疫，能防止或减轻患者的症状。

三、冠状病毒

冠状病毒呈多形性，直径80～160nm，单链RNA，核衣壳呈螺旋对称，有包膜，包膜上存在刺突。抵抗力较弱，对理化因素敏感。该病毒可感染各年龄组人群，经飞沫传播引起普通感冒和咽喉炎，某些毒株还可以引起成人腹泻或胃肠炎，冬春季多发。疾病潜伏期短（约3天），病程6～7天，病后免疫力不强，可再感染。由于多为自限性疾病，以往对其流行病学研究不十分重视。目前尚无疫苗预防，也无特效药物治疗。

（一）SARS冠状病毒

SARS冠状病毒是引起非典型传染肺炎（SARS）的病原体。SARS病毒粒子呈不规则形状，直径60～220nm。病毒粒子外包着脂肪膜，膜表面有三种糖蛋白：刺突糖蛋白（S蛋白）、小包膜糖蛋白（E蛋白）、膜糖蛋白（M蛋白）。少数种类还有血凝素糖蛋白（HE蛋白）。SARS病毒的核酸为非节段单链（+）RNA，是RNA病毒中最长的RNA核酸链，具有正链RNA特有的重要结构特征：即RNA链5′端有甲基化“帽子”，3′端有PolyA“尾巴”结构见图7-2。

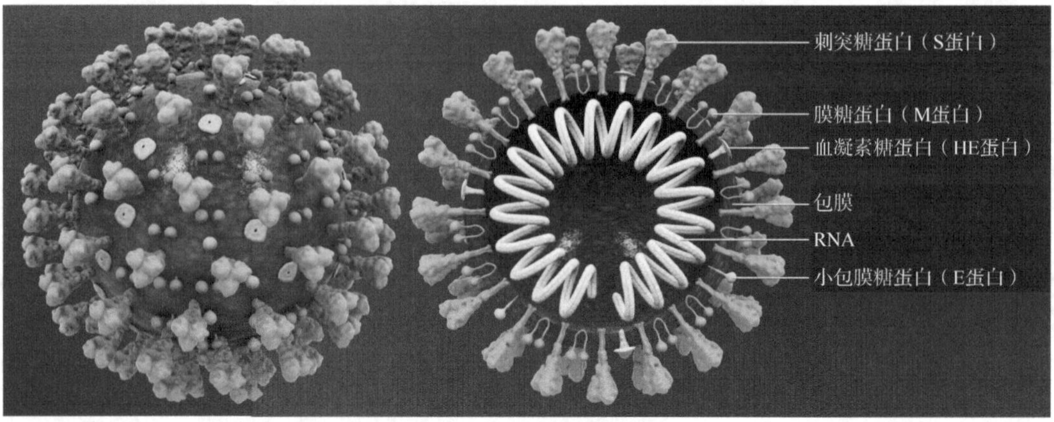

图7-2 SARS病毒结构

SARS 病毒引起的人类疾病主要是呼吸系统感染（包括严重急性呼吸综合征）。该病毒对温度很敏感，在33℃时生长良好，但35℃就使之受到抑制。由于这个特性，冬季和早春是该病毒疾病的流行季节。SARS 病毒是成人普通感冒的主要病原之一，儿童感染率较高，主要是上呼吸道感染，一般很少波及下呼吸道。另外，还可引起婴儿和新生儿急性肠胃炎，主要症状是水样便、发热、呕吐，每天可排便10余次，严重者甚至出现血水样便，极少数情况下也引起神经系统综合征。

本病传染源主要是SARS患者，传播途径以近距离飞沫传播为主，SARS病毒通过呼吸道分泌物排出体外，经涶液、打喷嚏、接触传染，并通过空气飞沫传播，感染高峰在秋冬和早春。对热敏感，紫外线、来苏水、0.1%过氧乙酸及1%克辽林等都可在短时间内将病毒杀死。SARS病毒可能引起休克、心律失常或心功能不全、肾功能损害、肝功能损害、DIC（弥散性血管内凝血）、败血症、消化道出血等。

（二）2019 新型冠状病毒

2019新型冠状病毒（2019-nCoV）属于β属的冠状病毒。2019新型冠状病毒对紫外线和热敏感，56℃ 30分钟可失去感染性，乙醚、75%乙醇、含氯消毒剂、过氧乙酸和氯仿等脂溶剂均可有效灭活病毒。主要引起新型冠状病毒肺炎（简称新冠肺炎，COVID-19），人群对该病毒普遍易感。主要传播途径是呼吸道飞沫和密切接触，接触病毒污染的物品也可造成感染。以发热、干咳、乏力为主要表现，部分患者以嗅觉、味觉减退或丧失等为首发症状，少数患者伴有鼻塞、流涕、咽痛、结膜炎、肌痛和腹泻等症状。

微生物学检查：①病原学检查:采用RT-PCR和（或）NGS方法在鼻咽拭子、痰和其他下呼吸道分泌物、血液、粪便、尿液等标本中可检测出病毒核酸。检测下呼吸道标本（痰或气道抽取物）更加准确。②血清学检查:病毒特异性IgM抗体、IgG抗体阳性，发病1周内阳性率均较低。

四、其他呼吸道病毒

其他呼吸道病毒的主要特征见表7-1。

表7-1 其他呼吸道病毒的主要特性

	形态结构	所致疾病	防治原则
流行性腮腺炎病毒	RNA型，单链，球形，有包膜	流行性腮腺炎，以腮腺肿胀、疼痛为主要症状，并发脑膜炎、睾丸炎、卵巢炎，少数可继发不育症。病后可获牢固免疫力	接种减毒活疫苗或麻疹-流行性腮腺炎-风疹三联疫苗
风疹病毒	RNA型，单链，球形，有包膜	风疹，孕妇感染后可垂直感染胎儿，引起先天性风疹综合征，造成胎儿畸形、流产、死胎、智力低下等。病后可获牢固免疫力	接种风疹减毒活疫苗，孕妇与患者接触，应立即注射大量丙种球蛋白
腺病毒	DNA型，双链，球形，无包膜	引起不同疾病，如急性上呼吸道感染、肺炎、咽炎、流行性角膜结膜炎等。病后对同型病毒可获牢固免疫力	目前尚无理想疫苗
鼻病毒	RNA型，单链，球形，无包膜	成人普通感冒、儿童支气管炎、支气管肺炎。感染后主要产生局部sIgA	干扰素有一定防治效果

第2节 肠道病毒

案例 7-2 2011年12月25日，某市报告一起以胃肠道表现为主的学校暴发疫情。12月22日中午，某班陆续出现多例不明原因呕吐、腹泻病例，呕吐一般超过3次，多者超过10次/日，腹泻症状不太明显；病例数在不断增加，至25日，学生病例数达到156例，走读生占80%；个别老师在25日出现类似症状。

针对上述情况，可考虑哪些疾病？

肠道病毒是一大组小核糖核酸病毒。人类肠道病毒主要包括脊髓灰质炎病毒、柯萨奇病毒、埃可病毒及新型肠道病毒68、69、70、71型等。

肠道病毒的共同特征是：①病毒体积较小，球形，直径22～30nm；②核心为单股RNA，衣壳呈20面体立体对称型，无包膜；③耐酸耐乙醚；④多通过消化道传播，病毒在肠道黏膜上皮细胞中增殖后，侵入血流、神经系统及其他组织引起多种临床表现。

一、脊髓灰质炎病毒

脊髓灰质炎病毒引起脊髓灰质炎，病毒主要损害脊髓前角运动神经细胞，引起肢体的弛缓性麻痹，多见于儿童，故又称小儿麻痹症。

（一）生物学特性

1. 形态与结构　脊髓灰质炎病毒为球形，直径27～30nm。核心为单股RNA，衣壳为20面体立体对称。

2. 型别　根据抗原性不同，用中和试验将本病毒分为1、2、3三个血清型，三型病毒之间无交叉免疫。

3. 抵抗力　该病毒对外界的抵抗力较强，在污水和粪便中可存活数月。在酸性环境中较稳定，不易被胃酸和胆汁灭活。耐乙醚和其他脂溶剂。各种氧化剂，如高锰酸钾、过氧化氢、漂白粉等可使之灭活。对紫外线、干燥、热敏感，加热56℃30分钟可被灭活，−70℃可长期保存。

（二）致病性和免疫性

传染源为患者和病毒携带者。病毒经粪便排出，可污染食品、手指和玩具等，经口侵入人体。病毒在咽部或肠壁淋巴组织中增殖。多数受病毒感染者表现为隐性感染；少数人感染后，病毒经淋巴组织进入血流形成第二次病毒血症，患者可表现发热、头痛、恶心等。当病毒侵入全身淋巴组织大量增殖后，可再次侵入血流形成第二次病毒血症。极少数免疫功能低下者，病毒可侵入中枢神经系统，特别在脊髓前角运动细胞内增殖，引起细胞病变。轻者导致暂时性肌麻痹，以四肢多见，下肢尤甚；重者可造成肢体弛缓性麻痹。极个别病例可发生延髓麻痹，导致呼吸循环衰竭而死亡。

显性或隐性感染后，可获得对同型病毒的牢固免疫力，很少发生同型病毒的再次感染。

（考点：脊髓灰质炎病毒的致病性和免疫性）

（三）防治原则

1. 一般性预防　早期发现患者，及时隔离治疗；对患者的排泄物、食具进行消毒；加强粪便、饮水管理，搞好个人卫生和饮食卫生；消灭苍蝇。

2. 人工自动免疫 目前多采用口服脊髓灰质炎三价混合减毒活疫苗（糖丸）免疫法，即在儿童出生后第2、3、4个月各口服三价混合疫苗1粒，并在1.5岁及4～6岁各加强1次，预防效果甚好。口服疫苗宜在冬、春季进行，以使易感者在本病流行时（夏、秋季）即具有免疫力，并免受其他肠道病毒的干扰；忌用热开水溶化或送服，以免将糖丸中的病毒灭活而降低免疫效果；也不要在哺乳前后服用，因母乳中含有特异性抗体。

3. 人工被动免疫 对未服用疫苗而又与脊髓灰质炎患者有密切接触的易感儿童，注射丙种球蛋白或胎盘球蛋白，可减少发病率或麻痹型发生率。

二、其他肠道病毒

其他肠道病毒的主要特性见表7-2。

表7-2 其他肠道病毒的主要特性

病毒名称	大小（nm）	病毒形态，结构	血清型	所致疾病
柯萨奇病毒	28	球形，单股RNA，无包膜	A组1～24型	无菌性脑膜炎，类脊髓灰质炎
			B组1～6型	疱疹性咽峡炎，急性心肌炎及心包炎，普通感冒，流行性胸痛，婴幼儿腹泻
埃可病毒	24～30	球形，单股RNA，无包膜	1～34型	无菌性脑膜炎，婴幼儿腹泻，儿童皮疹
轮状病毒	60～80	车轮状，双股RNA，无包膜	A～G型	婴幼儿腹泻（秋冬季多见）
			68，69	急性出血性结膜炎（俗称红眼病）
新型肠道病毒	—	球型，单股RNA，无包膜	70，71型	小儿肺炎支气管炎，散发性脑炎，脑脊髓膜炎

第3节 肝炎病毒

案例 7-3

患者，男性，2010年11月因车祸致重度复合伤：四肢复合性骨折、颧骨骨折、脾破裂后切除、肝顿挫伤后行肝脏修补术、胆囊造口术、部分空肠切术后入院。治疗过程中输血15 000ml左右，出院17天后无明显诱因出现发热，体温达37.6℃，有明显乏力、嗜睡、食欲缺乏、恶心、厌油食、尿黄，伴胸闷，气短咳嗽，复诊于市中心医院。胸片示右侧胸腔大量积液，肝功能异常，HEV-IgM、HEV-IgG抗体均阳性，PTA17%，行右侧胸腔闭式引流术1天。

患者患了什么疾病？如何诊治？

肝炎病毒是引起病毒性肝炎的病原体。目前已发现的有甲型、乙型、丙型、丁型和戊型肝炎病毒。

一、甲型肝炎病毒

甲型肝炎病毒（HAV）是甲型肝炎的病原体。

（一）生物学特性

甲型肝炎病毒为单股RNA病毒，球形、直径27～32nm，无包膜。

本病毒对乙醚、酸性环境（pH 3）和加热60℃30分钟均有相对抵抗力。加热100℃5分钟可使病毒灭活，对甲醛、次氯酸钠、漂白粉等敏感，–70℃可长期保存而不丧失其传染性。

（二）致病性与免疫性

甲型肝炎的传染源主要是急性期患者和隐性传染者。病毒随粪便排出体外，污染水源、食物等，经口感染。潜伏期 15～45 天。病毒侵入人体后，如何到达肝，尚未完全阐明。可能先在咽或肠黏膜和局部淋巴组织中增殖，然后侵入血液形成病毒血症，最后进入肝，在肝细胞内增殖。人体感染甲型肝炎病毒后大多数表现为隐性感染，少数为急性甲型肝炎。其致病机制，早期可能是病毒的直接损害作用，随后发生的病理改变则是由超敏反应引起。临床表现为发热、疲乏、食欲缺乏，继而出现肝大、压痛、肝功能损害，部分患者可出现黄疸。甲型肝炎预后良好，通常可完全恢复，不转为慢性肝炎。

甲型肝炎病后或隐性感染后，机体可产生特异性的 IgM 和 IgG 抗体，后者在体内可维持多年，对同型病毒的再感染有免疫力。

微生物学检查主要应用 ELISA 法、RIA 法或免疫电镜法检测患者血清中抗原或抗体。检出 IgM 有助于早期诊断。近来应用 RT-PCR（反相 PCR）法检测 HAV-RNA。

（三）预防原则

加强粪便、水源管理，注意饮食卫生和个人卫生，是预防甲型肝炎的重要环节。患者排泄物、食具及用具，要认真消毒处理。对密切接触者、可疑患者等注射丙种球蛋白，有预防和减轻症状的作用。接种甲肝减毒活疫苗，可获得较持久的免疫力。

二、乙型肝炎病毒

乙型肝炎病毒（HBV）是乙型肝炎的病原体。乙型肝炎呈世界性分布，我国人群感染率高，是当前最严重的传染病之一。

（一）生物学特性

1. 形态与结构　完整的乙型肝炎病毒为直径 42nm 的大球形颗粒，又称 Dane 颗粒。大球形颗粒由外壳和核心组成。外壳（外衣壳）相当于病毒的包膜，含有乙型肝炎表面抗原。核心的内部含环状双股 DNA 和 DNA 多聚酶（DNAP）；核衣壳（内衣壳）呈 20 面体立体对称，含有乙型肝炎病毒核心抗原。

在乙型肝炎病毒感染者的血清中除 Dane 颗粒外，还可见到大量直径 22nm 的小球形颗粒和少量直径 22nm、长 50～700nm 的管型颗粒。这两种颗粒不含 DNA，也无 DNAP 活性，主要成分为乙型肝炎病毒表面抗原，可能是装配 Dane 颗粒时过剩的病毒外壳（图 7-3）。

2. 抗原组成　乙型肝炎病毒的抗原组成较为复杂，主要的抗原组分如下。

（1）乙型肝炎病毒表面抗原（HBsAg）：存在于 Dane 颗粒的表面及小球形颗粒和管形颗粒中，是人体感染乙型肝炎病毒的重要标志。在急性乙型肝炎患者血清中可持续存在 5 周～5 个月，在慢性患者及无症状携带者血清中可持续存在多年，甚至终身。

（2）乙型肝炎病毒核心抗原（HBcAg）：存在于 Dane 颗粒的核心和乙型肝炎患者的肝细胞核内。是乙型肝炎病毒复制的标志。由于它存在于 Dane 颗粒的核心，其外壳为 HBsAg 所覆盖，因而不易在血循环中检出游离的 HBcAg。

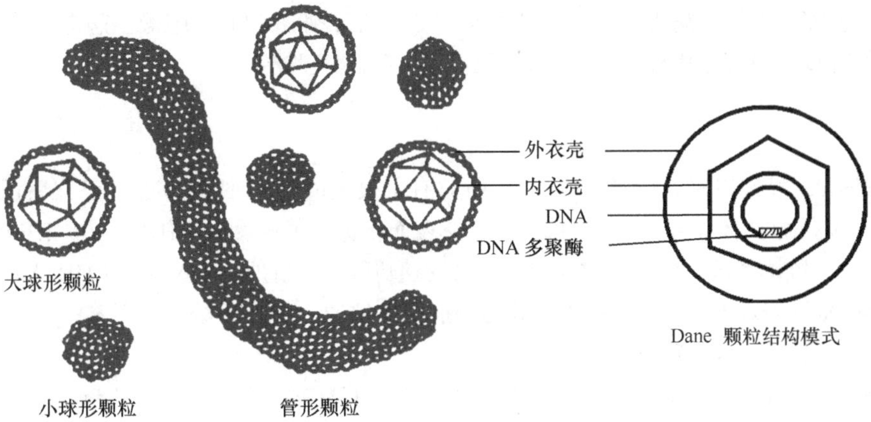

图 7-3 乙型肝炎病毒三种颗粒形态结构

HBcAg 的主要成分为蛋白质，其抗原性强，能刺激机体产生相应的抗体（抗-HBc）。

抗-HBc 对乙型肝炎病毒无中和作用，检出抗-HBc 常表示病毒在肝内持续复制。抗-HBcIgG 在血中持续时间较长，为非保护性抗体；抗-HBcIgM 的存在常提示 HBV 处于复制状态。HBcAg 可在感染的肝细胞表面存在，能被杀伤性 T 细胞识别，在清除 HBV 感染细胞中有重要作用。

（3）乙型肝炎病毒 e 抗原（HBeAg）：为可溶性蛋白质，游离存在于血中，其消长与病毒体及 DNA 多聚酶的消长基本一致，故可作为 HBV 复制及具有强感染性的一个指标。HBeAg 可刺激机体产生抗-HBe，抗-HBe 能与受染肝细胞表面的 HBeAg 结合，通过补体介导破坏受染的肝细胞，故对 HBV 感染有一定的保护作用，抗-HBe 的出现是预后良好的征象。

3. 抵抗力　HBV 对外界环境的抵抗力较强。对低温、干燥、紫外线均有耐受性，不被 70% 乙醇灭活，因此这一常用的消毒方法并不能用于 HBV 的消毒。高压灭菌法，100℃加热 10 分钟和环氧乙烷等均可灭活 HBV，0.5%过氧乙酸、5%次氯酸钠亦可用于消毒。

（考点：乙型肝炎病毒的生物学特性）

（二）致病性与免疫性

传染源主要是患者或无症状 HBsAg 携带者。乙型肝炎的潜伏期较长（30～160d），在潜伏期，急性期或慢性活动初期，患者血清都有传染性 HBsAg 携带者因无症状，不易被察觉，其作为传染源的危害性比患者更甚。

1. 传播途径　HBV 的传播途径主要有两条。

（1）血液/血制品等传播：HBV 在血流中大量存在，而人又对之极易感，故只需极少量污染血进入人体即可导致感染。输血、注射、外科或牙科手术、针刺、共用剃刀或牙刷，皮肤黏膜的微小损伤，性行为等均可传播。唾液中曾被检出过 HBVDNA，据认为来自血液，通过牙龈浆液而进入口腔，其含量仅为血清的百分之一至万分之一。医院内污染的器械（如牙科，妇产科器械）亦可致医院内传播。

（2）母–婴传播：主要是围生期感染，即经产道分娩时，通过婴儿的微小伤口受母体的病毒感染。哺乳也是传播 HBV 的途径。有些婴儿在母体子宫内已被感染，表现为出生时已呈 HBsAg 阳性。

2. 致病性与免疫机制　乙型肝炎的临床表现呈多样性，可由无症状病毒携带者至急性肝炎、慢性肝炎、重症肝炎等。病毒不仅存在于肝内，也存在于脾脏和血细胞等。病毒在体内的增殖，除对肝细胞有直接损害作用外，还可引起机体产生免疫病理损害。

（三）免疫学检查

自从 HBsAg 发现以来，人们对 HBV 的研究有了很大进展。到目前为止，已先后证明与 HBV 相关的有 5 个抗原抗体系统，即：①乙型肝炎表面抗原–抗体系统（HBsAg/抗-HBs）；②乙型肝炎核心抗原–抗体系统（HBeAg/抗-HBc）；③乙型肝炎 e 抗原–抗体系统（HBeAg/抗-HBe）；④乙型肝炎 Dane 颗粒抗原–抗体系统；⑤乙型肝炎 δ 抗原—抗体系统（δ/抗-δ）。

乙肝抗原抗体的实际意义如下。

1. HBsAg　血清中检测到 HBsAg，表示体内感染了 HBV，因而是一种特异性标志。HBsAg 阳性见于：①急性乙型肝炎的潜伏期或急性期（大多短期阳性）；②HBV 所致的慢性肝病、迁延性和慢性活动性肝炎、肝炎后肝硬化或原发性肝癌等。③无症状携带者。

2. 抗-HBs　表示曾感染过 HBV，不论临床上有无肝炎症状表现，均已得到恢复，并且对 HBV 有一定的免疫力。

3. HBcAg 与抗 HBc　由于 HBcAg 主要存在于肝细胞核内，并仅存在于 Dane 颗粒中，因此，对患者血清不能检测 HBcAg，而检测抗-HBc。血清内抗-HBc 阳性反应：①新近有过 HBV 感染；②体内有 HBV 增殖；③有助于诊断急性或慢性乙型肝炎，特别是少数病例就诊时已处于急性恢复期早期，HBsAg 已从血中消失，此时血中仅有抗-HBc 存在，因此，对恢复期患者可作病因追索。

4. HBcAg 和抗-HBe　HBcAg 的存在常表示患者血液有传染性。HBcAg 阳性揭示患者肝可能有慢性损害，对预后判断有一定帮助。抗-HBe 阳性对患者可能有一定的保护力。

（四）防治原则

加强对供血员的筛选，以减低输血后乙型肝炎的发生率。患者的血液、分泌物和排泄物，用过的食具、药杯、衣物及注射器和针头等，均须煮沸消毒 15～30 分钟，或用 3%漂白粉澄清液、5%过氧乙酸、1200ppm 的二氯异氰脲酸钠、0.2%新洁而灭等浸泡后洗涤、消毒。提倡使用一次性注射器具。对高危人群应采取如下特异性预防措施。

主动免疫注射乙肝疫苗是最有效的预防方法。第一代疫苗为乙肝 HBsAg 血源疫苗，由血液中提纯 HBsAg 经甲醛灭活而成，新生儿应用这种疫苗免疫 3 次（0、1、6 个月），可获得 90%以上的抗-HBs 阳性率。第二代为基因工程疫苗。基因工程疫苗的优点是可以大量制备且排除了血源疫苗中可能存在的未知病毒感染。第三代为 HBsAg 多肽疫苗或 HBVDNA 核酸疫苗，目前还在研究中，免疫原性尚需改进。

三、其他肝炎病毒

（一）丙型肝炎病毒

传染源主要为急性临床型和无症状的亚临床患者、慢性患者和病毒携带者。一般患者发病前 12 天，其血液即有感染性，并可带毒 12 年以上。HCV 主要传播途径为血源传播，国外 30%～90%输血后肝炎为丙型肝炎，我国输血后肝炎中丙型肝炎占 1/3。此外还可通过其他方式如母婴垂直传播，家庭日常接触和性传播等。

输入含 HCV 或 HCV-RNA 的血浆或血液制品，一般经 6～7 周潜伏期急性发病，临床表现为全身无力，食欲缺乏，肝区不适，1/3 患者有黄疸，ALT 升高，抗-HCV 抗体阳性。临床丙型肝炎患者 50% 可发展为慢性肝炎，甚至部分患者会导致肝硬及肝细胞癌。其余约半数患者为自限性，可自动康复。

丙型肝炎发病机制仍未十分清楚，当 HCV 在肝细胞内复制引起肝细胞结构和功能改变或干扰肝细胞蛋白合成，可造成肝细胞变性坏死，表明 HCV 直接损害肝脏，细胞毒 T 细胞（TC）特异攻击 HCV 感染的靶细胞，也可引起肝细胞损伤。

人感染 HCV 后所产生的保护性免疫力很差，能再感染不同株，甚至部分患者会导致肝硬化及肝细胞癌。

丙型肝炎的预防方法基本与乙型肝炎的相同。

（二）丁型肝炎病毒

丁型肝炎是由丁型肝炎病毒（HDV）侵入人体所引起的，但是，HDV 是一种“缺陷病毒”，它自己没有能力独自侵入人体，必须和乙肝病毒（HBV）一起或者 HBV 先侵入而后它才能侵入人体。HDV 必须依赖 HBV 的外壳即 HBsAg 来形成自己的外壳，如果没有 HBsAg，HDV 就不能侵入人体，也不能装配成完整的 HDV，当然也就谈不上侵入人体了。

HDV 和 HBV 一样，主要经血液传播。HDV 和 HBV 感染可分为两种情况：①两种病毒同时感染，这时病人可表现为急性肝炎过程，转氨酶大幅度升高，有明显的消化道症状，还可出现黄疸，一般说预后较好；②重叠感染，指 HBV 感染在前，以后又感染了 HDV，如乙肝带毒者，就可能感染 HDV。

HDV 防治关键是预防，预防的方法和乙肝相同，不感染 HBV，就不会感染 HDV，已感染 HBV 的人，还要注意预防通过血液途径及性行为感染 HDV。

（三）戊型肝炎病毒

是一种经粪–口传播的急性传染病，HEV 随患者粪便排出，通过日常生活接触传播，并可经污染食物、水源引起散发或暴发流行，发病高峰多在雨季或洪水后。潜伏期为 2～11 周，平均 6 周，临床患者多为轻中型肝炎，常为自限性，不发展为慢性 HEV。主要侵犯青壮年，65%以上发生于 16～19 岁年龄组，儿童感染表现亚临床型较多，成年人病死率高于甲型肝炎，尤其孕妇患戊型肝炎病情严重，在妊娠的后 3 个月发生感染病死率达 20%。HEV 感染后可产生免疫保护作用，防止同株甚至不同株 HEV 再感染。

实验诊断可通过电镜从粪便中找病毒颗粒，RT-PCR 检测粪便胆汁中 HEV-RNA，以及用重组 HEV-谷胱甘肽-S-转移酶融合蛋白作抗原，进行 ELISA 检查血清中抗-HEV IgM、IgG 抗体等。

戊型肝炎一般预防与乙型肝炎相同，普通免疫球蛋白作紧急被动免疫无效。

第4节 人类免疫缺陷病毒

案例 7-4

王某，同性恋患者，因身体不适来院就诊，经检测免疫力丧失。

王某可能得了什么病？什么原因？如何防治？

人类免疫缺陷病毒（HIV）是获得性免疫缺陷综合征（AIDS，又称艾滋病）的病原体。HIV 于 1983 年分离成功。目前，AIDS 已成为全球最重要的公共卫生问题之一。

一、生物学特性

HIV 呈球形，直径 100～120nm。内部呈圆锥形，核心含两条相同单链 RNA。其外层包绕双层衣壳蛋白（p24 和 p17）。最外层为包膜，其上镶嵌有 HIV 特异糖蛋白刺突，即外膜蛋白 gp120 和跨膜蛋白 gp41。gp120 与 HIV 的特异吸附、穿入有关。HIV 的糖蛋白极易变异，使其容易逃避免疫系统的识别清除，同时也为该病毒疫苗的研制带来困难，从而使得人类与艾滋病的斗争更为艰难。

HIV 抵抗力较弱。对热、化学消毒剂较敏感，在液体或血清中 56℃10 分钟可被灭活，0.2%次氯酸钠、0.1%含氯石灰、70%乙醇、0.3%过氧化氢溶液或 0.5%来苏处理 5 分钟，均可灭活病毒。

二、致病性与免疫性

AIDS 的传染源是 HIV 无症状携带者和 AIDS 患者。主要传播方式有三种：①同性或异性间的性行为；②输入带有 HIV 的血液或血制品、器官或骨髓移植、人工授精、静脉药瘾者共用被污染的注射器等；③母婴垂直传播。

HIV 进入机体后选择性地侵入 $CD4^+$T 细胞、单核-巨噬细胞等。病毒潜伏于细胞内以较低水平繁殖形成慢性或持续感染状态。当机体受到某些刺激（如细菌等感染），则激发潜伏的病毒大量繁殖，引起 $CD4^+$T 细胞、单核-巨噬细胞大量死亡、功能受损，造成机体免疫功能全面低下，从而导致一系列综合症状，如淋巴结肿大、发热、关节痛、乏力、腹泻和神经症状，并易继发细菌、病毒、真菌、原虫的致死性感染。部分患者可并发肿瘤，如 Kaposi 肉瘤和恶性淋巴瘤。一旦发病，病死率较高。

本病的诊断主要检测 HIV 抗体。用 ELISA 法作为 HIV 感染的筛选方法，如连续两次阳性，则再经免疫印迹确证试验证实，即可确认为 HIV 感染。

（考点：人类免疫缺陷病毒的致病性与免疫性）

三、防 治 原 则

控制 AIDS 的有效措施是预防。由于 HIV 疫苗研制困难，因此目前主要预防措施有：①加强卫生宣教工作，普及 AIDS 预防知识；②建立监测机构，加强国境检疫；③加强血制品、捐献器官等的 HIV 监测与管理，严格筛选供血人员；④杜绝吸毒、性滥交，阻断母婴传播；⑤严格医疗器械的消毒灭菌，推广一次性注射器，防止医源性感染。

对 HIV 感染的治疗，目前尚无特效药物，常使用多种药物综合治疗，以防止耐药性产生。如由蛋白酶抑制剂英迪纳瓦、核苷类似物拉米夫定和叠氮脱氧胸苷组成的三联疗法等。一些 AIDS 患者经综合治疗后，血中 HIV 含量明显下降，延缓了病程的发展，降低了 AIDS 患者的死亡率。

第5节 其他病毒

案例 7-5 患儿，男，4 岁，于 7 月 23 日送本院。入院时家长述患儿晨起自述头痛，高热不退，嗜睡，于中午开始呕吐，颈部发硬。体温 40℃，面色苍白无光泽，神志不清，时有惊厥，两侧瞳孔不等大，对光反射迟钝，呼吸深浅不均，节律不齐，听诊肺部有湿啰音。1 小时后患儿忽然一阵强烈抽搐，立即呼吸骤停，抢救无效死亡。抽取脑脊液呈微浊状，压力增高，白细胞总数增多。中性粒细胞略有增高。肉眼可见脑组织膨隆，血管充血。镜下可见血管扩张充血，其周有大量的淋巴细胞浸润，神经细胞部分出现变性和坏死，并可见部分区域有软化灶形成。

1. 本病的诊断是什么？依据是什么？
2. 如何鉴别流行性脑脊髓膜炎和流行性乙型脑炎？

一、狂犬病毒

狂犬病毒是人和动物狂犬病的病原体。狂犬病为人畜共患传染病，其死亡率极高，是一种对人体健康危害较大的致死性传染病。

狂犬病毒呈弹头状，大小约75nm×180nm，为RNA型病毒，中心为螺旋对称性衣壳，外层有包膜。在易感动物或人的中枢神经细胞（以大脑海马回的锥体细胞为主）胞质内增值时，形成嗜酸性、圆形或椭圆形的包涵体，称为内基小体，具有诊断价值。

狂犬病毒对外界抵抗力不强，易被强酸、强碱、甲醛、碘、乙醇等灭活。肥皂水、离子型或非离子型去垢剂等对病毒亦有灭活作用。

狂犬病属自然疫源性疾病，是狂犬病毒经患病动物（尤其是病犬）咬伤、抓伤或咬伤感染引起的一种中枢神经系统急性传染病。在动物发病前5天，人被咬伤后其唾液中的病毒经伤口进入体内，先在肌纤维细胞增殖，进而随血或神经末梢上行至中枢神经系统，在神经细胞内增殖并引起中枢神经系统病理性损伤，然后病毒又沿传出神经扩散至唾液腺及其他组织。

狂犬病潜伏期一般为1～3个月，也有短至几天或长达数年才出现症状者。发病早期症状首先有咬伤部位有蚁行感、痛感，继而出现发热、头痛、焦虑、流涎等。发作时典型的临床表现为神经兴奋性增高、躁动不安，吞咽或饮水时喉头肌肉发生痉挛，甚至闻水声或其他轻微刺激均可引起痉挛发作，故又称恐水病。兴奋期持续3～5天后，转入麻痹期，最后因昏迷、呼吸循环衰竭而死亡。病死率几乎100%。

本病病死率较高，预防是关键。主要措施有；①一般性预防为捕杀野犬，加强家犬管理，注射犬用疫苗；②人被病犬咬伤，应立即用20%的肥皂水反复冲洗伤口，再用2%碘液及70%乙醇涂擦；③用高效价抗狂犬病病毒免疫血清作伤口周围与底部浸润注射；④特异性预防是被咬伤后及早接种狂犬疫苗，于伤后第1、3、7、14、28天各肌内注射1ml，免疫效果好，可大大降低发病率。

二、流行性乙型脑炎病毒

流行性乙型脑炎病毒（简称乙脑病毒）是流行性乙型脑炎（简称乙脑）的病原体。

乙脑病毒呈球形，直径35～50nm，核心为单链RNA，有包膜，其表面有刺突。乙脑病毒抗原性稳定，只有一个血清型。

乙脑病毒抵抗力弱，对热、乙醚、丙酮等脂溶剂及常用消毒剂均敏感，56℃30分钟可灭活。低温下可长期保存，常用低温的50%甘油盐水保存该病毒。

乙脑病毒的传染源主要为猪、牛、羊等家畜和家禽，感染后有短暂的病毒血症，无明显症状，但幼猪的病毒血症时期较长，是本病毒的主要储存宿主和传染源。传播途径主要以蚊虫作为传播媒介，通过带病毒蚊虫叮咬人体而传播。病毒在受染蚊虫唾液腺和肠内繁殖，再叮咬猪、牛、羊等家畜或家禽，可导致动物与蚊的不断循环，若叮咬易感人群则可引起人体感染。乙脑患者和隐性感染者也可因蚊虫叮咬而成为传染源。因此，乙脑病毒的传播方式为动物↔蚊↔人。

人群对本病毒普遍易感，但多数表现为隐性感染或轻型感染，少数表现出中枢神经系统症状，导致脑炎。乙脑病毒进入人体后，首先在局部的毛细血管内皮细胞及淋巴结增殖，释放少量病毒入血，形成第一次病毒血症；多数患者表现为头痛、发热、畏寒等上呼吸道感染症状，1周左右可好转。少数患者其病毒随血流播散至肝、脾、淋巴组织内进一步增殖，并再次大量入血，形成第二次病毒血症，仅有极少数患者，病毒可突破血-脑屏障进入脑组织增值，引起脑组织病变，出现高热、头痛、昏迷、惊厥等中枢神经系统症状，病死率较高。幸存者可遗留失语、智力障碍、痴呆、失明、耳聋和偏瘫等后遗症。

机体的天然防御功能及获得性免疫在对抗乙脑病毒致病中发挥着重要作用。乙脑病后或隐性感染后可获得持久免疫力。

乙型脑炎病情重，危害大，目前无特异性治疗方法，主要为对症治疗。预防是重点：①防蚊灭蚊；②流行季节到来之前，对易感人群（9 个月～10 岁）进行乙脑疫苗接种，是预防乙脑流行的重要环节；③同期对流行区的猪接种疫苗，可降低猪和人的发病率。

三、其他虫媒病毒

除乙型脑炎病毒外，其他常见的虫媒病毒有森林脑炎病毒、登革病毒，其传播媒介、流行特点、致病性及预防原则见表 7-3。

表 7-3　其他虫媒病毒的致病性及预防原则

病毒	森林脑炎病毒	登革病毒
传播媒介	硬蜱	伊蚊
流行季节	春季	夏季
致病性	森林脑炎。自然界由蜱在兽类和野鸟中传播，当蜱叮咬人体时引起感染，出现高热、头痛、昏睡、外周神经迟缓性麻痹等症状	登革热。病毒在人蚊之间传播，人感染病毒后，可出现发热、肌肉和关节酸痛、淋巴结肿胀等，当再次感染时可出现登革出血热、登革休克综合征
预防原则	预防重点：灭蜱、防蜱叮咬，用灭活疫苗预防效果较好；减毒活疫苗正在研制中	防蚊、灭蚊，登革病毒疫苗研制和试用尚未成功

四、疱疹病毒

疱疹病毒是一群中等大小、结构相似、有包膜的 DNA 病毒。引起人类疾病的疱疹病毒主要有单纯疱疹病毒、水痘-带状疱疹病毒、巨细胞病毒、EB 病毒。

人类常见的疱疹病毒的所致疾病、潜伏感染部位及预防原则见表 7-4。

表 7-4　其他疱疹病毒的致病性及预防原则

病毒	所致主要疾病	潜伏感染部位	预防原则
单纯疱疹病毒Ⅰ型	生殖器以外的皮肤、黏膜和器官感染，如齿龈口炎、唇疱疹、疱疹性脑炎、角膜炎、先天性畸形等。有复发性局部疱疹倾向	三叉神经节、颈上及迷走神经节	无特异预防，治疗用碘苷、阿糖胞苷、阿昔洛韦、干扰素，但不能清除潜伏病毒
单纯疱疹病毒Ⅱ型	生殖器疱疹（宫颈癌）、新生儿疱疹	骶神经节	同“单纯疱疹病毒Ⅰ型”
EB 病毒	传染性单核细胞增多症、非洲儿童恶性淋巴瘤	B 淋巴细胞	亚单位疫苗和基因工程疫苗，正在试用观察过程中
水痘-带状疱疹病毒	原发：水痘（儿童），多分布于躯干，出现斑丘疹、水疱疹。复发：带状疱疹（成人），沿神经走向分布	脊髓后根神经节或脑神经的感觉神经节	减毒活疫苗预防。治疗用阿昔洛韦、阿糖腺苷、干扰素
巨细胞病毒	巨细胞包涵体病，输血后传染性单核细胞增多症和肝炎、先天畸形等	唾液腺、乳腺、肾、白细胞或其他腺形体	减毒活疫苗已研制成功，正在试用，亚单位疫苗、基因工程疫苗仍在研制中

五、出血热病毒

出血热可由多种不同的病毒引起，以发热、出血为主要临床症状。我国已发现的有汉坦病毒、新疆出血热病毒和登革热病毒，见表 7-5。

表 7-5　汉坦病毒、新疆出血热病毒所致疾病及防治原则

病毒	所致疾病	防治原则
汉坦病毒	流行性出血热。表现为高热、出血和肾损害。常伴有“三痛”（头痛、眼眶痛、腰痛）及“三红”（面、颈、上胸部潮红）、眼结膜、咽部及软腭出血、腋下、前胸处有出血点。临床经过可分为发热期、低血压期、少尿期、多尿期和恢复期。某些血清型引起汉坦病毒肺综合征。表现为发热、肌痛、呼吸缺氧和急性进行性呼吸衰竭，病死率较高	灭鼠、防鼠是预防的关键；我国研制的灭活疫苗已取得了良好的效果，治疗主要是及时对症与支持疗法
新疆出血热病毒	新疆出血热。该病是荒漠牧场的自然疫源性疾病。传播媒介为亚洲璃眼蜱。临床表现为发热、全身疼痛、中毒症状和出血、无肾损害	防蜱叮咬，进入荒漠牧场或林区应扎紧袖口和领口，最好穿长筒袜，戴帽子和手套。我国已研制成功灭活疫苗，免疫效果较好

六、轮 状 病 毒

轮状病毒为大小不等的球形、无包膜 RNA 型病毒，有双层衣壳，因其呈放射性排列，形似车轮状，故名轮状病毒。病毒耐乙醚、氯仿、反复冻融、酸、碱，在 pH3.5～10 仍可保持其感染性，在粪便中可存活数天到数周，55℃30 分钟可被灭活。

轮状病毒是婴幼儿急性胃肠炎的主要病原体。患者和无症状带病毒者是传染源，主要经粪-口途径传播，多发于秋冬季。当病毒侵入人体后，潜伏 1～2 天，在肠黏膜细胞中增殖，引起细胞病变、功能障碍，临床上可表现为突发水样腹泻、呕吐、发热、水和电解质丢失。该病一般为自限性，可完全恢复。少数严重者因脱水、酸中毒而致死亡，是婴幼儿死亡的主要原因之一。病后肠道 sIgA 起主要保护作用，但由于轮状病毒型别多，故易重复感染。

特异性疫苗目前仍在研制中。治疗主要是及时输液以纠正电解质失衡，防止脱水及酸中毒发生，减少婴幼儿病死率。

自 测 题

A_1/A_2 型题

1. 流行性感冒的病原体是（　　）
   A. 流行性感冒杆菌　B. 流感病毒
   C. 副流感病毒　D. 呼吸道合胞病毒
   E. 鼻病毒
2. 普通感冒的最常见病原体是（　　）
   A. 流感病毒　B. 副流感病毒
   C. 腺病毒　D. 风疹病毒
   E. 鼻病毒和冠状病毒
3. 可引起全身感染的呼吸道病毒是（　　）
   A. 流感病毒　B. 麻疹病毒
   C. 鼻病毒　D. 冠状病毒
   E. 腮腺炎病毒
4. 麻疹疫苗的接种对象为（　　）
   A. 新生儿　B. 2 月龄婴儿
   C. 4 月龄婴儿　D. 6 月龄婴儿
   E. 8 月龄婴儿
5. 亚急性硬化性全脑炎（SSPE）是一种由（　　）

A. 脊髓灰质炎病毒引起的亚急性感染
B. 麻疹病毒引起的持续感染
C. 疱疹病毒引起的隐伏感染
D. 流行性乙型脑炎病毒引起的急性感染
E. 狂犬病毒引起的慢性感染

6. 流感病毒的分型根据是（　　）
A. 所致疾病的临床特征
B. RNA 多聚酶抗原
C. 核蛋白和内膜蛋白抗原
D. 血凝素（HA）
E. 神经氨酸酶（NA）

7. 抗流感病毒感染的主要免疫因素是（　　）
A. 干扰素
B. 细胞免疫
C. 黏膜局部神经氨酸酶抗体
D. 黏膜局部血凝素抗体
E. 血清中血凝素抗体

8. 流感病毒最易变异的结构是（　　）
A. 甲型流感病毒的 HA
B. 乙型流感病毒的 HA
C. 核蛋白
D. M 蛋白
E. RNA 多聚酶

9. 造成流感世界性大流行的原因是（　　）
A. 流感病毒型别多，毒力强
B. 流感病毒抗原性弱，免疫力不强
C. HA 和 NA 之间易发生基因重组
D. 甲型流感病毒易形成新的亚型
E. HA 和 NA 易发生点突变

10. 甲型流感病毒分型的依据是（　　）
A. 核蛋白　　B. 血凝素医学
C. 神经氨酸酶　　D. 血凝素和神经氨酸
E. 多聚 RNA 酶

11. 不属于肠道病毒共同特点的是（　　）
A. 为裸露的小核糖核酸病毒
B. 耐酸，耐乙醚
C. 核酸有感染性
D. 只在肠道增殖并引起腹泻
E. 可侵犯神经系统及其他组织

12. 脊髓灰质炎病毒多引起（　　）
A. 隐性或轻症感染　　B. 瘫痪型感染
C. 延髓麻痹型感染　　D. 慢性感染
E. 迁延性感染

13. 脊髓灰质炎病毒的感染方式是（　　）
A. 经媒介昆虫叮咬　　B. 经口食入
C. 经呼吸道吸入　　D. 经血液输入
E. 经皮肤接触

14. 脊髓灰质炎患者的传染性排泄物主要是（　　）
A. 鼻咽分泌物　　B. 血液
C. 粪便　　D. 尿液
E. 唾液

15. 能耐受脂溶剂的病毒为（　　）
A. 流感，副流感病毒　B. 风疹病毒
C. 脊髓灰质炎病毒　　D. 呼吸道合胞
E. 麻疹病毒

16. 与口服脊髓灰质炎减毒活疫苗注意事项不符的是（　　）
A. 注意疫苗是否失效
B. 勿用热开水和母乳送服
C. 疫苗在运输途中要注意冷藏
D. 为避免其他肠道病毒干扰，宜在冬季服用
E. 需连续服 3 次，每次间隔 1 年

17. 脊髓灰质炎病毒的致病特点不包括（　　）
A. 传播方式主要是粪-口途径
B. 可形成两次病毒血症
C. 多表现为隐性感染
D. 易侵入中枢神经系统造成肢体痉挛性瘫痪
E. 易感者多为 5 岁以下幼儿

18. 急性出血性结膜炎的病原体是（　　）
A. 肠道病毒 70 型　　B. 埃可病毒
C. 腺病毒　　D. 肠道病毒 69 型
E. 柯萨奇病毒

19. 婴幼儿腹泻最常见的病原是（　　）
A. 柯萨奇病毒　　B. 埃可病毒
C. 轮状病毒　　D. 腺病毒
E. 呼肠病毒

20. 核酸型为双股 RNA 的病毒为（　　）
A. 轮状病毒　　B. 腺病毒

C. 柯萨奇病毒　　D. 脊髓灰质炎病毒
E. 埃可病毒

21. 乙型肝炎病毒的核酸类型是（　　）
A. 单股 RNA　　B. 双股 RNA
C. 双股线状 DNA　　D. 双股环状 DNA
E. 单股 DNA

22. 可致慢性肝炎或肝硬化的病毒为（　　）
A. HAV，HBV 和 HCV
B. HBV，HCV 和 HDV
C. HCV，HDV 和 HEV
D. HDV，HEV 和 HAV
E. HEV，HAV 和 HBV

23. 可传播乙型肝炎病毒的途径有（　　）
A. 分娩和哺乳
B. 共用牙刷，剃须刀等
C. 输血，血浆及血液制品
D. 性接触
E. 以上均可

24. 不符合血清 HBsAg（+），HbeAg（+）和抗-HBc（+）的解释是（　　）
A. 急性乙型肝炎　　B. 慢性乙型肝炎
C. 乙型肝炎恢复期　　D. 无症状抗原携带者
E. 血清有强传染性。

25. 关于 HAV，错误的是（　　）
A. 是单股正链 RNA 病毒
B. 能在体外细胞中培养
C. 特异性预防可接种疫苗
D. 抵抗力弱，对脂溶剂敏感
E. 隐性感染多见

26. 目前最常引起输血后肝炎的是（　　）
A. HAV　　B. HBV
C. HCV　　D. HDV
E. HEV

27. 对 HBcAg 叙述错误的是（　　）
A. 存在于 Dane 颗粒的内部
B. 具有较强抗原性
C. 不易在血循环中检出
D. 相应抗体具有保护作用
E. 可在感染肝细胞膜上表达。

28. 可抵抗 HBV 感染的抗体主要是（　　）
A. 抗-HBs IgA　　B. 抗-HBs IgG
C. 抗-HBe IgA　　D. 抗-HBc IgM
E. 抗-HBc IgG；

29. 属于缺陷病毒的是（　　）
A. HAV　　B. HBV
C. HCV　　D. HDV
E. HEV

30. 血液中不易查到的 HBV 抗原是（　　）
A. HBsAg　　B. HBcAg
C. HBeAg　　D. pre-S_1
E. pre-S_2

31. 通过同性或异性的性接触而感染的病毒是（　　）
A. 人类免疫缺陷病毒　B. 水痘-带状疱疹病毒
C. 甲肝病毒　　D. 埃可病毒
E. 轮状病毒

32. 人类免疫缺陷病毒主要攻击和破坏人体的免疫细胞是（　　）
A. $CD4^+$ T 细胞　　B. $CD8^+$ T 细胞
C. B 细胞　　D. 巨噬细胞
E. NK 细胞

33. 能引起患者细胞免疫功能严重损害的疾病是（　　）
A. 水痘
B. 带状疱疹
C. 传染性单核细胞增多症
D. 巨细胞病毒性肝炎
E. 艾滋病

34. 常可通过吸毒人共用污染的注射器而传播的疾病是（　　）
A. 水痘-带状疱疹病毒
B. 柯萨奇病毒 A 组
C. 柯萨奇病毒 B 组
D. 乙脑病毒
E. 人类免疫缺陷病毒

35. 登革热的传播媒介是（　　）
A. 蜱　　B. 螨
C. 蚊　　D. 蚤
E. 虱

36. 下列虫媒病毒的共同特点中错误的是（　　）
A. 均为无包膜病毒
B. 以吸血节肢动物为传播媒介
C. 引起的疾病有明显季节性
D. 核酸为单链 RNA
E. 病毒颗粒均为球型

37. 形态呈弹头的病毒是（　　）
A. 单纯疱疹病毒　B. 巨细胞病毒
C. 水痘-带状疱疹病毒　D. 狂犬病病毒
E. EB 病毒

38. 目前认为 EB 病毒与下列哪种癌症有关（　　）
A. 肝癌　B. 肺癌
C. 鼻咽癌　D. 食管癌
E. 直肠癌

39. 近年来发现Ⅰ型单纯疱疹病毒与下列哪种疾病有关（　　）
A. 唇癌　B. 结肠癌
C. 肺癌　D. 胃癌
E. 肾癌

40. 通过病兽咬伤引起的疾病是（　　）
A. 传染性单核细胞增多症
B. 狂犬病
C. 水痘
D. 带状疱疹
E. 乙型脑炎

41. 可在人体中枢神经细胞内增殖而引起恐水病的病毒是（　　）
A. 狂犬病毒　B. 乙脑病毒
C. 脊髓灰质炎病毒　D. 森林脑炎病毒
E. 巨细胞病毒

42. 近年来发现Ⅱ型单纯疱疹病毒与下列哪种疾病有关（　　）
A. 宫颈癌　B. 唇癌
C. 皮肤癌　D. 肺癌
E. 肾癌

（王有刚）

第8章

人体寄生虫概述

案例 8-1 患者，男性，20岁。江浙一带山区人。因发热、咳嗽、痰中带血，并伴有胸痛、乏力而前去就诊。在当地医院诊断为细菌性肺炎，用抗生素治疗无好转，继而出血性咳嗽，铁锈色痰。患者曾自述有生食溪蟹的喜好。体检：肝脾正常。胸片发现两肺纹理增粗，有小囊样及隧道样改变。背部有一包块，可活动，表面皮肤正常。

1. 生食溪蟹给该患者带来了怎样的疾病？
2. 该病案中有几个宿主？分别是什么宿主？
3. 该病感染的途径和方式是什么？

在自然界中，各种生物的生存方式千差万别，其中有一种体形微小的生物，它们在生命的某个阶段以人的身体作为生存环境，长期或短暂地依附于人体的体内或体表，掠夺营养并给对方造成损害，使人患上各种不同的疾病，它们就是人体寄生虫。寄生虫病不仅给人类健康带来极大影响，也给家庭和社会造成沉重的经济负担，现在已经成为引起各国普遍关注的公共卫生问题。

人体寄生虫学是研究与人体健康有关的寄生虫的形态结构、生活活动和生存繁殖规律，阐明寄生虫与人体及外界因素的相互关系的科学。人体寄生虫学由医学原虫学、医学蠕虫学和医学节肢动物学三部分内容组成。学习本学科的目的是为了控制或消灭病原寄生虫所致人体寄生虫病，以及防治与疾病有关的医学节肢动物，保障人类健康。

知识链接

我国寄生虫现状

我国幅员辽阔，中华人民共和国成立前寄生虫病流行广泛，危害严重。中华人民共和国成立后，党和政府加大了寄生虫病的防治工作，发动多方人力采取多种措施开展了大规模的寄生虫防治工作，取得了举世瞩目的巨大成就，使得曾经猖獗肆虐的“五大寄生虫病”（疟疾、血吸虫病、丝虫病、黑热病和钩虫病）得到了明显的控制。然而，由于我国各地区地域及自然环境的差异，某些地区的寄生虫疫情仍有反复，目前食源性寄生虫病在部分地区的传播有不断扩大的趋势，机会致病寄生虫引起的感染亦有所增加，所以我国寄生虫病防治的任务仍十分艰巨。

一、寄生现象与生活史

（一）寄生现象

1. 寄生生活　简称寄生，指两种生物在一起生活，一方受益，另一方受害，后者给前者提供营养物质和居住场所。营寄生生活的两种生物既可以永久性也可以暂时性地在一起，如人体与人体寄生虫。

2. 寄生虫　寄生关系中长期或短暂地依附于另一种生物体内或体表，获得营养并给对方造成损害的低等生物称为寄生虫。

3. 宿主　在寄生关系中，被寄生虫寄生的生物称为宿主。寄生虫在生命活动过程中，有的只需一个宿主，有的需要两个或两个以上宿主。按寄生关系的性质，分为以下几个类别。

（1）终宿主：是指寄生虫成虫或有性生殖阶段所寄生的宿主。例如，人是血吸虫的终宿主。

（2）中间宿主：是指寄生虫的幼虫或无性生殖阶段所寄生的宿主。若有两个以上中间宿主，可按寄生先后分为第一、第二中间宿主等。例如，某些种类淡水螺和淡水鱼分别是华支睾吸虫和第一、第二中间宿主。

（3）保虫宿主：又叫储存宿主，某些蠕虫成虫或原虫某一发育阶段既可寄生于人体，也可寄生于某些脊椎动物，在一定条件下可传播给人。例如，血吸虫成虫可寄生于人和牛，牛即为血吸虫的保虫宿主。

（4）转续宿主：某些寄生虫的幼虫侵入非正常宿主、不能发育为成虫，长期保持幼虫状态，当此幼虫期有机会再进入正常终宿主体内后，才可继续发育为成虫，这种非正常宿主称为转续宿主。例如，卫氏并殖吸虫的童虫，进入非正常宿主野猪体内，不能发育为成虫，可长期保持童虫状态，若犬吞食含有此童虫的野猪肉，则童虫可在犬体内发育为成虫。野猪就是该虫的转续宿主。

（二）寄生虫生活史及感染阶段

寄生虫生活史是指寄生虫完成一代生长、发育和繁殖的全过程及其所需的外界环境条件。寄生虫的生活史具有多样性，有的比较简单，有的比较复杂，寄生虫完成生活史，不仅需要适宜的宿主，也需要适宜的外界环境条件。人体寄生虫的生活史一般包括五个环节，即感染人体、体内移行、定位寄生、排离人体、外界发育。

寄生虫生活史过程中，不是所有的发育阶段都具有感染人体的能力，而具有感染人体能力的发育阶段就被称为感染阶段。如血吸虫生活史中有虫卵、毛蚴、胞蚴、尾蚴、童虫、成虫等多个阶段，只有尾蚴能够感染人体，故尾蚴是血吸虫的感染阶段。

二、寄生虫与宿主的相互关系

（一）寄生虫对宿主的损害作用

寄生虫在宿主的细胞、组织或腔道内寄生，引起一系列的损伤，这不仅见于原虫，蠕虫的成虫，而且也见于移行中的幼虫，他们对宿主的作用是多方面的。

1. 掠夺营养　寄生虫在宿主体内生长、发育和繁殖所需的物质主要来源于宿主，寄生的虫数愈多，被掠夺的营养也就愈多。如蛔虫和绦虫在肠道内寄生，夺取大量的营养，并影响肠道吸收功能，可引起宿主营养不良；又如钩虫附于肠壁上吸取大量血液，可引起宿主贫血。

2. 机械性损伤　寄生虫对所寄生的部位及其附近组织和器官可产生损害或压迫作用。有些寄生虫尤其个体较大，数量较多时，这种危害是相当严重的。例如蛔虫多时可扭曲成团引起肠梗阻。棘球蚴寄生在肝内，起初没有明显症状，以后逐渐长大压迫肝组织及腹腔内其他器官，发生明显的压迫症状。另外，幼虫在宿主体内移行可造成严重的损害，如蛔虫幼虫在肺内移行时穿破肺泡壁毛细血管，可引起出血。

3. 毒性与免疫损伤作用　寄生虫的分泌物、排泄物和死亡虫体的分解物对宿主均有毒性作用，可引起组织损伤或免疫病理反应。例如溶组织内阿米巴侵入肠黏膜和肝时，分泌溶组织酶，溶解组织、细胞，引起宿主肠壁溃疡和肝脓肿。此外，寄生虫的代谢产物和死亡虫体的分解物又都具有抗原性，可使宿主致敏，引发超敏反应。如疟原虫的抗原物质与相应抗体形成免疫复合物，沉积于肾小球毛细血管基底膜，在补体参与下，引起肾小球肾炎，以及刺球蚴囊壁破裂，囊液进入腹腔，可以引起宿主发生过敏性休克，甚至死亡。

（二）宿主对寄生虫的免疫作用

寄生虫及其产物对宿主均为异物，能引起一系列反应，也就是宿主的防御功能，它的主要表现就是免疫。宿主对寄生虫的免疫表现为免疫系统识别和清除寄生虫的反应。免疫反应是宿主对寄生虫作用的主要表现，包括非特异性免疫和特异性免疫。

1. 非特异性免疫　又称固有免疫，是人体天然存在的免疫力，主要通过机体的屏障结构、吞噬细胞及体液中的免疫分子发挥防御作用。

2. 特异性免疫　又称适应性免疫，是机体免疫系统在与接受寄生虫抗原刺激后产生的免疫应答。主要包括以下几种类型。

（1）消除性免疫：指宿主感染寄生虫后，能完全清除寄生虫，并对再感染具有免疫力，该结果很少见，仅见杜氏利什曼原虫所致的黑热病。

（2）非消除性免疫：指宿主感染寄生虫后，人体产生特异性免疫但不能完全清除寄生虫，使得感染始终维持低密度水平，对再感染有一定免疫力，这种结果比较多见，主要包括带虫免疫及伴随免疫。带虫免疫是指体内有原虫寄生时，机体对同种寄生虫的再感染产生免疫力，一旦体内寄生虫被完全清除，对该寄生虫已产生的免疫力也将随之减弱或消失，如疟疾的“带虫免疫”。伴随免疫是指机体感染蠕虫后，所获得的免疫力，对体内原有成虫不起作用，但对再感染入侵的童虫有杀灭作用，比如抗血吸虫的感染免疫。

三、寄生虫病的流行与防治

（一）寄生虫病的流行

1. 传染源　指携带有寄生虫的人或动物，包括寄生虫患者、带虫者和保虫宿主。

2. 传播途径　指寄生虫从传染源传播到易感宿主的全过程，主要包括以下途径：经口感染、经皮肤感染、接触感染、经媒介昆虫感染、垂直感染病、输血感染、自身重复感染等。

3. 易感人群　指对寄生虫缺乏免疫力或免疫力低下而处于易感状态的人群，一般而言，对于寄生虫，人群普遍易感。

（考点：寄生虫病流行的三个环节）

（二）影响寄生虫病流行的因素

1. 自然因素　气候条件、地理环境等可通过影响寄生虫在外界环境的发育及影响相应的生物如中间宿主和媒介昆虫的生态，而直接或间接对寄生虫病产生重要影响。如日本血吸虫中间宿主钉螺的分布，在我国不超过北纬 33.7℃，因此我国北方地区无血吸虫流行。

2. 社会因素　包括社会制度、经济状况、文化教育水平、医疗卫生、防疫保健、居住条件及生产方式和生活习惯。比如广东、广西等地肝吸虫感染率高与当地居民喜食“鱼生”（也就是生鱼片）有关。

此外，寄生虫病的流行还具有地方性、季节性、自然疫源性的特点。

（三）寄生虫病防治

寄生虫病的防治是一项艰巨、复杂而长期的任务，应该根据寄生虫流行的三大环节来采取相应的措施。

1. 控制传染源　在流行区开展相关寄生虫病的普查普治，早发现并治疗患者及带虫者，杀灭或适当处理保虫宿主，是控制和消灭传染源的有效措施，此外，做好流动人口的监测，控制流行区传染源的输入和扩散。

2. 切断传播途径　加强粪便和水源管理，搞好环境和个人卫生，控制和消灭中间宿主和媒介昆虫，是切断传播途径的重要手段。

3. 保护易感人群　开展健康教育，改变不良饮食习惯和行为生活方式，提高防病的自我保护意识，必要时可使用药物进行预防，可达到有效保护易感人群的目的。

自测题

A_1/A_2型题

1. 寄生的正确含义是（　　）
   A. 双方均获利
   B. 一方得利，另一方受害
   C. 双方均受害
   D. 双方既无利也无害
   E. 以上均不对
2. 寄生虫成虫或有性生殖阶段所寄生的宿主称为（　　）
   A. 终宿主　　B. 保虫宿主
   C. 第一中间宿主　　D. 第二中间宿主
   E. 带虫者
3. 人体寄生虫的传染源包括（　　）
   A. 患者和带虫者　　B. 隐性感染者
   C. 医学节肢动物　　D. 健康带菌者
   E. 患者、带虫者和保虫宿主
4. 寄生虫病的流行特点是（　　）
   A. 季节性　　B. 地方性
   C. 自然疫源性　　D. 以上都是
   E. 以上都不是

（杨　鹏）

第9章

常见人体寄生虫

第1节 医学蠕虫

案例 9-1 患儿8岁，因反复出现脐周疼痛和食欲不佳前来就诊。既往患儿常出现恶心、呕吐、轻度腹泻或便秘，患儿表现营养不良和贫血。

1. 患儿可能患有什么疾病？
2. 为确诊应做何检查？

蠕虫为多细胞无脊椎动物，身体柔软，借肌肉的伸缩而蠕动。寄生在人体的蠕虫称医学蠕虫，包括线虫、吸虫和绦虫。

一、线虫纲

（一）似蚓蛔线虫

似蚓蛔线虫简称蛔虫，成虫寄生在小肠，引起蛔虫病，该病农村高于城市，儿童高于成年人，是我国常见寄生虫之一。

1. 形态

（1）成虫：虫体呈圆柱形，似蚯蚓。活时略呈粉红色或微黄色，死后呈灰白色，体表有横纹和两条侧线。雌虫长20～35cm，尾端尖直；雄虫长15～31cm，尾部向腹部弯曲。

（2）虫卵：分受精卵和未受精卵。

①受精卵：为椭圆形，大小为（45～75）μm×（35～50）μm。卵壳厚而透明，外面有一层凹凸不平的蛋白质膜，常被胆汁染成棕黄色，卵壳内含有一个圆形卵细胞，卵细胞与卵壳之间形成新月的间隙。

②未受精卵：为长椭圆形，大小为（88～94）μm×（39～44）μm，蛋白质膜及卵壳均较薄，卵内含有许多大小不等，有折光性的卵黄颗粒。

2. 生活史　蛔虫成虫寄生在人体小肠中，以肠内半消化食物为营养。雌雄交配产卵，卵随粪便排出体外，在适宜的土壤中，约经3周，卵内的细胞发育成幼虫，此为感染期虫卵。感染期虫卵可通过污染的食物、蔬菜或水被人误食。虫卵侵入人体后，在小肠内经消化液及孵化液作用下幼虫孵出，孵出的幼虫钻入肠壁，进入小血管和小淋巴管，经血液循环经肝、右心、到达肺，钻破肺泡的毛细血管，进入肺泡，在肺泡内约经2周的发育，后经支气管、气管上行到咽部，再被吞入食管，经胃到小肠发育为成虫（图9-1）。自感染期虫卵感染人体到雌虫产卵，需60～75天，每条雌虫每日排卵约24万个，成虫在宿主体内存活期1年左右，在宿主体内的成虫数为1条至数10条。

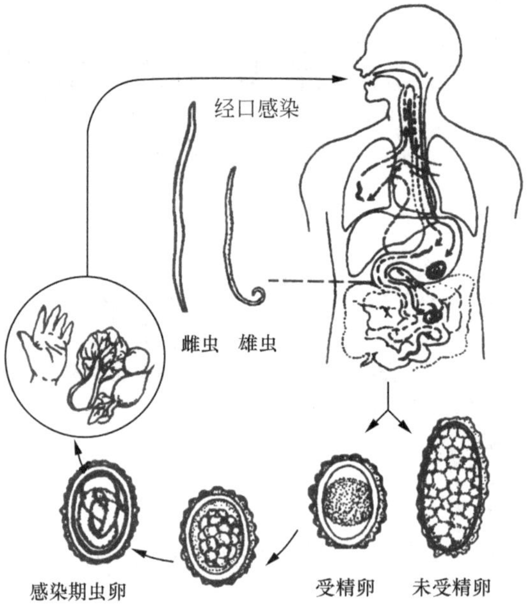

图 9-1 蛔虫生活史

3. 致病性

（1）幼虫的致病性：幼虫在宿主体内移行过程中，发育、蜕皮、释放变应原物质，引起人体超敏反应。最常受累的器官是肺，患者表现为发热、咳嗽、哮喘、血痰及血中嗜酸粒细胞增多等，即蛔蚴性肺炎。

（2）成虫的致病性：成虫寄生在人体小肠中，因夺取营养，损伤肠黏膜影响吸收，导致机体营养不良。患者表现为食欲缺乏、恶心、呕吐、腹痛等，儿童重度感染可出现发育障碍。成虫有钻孔习性，可引起胆道蛔虫症、蛔虫性胰腺炎和阑尾炎。变应原被人体吸收后，可引起 I 型超敏反应，患者表现为荨麻疹、皮肤瘙痒、血管神经性水肿等。蛔虫数量多时，可扭结成团，堵塞肠腔，引起肠梗阻。

4. 寄生虫学检查　在粪便中检获成虫、虫卵可确诊，蛔虫产卵量大，常采用粪便直接涂片法，必要时可采用沉淀法或饱和盐水漂浮法。

5. 防治原则　注意饮食饮水卫生，饭前便后洗手。消灭传播媒介苍蝇和蟑螂，加强粪便管理，改善环境卫生。常用的驱虫药有阿苯达唑（肠虫清）和甲苯达唑。

（考点：蛔虫成虫寄生人体的部位，感染人体的感染阶段及侵入人体的途径）

（二）钩虫

钩虫主要有十二指肠钩虫和美洲钩虫两种，两种钩虫在形态和生活史上相似，成虫寄生在人体小肠内，引起钩虫病。钩虫病是我国重要的寄生虫病之一。北方以十二指肠钩虫为主，南方以美洲钩虫为主。

1. 形态

（1）成虫：菌体细长略弯，1cm 左右，活时肉红色，死后灰白色，虫体顶端有一发达口囊，十二指肠钩虫口囊内有 2 对钩齿，美洲钩虫口囊内有 1 对板齿。在口囊两侧有 1 对头腺，能分泌抗凝素，阻止宿主伤口血液凝固。钩虫的咽管较长，肌肉发达，有利于吸食血液。雌虫较大，尾端尖直；雄虫较小，末端膨大成膜质交合伞。

（2）虫卵：椭圆形，壳薄，无色透明，大小（55～76）μm×（36～40）μm。新鲜粪便中的虫卵，内含 2～4 个卵细胞，粪便放置过久，卵内细胞可发育为桑葚胚或幼虫。两种钩虫卵形态相似，不易区分。

2. 生活史　两种钩虫生活史基本相似，成虫寄生在人体小肠上段，借口囊内的钩齿或板齿咬附在肠黏膜上，以血液、组织液、肠黏膜为食。雌雄发育成熟后交配产卵，虫卵随粪便排出体外，在适宜的土壤中，卵内细胞约经 1 天发育孵出第一期杆状蚴，再经 2 天发育为第二期杆状蚴，再经 1 周左右发育成为丝状蚴，丝状蚴是钩虫的感染阶段。丝状蚴有明显的向温性，当与人体皮肤接触时，受到皮肤温度的刺激，通过毛囊、汗腺、皮肤破损处钻入皮肤，也可通过口腔或食管黏膜侵入人体，丝状蚴侵入人体后 24 小时进入小血管或小淋巴管，随血流经右心到肺，穿出肺毛细血管进入肺泡，经支气管、气管上行到咽，被吞咽后经食管、胃到小肠发育为成虫（图 9-2）。自丝状蚴钻入人体到成虫交配产卵，一般需 5～7 周，成虫寿命 7～13 年。

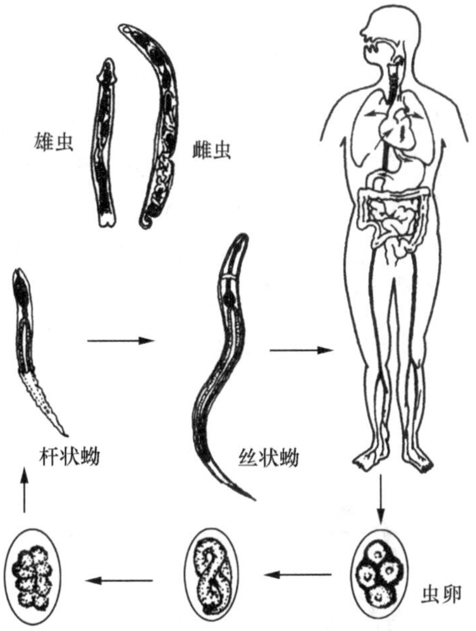

图 9-2　钩虫生活史

3. 致病性

（1）幼虫的致病性：丝状蚴侵入皮肤后，数分钟即引起皮肤奇痒、灼痛，局部形成丘疹、水疱，称钩蚴性皮炎，俗称粪毒。幼虫移行到肺部，可损伤肺泡和肺毛细血管，引起局部出血和炎症病变，为钩蚴性肺炎。

（2）成虫的致病性：成虫咬附在人体小肠黏膜，以血液为食，吸血时分泌抗凝素，使血液不能凝固。钩虫还有不断更换吸血部位的习性，致肠黏膜多处伤口出血，由于慢性失血，人体内的蛋白质和铁不断流失，导致缺铁性贫血。患者表现为皮肤黏膜苍白、乏力、心悸、气促，甚至劳动力丧失，少数患者有异嗜症，喜食生米、生豆、泥土、石块等。引起异嗜症的原因不明，可能与缺铁有关，服用铁剂后，症状自行消失。钩虫病患者早期可出现恶心、呕吐等现象，儿童重度感染可影响生长发育，妇女严重感染可出现闭经、流产等。

4. 寄生虫学检查　在粪便中检获钩虫卵可确诊，由于钩虫产卵量低，常采用饱和盐水漂浮法。

5. 防治原则　加强粪便管理及无害化处理，减少虫卵感染人体的机会；下地干活避免皮肤接触土壤，防止丝状蚴感染人体；普查普治患者，常用的驱虫药有阿苯达唑和甲苯达唑，钩蚴性皮炎可采用热敷法治疗。

（考点：钩虫成虫寄生人体的部位；感染人体的感染阶段及感染途径）

（三）蠕形住肠线虫

蠕形住肠线虫又称蛲虫，成虫寄生于人体的回盲部，引起蛲虫病。蛲虫病城市高于农村，儿童高于成人，尤以集体生活的儿童多见。

1. 形态

（1）成虫：虫体细小如线头状，乳白色，前端形成头翼，雌虫较大，大小为 8～13mm，尾端尖直；雄虫较小，大小为 2～5mm，虫体尾端向腹面卷曲。

（2）虫卵：椭圆形，无色透明，卵壳厚，一侧扁平，一侧凸起，形似柿核，卵壳内卵细胞发育成蝌蚪期胚，大小为（50～60）μm×（20～30）μm。

2. 生活史　蛲虫成虫寄生在人体回盲部，以肠内容物，肠组织或血液为食。雌雄成熟交配后，雄虫很快死亡，虫体随粪便排出。雌虫在肠腔内向下移行到达直肠。当宿主睡眠时，雌虫可自肛门爬出，受外界的刺激，在肛门周围大量产卵，雌虫产卵后多数死亡，少数爬回肠腔或进入阴道、尿道等处导致异位寄生。肛门周围的虫卵，在适宜的条件下，卵内蝌蚪期胚约经 6 小时发育成为感染期卵。感染期卵可经污染宿主的手或污染食物入口，也可经吸入而感染，被吞食的虫卵在十二指肠内在消化液的作用下，幼虫孵出，幼虫沿小肠下行至回盲部发育为成虫（图 9-3）。自吞食感染期卵到虫体发育成熟产卵，需 1 个月左右，雌虫寿命为 2～4 周。

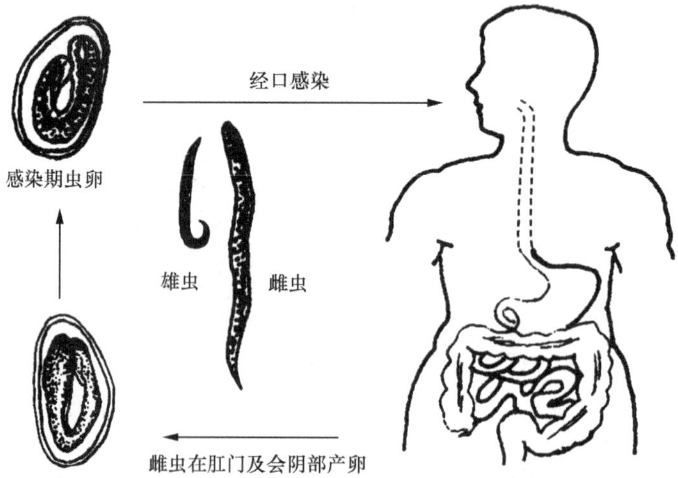

图 9-3　蛲虫生活史

3. 致病性　雌虫夜间在肛门外爬行产卵，刺激肛门周围皮肤黏膜，引起肛门及会阴部皮肤奇痒，患儿常表现出烦躁不安、夜惊、失眠、食欲减退等症状。患儿如抓破皮肤，可引起继发性细菌感染。如雌虫钻入阴道、尿道等处，可引起阴道炎、子宫内膜炎和尿道炎等异位寄生。此外还可引起胃肠消化功能紊乱或慢性炎症。本病易反复感染，影响儿童身心健康。

4. 寄生虫学检查　在肛周检获雌虫或虫卵可确诊。常用透明胶纸法和棉拭子法，最好在清晨排便前或洗澡前取标本，检出率高。

5. 防治原则　讲究卫生，防止相互感染。定期对集体生活的儿童普查普治。教育儿童不吸吮手指，饭前便后洗手，防止肛门—手—口自身反复感染，患儿夜间睡眠不穿开裆裤。常用的驱虫药为阿苯达唑和甲苯达唑。也可外用蛲虫膏，有止痒和杀虫作用。

二、吸　虫　纲

（一）华支睾吸虫

华支睾吸虫简称肝吸虫，成虫寄生在肝胆管内引起肝吸虫病。该病在国内大部分地区均有不同程度流行。

1. 形态

（1）成虫：形似一片狭长的树叶，活时淡红色，死后灰白色。背腹扁平，虫体柔软，半透明，雌、雄同体，有口、腹吸盘各 1 个，大小为（10～25）mm×（3～5）mm。睾丸前后排列，呈分枝状。

（2）虫卵：似芝麻粒，黄褐色，大小为（27～35）μm×（12～20）μm，前端窄，有一卵盖，卵盖两侧有突起的肩峰，后端钝圆，有一小疣，卵内含 1 个毛蚴。

2. 生活史　成虫寄生于人体的肝胆管内，以肝胆管黏膜、分泌物和血细胞为食，成虫产卵，虫卵随胆汁进入消化道，后随粪便排出体外。如虫卵入水，在水中被第一中间宿主豆螺等吞食，在螺的消化道内孵出毛蚴，毛蚴经胞蚴、雷蚴等无性生殖阶段，发育成尾蚴。尾蚴成熟后，自螺体内逸出入水，如遇淡水鱼和虾，则侵入鱼或虾体内发育成囊蚴。囊蚴是肝吸虫的感染阶段。当人食入含有活囊蚴的鱼或虾而被感染，囊蚴在十二指肠中在消化液的作用下孵出幼虫，幼虫有向胆汁性，幼虫可经胆总管或穿过肠壁由腹腔进入肝胆管中，发育为成虫（图 9-4）。经感染到成虫产卵，需 1 个月，成虫寿命为 20～30 年。

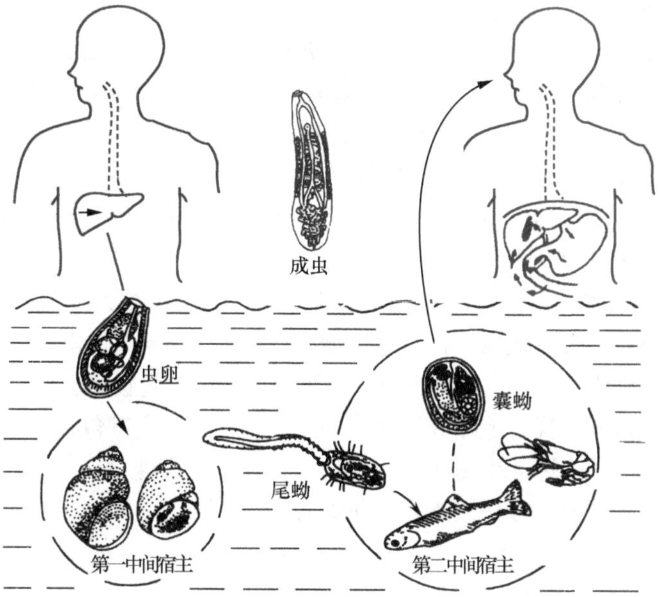

图 9-4　肝吸虫生活史

3. 致病性　成虫寄生在人体肝胆管内，受虫体分泌物，代谢产物及虫体活动时造成的机械性刺激，可引起胆管壁增厚，管腔变窄，胆管周围炎症，纤维组织增生。由于胆管壁增厚，胆管狭窄，致胆汁淤滞，常导致阻塞性黄疸或继发性细菌感染，引起胆管炎、胆囊炎、胆结石等。患者可有上腹不适、食欲减退、乏力、腹泻、腹痛、肝脾大等表现。重度感染者症状明显加重，晚期可形成肝硬化，常因上消化道出血、肝性脑病而死亡。

4. 寄生虫学检查　检获虫卵可确诊，虫卵小且产卵量低，常采用十二指肠液离心，最沉淀物检查可提高检出率。

5. 防治原则　不吃生的或半生的鱼和虾；加强粪便管理，防止污染水源；定期清理鱼塘，杀灭中间宿主螺类；积极治疗患者和带虫者，常用的药物有吡喹酮等。

（考点：肝吸虫成虫寄生人体的部位；感染人体的感染阶段及感染途径）

（二）卫氏并殖吸虫

卫氏并殖吸虫又称肺吸虫，成虫寄生于肺部，引起肺吸虫病。在我国大部分地区均有流行。

1. 形态

（1）成虫：长椭圆形，半透明，虫体肥厚，腹面扁平，背部隆起，形如半粒黄豆，活时红褐色，死后灰白色，长 7.5～12mm，宽 4～6mm，雌、雄同体，有口、腹吸盘各 1 个，雌雄生殖器官均并列，故名并殖吸虫。

（2）虫卵：金黄色，椭圆形，前宽后窄，两侧略不对称，一端有一较宽大卵盖，略倾斜。卵壳薄厚不均，近卵盖端壳薄，另一端较厚，卵内含一个卵细胞及 10 余个卵黄细胞。

2. 生活史　成虫寄生在人的肺内，以坏死组织和血液为食。成虫产卵，卵随痰液或被咳至咽喉咽下后进入消化道随粪便排出体外，若虫卵入水，在适宜的水中，经 2～3 周的发育，卵细胞发育成毛蚴。毛蚴侵入第一中间宿主川卷螺体内，经胞蚴、雷蚴等阶段的发育，形成大量尾蚴。尾蚴成熟自螺体逸出入水，如遇第二中间宿主淡水蟹、蝲蛄即钻入，尾蚴在淡水蟹、蝲蛄的肌肉或内脏中形成囊蚴。囊蚴是肺吸虫的感染阶段。如淡水蟹、蝲蛄死亡裂解，囊蚴也可脱落入水中，宿主因食入含有活囊蚴的淡水蟹、蝲蛄或饮用生水后被感染。囊蚴进入宿主消化道，在消化液的作用下，幼虫脱囊而出，发育成童虫，童虫活动力很强，可穿过肠壁进入腹腔，再穿过膈肌经胸腔到达肺部，在肺部发育为成虫（图 9-5）。童虫在进入腹腔后，可停留在沿途各处，引起异位寄生。自感染到成虫产卵，需 2 个多月。成虫寿命一般为 5～6 年，也有长达 20 年者。

3. 致病性　肺吸虫童虫、成虫均有致病作用。童虫和成虫在人体组织内移行、窜扰、异位寄生所造成的机械损伤和虫体代谢产物等毒性物质的损害，引起人体毒害及超敏反应。临床表现为咳嗽、胸痛、咳血痰或铁锈色痰。当童虫穿过肠壁时，可引起腹痛、腹泻、血便等；童虫移行到脑，可引起癫痫、偏瘫、视力下降等；移行到皮下，可引起皮下包块及结节。

4. 寄生虫学检查　在痰或粪便中检获虫卵可确诊，可用直接涂片法或沉淀法；如有皮下包块或结节，可做活组织检查，检获虫体有诊断价值。

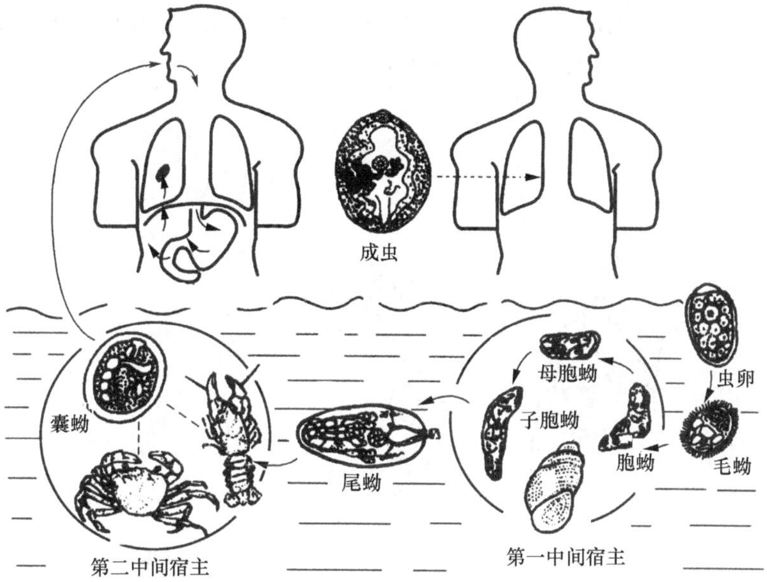

图 9-5　肺吸虫生活史

5. 防治原则　不生食淡水蟹、蝲蛄，不饮用生水；加强粪便管理，防止粪便和痰污染水源。普查普治患者和带虫者，常用的药物有吡喹酮等。

（考点：肺吸虫成虫寄生人体的部位；感染人体的感染阶段及感染途径）

（三）日本裂体吸虫

日本裂体吸虫又称日本血吸虫，成虫寄生在人体门静脉、肠系膜静脉系统内，引起血吸虫病，是我国五大寄生虫病之一。

1. 形态

（1）成虫：虫体呈圆柱形，外观似线虫。雌、雄异体，有口、腹吸盘各 1 个，位于虫体前端。口吸盘较小，腹吸盘较大略突出。雌虫较细长，活时深褐色，大小为（20～25）mm×（0.1～0.3）mm，前端细，后端稍粗；雄虫较短粗，活时乳白色，大小为（12～20）mm×（0.5～0.55）mm，自腹吸盘后，虫体两侧扁平向腹面卷曲，形成抱雌沟，睾丸多为 7 个，呈串珠状排列。雌虫居留在雄虫的抱雌沟内，雌雄虫呈合抱状态，可刺激雌虫发育成熟。

（2）虫卵：椭圆形，淡黄色，大小为（74～106）μm×（55～80）μm。壳薄，无卵盖，壳的一侧有一小棘，成熟的卵内含有 1 个毛蚴。

2. 生活史　成虫寄生于人体门静脉、肠系膜静脉系统的血管内，以血液为食。雌、雄虫交配产卵，卵随粪便排出体外，若虫卵入水中，在适宜的水温中，毛蚴孵出，如遇中间宿主钉螺，则钻入螺体内。在螺体经母胞蚴、子胞蚴等阶段发育，形成大量尾蚴，尾蚴成熟自螺体逸出，上浮到水表层，尾蚴是日本血吸虫的感染阶段，当人接触含有尾蚴的水时，尾蚴钻入皮肤发育成童虫，后童虫侵入小血管和小淋巴管，随血流到右心、肺、左心进入体循环，到达全身各处。只有进入肝门静脉的童虫才能发育为成虫，在肝门静脉内初步发育后，移行到肠系膜静脉内，雌、雄合抱发育成熟。合抱的虫体移行至肠黏膜静脉末梢交配产卵，一部分虫卵随血流入肝，大部分虫卵沉积在肠壁小血管内，卵内毛蚴分泌溶组织物质，能透过卵壳，破坏血管壁及周围组织，使虫卵随坏死组织进入肠腔，随粪便排出体外（图 9-6）。从尾蚴钻入人体皮肤到虫体成熟产卵需 24 天左右，成虫寿命一般为 10 年，最长可达 40 年。

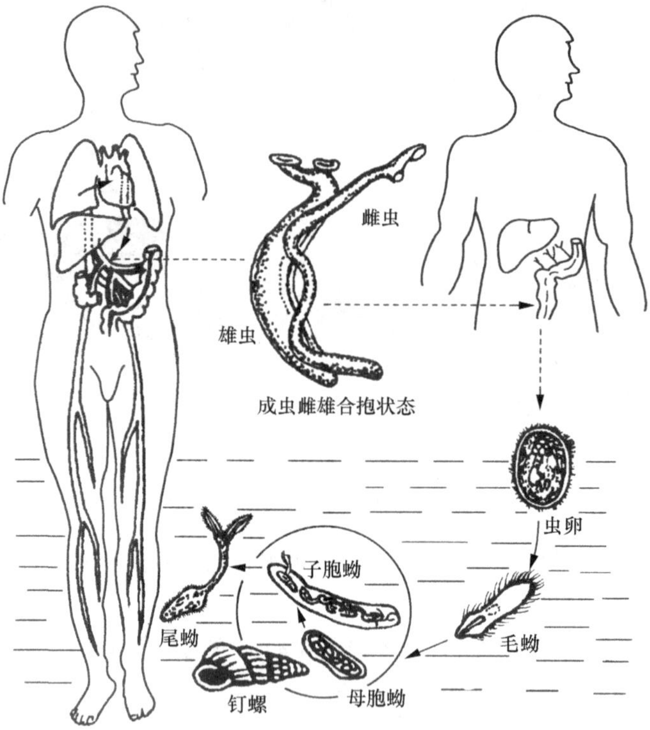

图 9-6　日本血吸虫生活史

3. 致病性　日本血吸虫的尾蚴、童虫、成虫、虫卵对宿主均能产生机械损伤和超敏反应，其中虫卵的致病作用最为显著。

（1）幼虫的致病性：尾蚴钻入人体皮肤后，引起局部皮肤奇痒、丘疹，称尾蚴性皮炎。童虫在体内移行，可引起血管炎，最常受累的器官是肺，表现为肺的局部炎症。

（2）成虫的致病性：成虫寄生在门静脉、肠系膜静脉血管内，引起寄生部位静脉内膜炎、静脉周围炎。由于成虫以红细胞为食，故引起患者贫血。

（3）虫卵的致病性：由于虫卵沉积于肝和肠壁血管中，最常受累的是肝和肠。卵内毛蚴释放可溶性抗原，刺激宿主发生Ⅳ型超敏反应，吸引巨噬细胞、嗜酸粒细胞等集聚到虫卵周围，形成虫卵肉芽肿。虫卵常成簇沉积于组织内，所形成虫卵肉芽肿的体积大，虫卵肉芽肿常出现中心坏死，称嗜酸性脓肿。临床表现为发热、腹痛、腹泻、肝脾大及嗜酸粒细胞增多，称急性血吸虫病；随着机体免疫力增强，临床症状不明显，或有时出现腹泻、肝脾大，称慢性血吸虫病；随着组织修复，纤维组织增生，虫卵肉芽肿最后纤维化，导致肝硬化、肠壁纤维化等。晚期患者出现肝硬化的症状，多因上消化道出血、肝性脑病而死亡，称晚期血吸虫病。儿童和青少年反复重度感染，至生长发育障碍。

4. 寄生虫学检查　在粪便中检获虫卵或孵出毛蚴可确诊，可用粪便直接涂片法，但查出率低；沉淀法和毛蚴孵出法检出率高；慢性或晚期血吸虫患者，可采用肠黏膜活组织检查。

5. 防治原则　普查普治患者、病畜，消灭传染源；消灭钉螺，切断传播途径；做好个人防护，不接触疫水，治疗首选药物吡喹酮。

（考点：血吸虫成虫寄生人体的部位；感染人体的感染阶段及感染途径）

三、绦　虫　纲

（一）链状带绦虫

链状带绦虫又称猪带绦虫、猪肉绦虫。成虫寄生在人体小肠中，引起猪带绦虫病；幼虫寄生在猪或人的肌肉等组织中，引起猪囊虫病。猪带绦虫在我国华北、东北、西北、云南等地均有分布。

1. 形态

（1）成虫：长带状，乳白色，虫体扁平，长 2～4m，由 700～1000 个节片组成，分头节、颈部和链体。头节近似球形，直径约 1mm，头节上有顶突，顶突上有 4 个吸盘和内外两圈小钩，是虫体的附着器官。颈部细长，5～10mm，具有生发功能。链体依次为幼节、成节和孕节，幼节宽度大于长度，节片里生殖器官尚未发育成熟；成节略呈正方形，节片中有发育成熟的雌雄生殖器官各 1 套；孕节长度大于宽度，节片中仅含充满虫卵的子宫，子宫呈分支状，向两侧各伸出 7～13 个分支，在每一节片的侧缘都有 1 个生殖孔，生殖孔左右交替开口于节片的两侧。

（2）虫卵：近似球形，直径 31～43μm，卵壳极薄，故虫卵自孕节排出时，卵壳已脱落而观察不到，虫卵外层为较厚的胚膜，呈棕褐色，上有呈放射状的条纹，胚膜内含有 1 个六钩蚴。

2. 生活史　成虫寄生在人体小肠，以头节上的吸盘和小钩附着在肠黏膜上，靠体表吸收肠腔中的营养物质为食。虫体末端的孕节常数节不断从虫体末端脱落，孕节及其释放的虫卵随粪便排出体外。孕节及虫卵如被中间宿主猪吞食，虫卵则在猪的消化道内经消化液的作用，六钩蚴孵出，随后钻入小肠壁，随血液循环到达全身各处，在猪运动较多的肌肉中最多，经 60～70 天的发育，成为囊尾蚴，囊尾蚴是猪带绦虫的感染阶段。含有囊尾蚴的猪肉俗称“米猪肉”“豆猪肉”。人因食入含有活囊尾蚴的猪肉而感染。囊尾蚴在小肠内经胆汁的刺激，头节翻出，以头节上的吸盘和小钩附着在肠黏膜上，经 2～3 个月发育为成虫（图 9-7）。成虫寿命 25 年以上。

人若误食虫卵或其他方式感染虫卵，虫卵在消化道内经消化液的作用，六钩蚴孵出，浮出的六钩蚴随即钻入肠壁进入血流，随血流循环到人体全身各处，约经 10 周发育成囊尾蚴。囊尾蚴多寄生在人体的皮下组织、肌、脑、眼、心、肝、肺、腹膜等处。囊尾蚴在人体的寿命为 3～5 年。

3. 致病性

（1）成虫的致病性：成虫寄生在人体小肠，引起猪带绦虫病。成虫头节上的吸盘、小钩及虫体表层上的微毛附着在肠黏膜上，夺取肠腔中大量营养物质，并可造成肠壁损伤及溃疡，加上虫体代谢产物的刺激，引起患者腹痛、腹泻、消瘦、贫血等症状。

（2）囊尾蚴的致病性：囊尾蚴寄生在人体，引起猪囊虫病。其危害程度，可因囊尾蚴寄生的部位和数量而不同，如寄生在皮下及肌肉，可形成皮下结节；如寄生在脑内，可引起癫痫；如寄生在眼内，可引起视力下降，甚至失明。

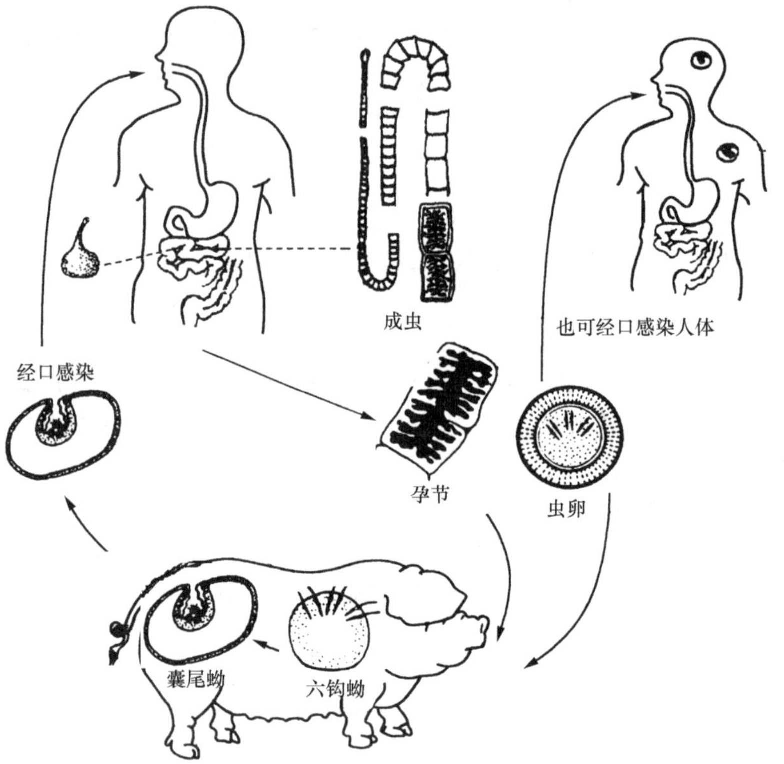

图 9-7 猪带绦虫生活史

4. 寄生虫学检查　在粪便中检获虫卵或孕节可确诊。可采用直接涂片法，饱和盐水漂浮法检查患者粪便中的虫卵；采用压片法，注射法观察孕节子宫分支数可确诊；囊尾蚴病可根据寄生部位选用诊断方法，如活组织检查、CT、磁共振等。

5. 防治原则　不吃生的或半生的猪肉，饭前便后洗手，防止误食虫卵。严格肉类检查，不准出售“米猪肉”。加强粪便管理，厕所与猪圈分开，猪应圈养。猪带绦虫病多采用槟榔和南瓜子合剂驱虫，也可采用吡喹酮。猪囊虫病首选药物为吡喹酮，浅表部位的猪囊尾蚴可通过手术摘除。

（考点：猪带绦虫成虫寄生人体的部位；感染人体的感染阶段及感染途径）

第2节　医学原虫

案例 9-2　患者，女性，36 岁，出现腰痛，外阴瘙痒 3 天前来就诊。查体：阴道红肿，白带增多，呈黄色泡沫状。

1. 患者可能患了什么疾病？
2. 为确诊应做何检查？

原虫为单细胞低等动物，体积微小，结构简单，在光学显微镜下才能看到。原虫广泛分布于自然界，多数营自由生活，少数营寄生生活，寄生于人体的原虫称医学原虫。

一、根 足 虫 纲

溶组织内阿米巴

溶组织内阿米巴又称痢疾阿米巴，主要寄生在人体结肠内，引起阿米巴病。

1. 形态

（1）滋养体

1）大滋养体：外形多呈不规则变化，细胞质分外质和内质，内、外质的界线清晰。外质透明，位于虫体表层；内质浑浊，呈细颗粒状。内质中可见到被吞噬的红细胞。细胞核呈圆形。虫体直径为20～60μm。

2）小滋养体：体形变化不大，内、外质分界不明显。内质中无红细胞。细胞核呈圆形。虫体直径为12～30μm。

（2）包囊：圆球形，囊壁厚，内含1～4个细胞核，4核包囊为成熟包囊，包囊直径为5～20μm（图9-8）。

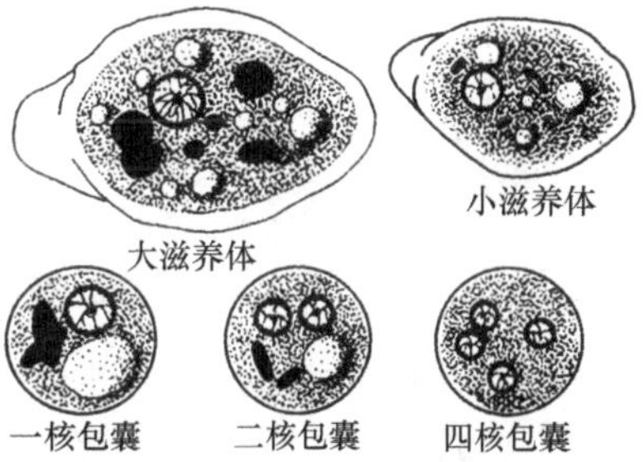

图9-8　溶组织内阿米巴

2. 生活史　溶组织内阿米巴小滋养体寄生在人体结肠内，以宿主肠黏液、细菌及消化食物为营养，小滋养体以二分裂法繁殖。部分小滋养体在肠腔内向下移动，随着肠内环境的变化，小滋养体转变成包囊。最初包囊内只有1个细胞核，然后核分裂成2个，再分裂成4个核，4核包囊为痢疾阿米巴的感染阶段。包囊随粪便排出体外，通过污染食物或水源而感染人体。4核包囊经口感染人体后，在小肠下段碱性消化液的作用下，虫体脱囊而出，随即形成4个小滋养体。当机体免疫力下降或肠壁受损时，肠腔内的小滋养体可侵入肠壁组织，吞噬红细胞和组织细胞变为大滋养体，并大量繁殖。肠壁组织内的大滋养体可随血流侵入肝、肺等器官（图9-9）。

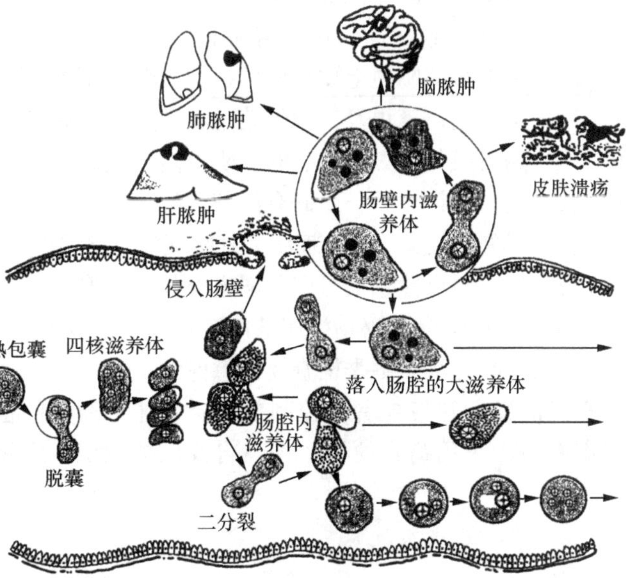

图9-9　溶组织内阿米巴生活史

3. 致病性 人感染痢疾阿米巴后，90%以上为无症状带虫者。小滋养体侵入肠壁吞噬红细胞和组织细胞后转变为大滋养体，大滋养体能分泌胰蛋白酶和肠毒素，溶解破坏肠组织，大滋养体在肠黏膜下繁殖扩展，引起液化性坏死，形成口小底大的烧瓶样溃疡，出现痢疾症状，即阿米巴痢疾。患者表现为粪便呈血样黏液性，并有特殊的腥臭味。大滋养体可随血流到肝、肺等部位，引起肝脓肿、肺脓肿等肠外阿米巴病。

4. 寄生虫学检查 在粪便中检获大、小滋养体，包囊均可确诊。常用生理盐水直接涂片法、硫酸锌离心浮聚法、碘液染色法。

5. 防治原则 加强粪便管理及水源保护，防止粪便污染水源；注意个人卫生，饮食卫生，消灭苍蝇和蟑螂；普查普治患者和带虫者，常用的驱虫药有甲硝咪唑、替硝唑（甲硝磺酰咪唑）等。

二、鞭 毛 虫 纲

阴道毛滴虫

阴道毛滴虫又称阴道滴虫，寄生于人体阴道和尿道内，引起滴虫阴道炎和尿道炎。

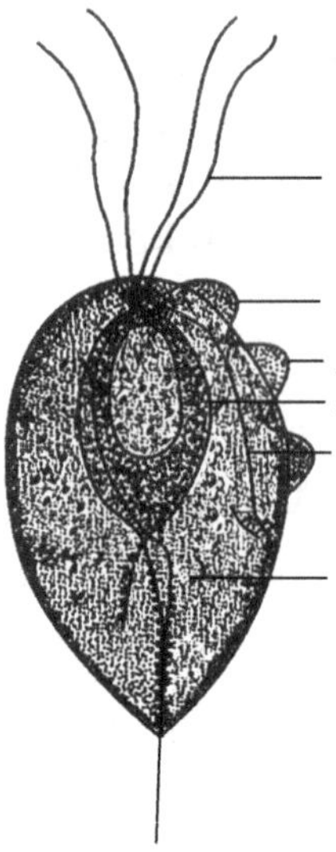

图 9-10 阴道毛滴虫

1. 形态 阴道毛滴虫只有滋养体期，虫体成梨形，长 30μm，宽 10～15μm。虫体前 1/3 处有长椭圆形细胞核，核前端有 5 颗毛基体，毛基体向前发出 4 根前鞭毛，向后发出 1 根后鞭毛，虫体外缘有波动膜，较短，不超过虫体的 1/2，有 1 根轴柱，纵贯虫体自后端伸出（图 9-10）。

2. 生活史 阴道滴虫生活史简单，只有滋养体期。滋养体主要寄生在女性的阴道，也可寄生在尿道、子宫、前列腺，以二分裂法繁殖。滋养体为感染阶段，通过性生活直接传播或通过使用公共浴池、坐便器、游泳池等间接接触传播。

3. 致病性 正常情况下，健康女性阴道内有乳酸杆菌，乳酸杆菌能酵解阴道上皮细胞的糖原，产生乳酸，使阴道内环境呈酸性，可抑制阴道滴虫及其他细菌生长繁殖，即阴道的自净作用。在妊娠、月经后或伴随妇科疾病时，阴道内 pH 接近中性，有利于阴道滴虫生长繁殖，由于阴道滴虫生长繁殖，消耗糖原，妨碍乳酸杆菌的酵解，阴道内 pH 变为中性或碱性，使阴道滴虫大量繁殖，引起滴虫阴道炎。常见症状为外阴瘙痒、腰部疼痛，白带增多呈黄色泡沫状。若继发细菌感染，炎症加重。男性感染可引起尿道炎和前列腺炎。

4. 寄生虫学检查 在阴道后穹窿分泌物、尿液沉淀物或前列腺液中检获滋养体可确诊。常用生理盐水涂片法、悬滴法或涂片法。冬季检查要注意保温。

5. 防治原则 普查普治患者和带虫者，控制传染源，注意配偶的检查和治疗。讲究集体卫生和个人卫生，提倡淋浴，采用蹲式便器，提高自我保护意识。常用的药物为甲硝唑（灭滴灵）。

三、孢子虫纲

疟原虫

疟原虫寄生在人体红细胞和肝细胞内，引起疟疾。寄生于人体的疟原虫有四种，即间日疟原虫、恶性疟原虫、三日疟原虫、卵形疟原虫，我国主要流行的是间日疟原虫和恶性疟原虫。

四种疟原虫的形态和生活史基本相同，现以间日疟原虫为例介绍如下。

1. 形态　疟原虫在红细胞内的形态是诊断各种疟原虫的依据，所以现将红细胞内期疟原虫的形态描述如下。

（1）滋养体

1）早期滋养体：细胞核点状，位于虫体一端，细胞质环状，环的两端连接细胞核构成环状体，虫体似环状戒指。被寄生的红细胞无变化。

2）晚期滋养体：虫体形状不规则，胞核增大，胞质增多，有时伸出伪足，细胞质内出现疟色素。被寄生的红细胞胀大，颜色变淡，出现薛氏小点。

（2）裂殖体

1）未成熟裂殖体：晚期滋养体发育成熟，虫体变圆，细胞核分裂成 2～10 个，但细胞质未分裂，疟色素增多。被寄生的红细胞继续胀大，颜色苍白，薛氏小点更明显。

2）成熟裂殖体：核继续分裂成 12～24 个，细胞质也随之分裂并包绕在核外，形成相应数目的裂殖子。被寄生的红细胞与未成熟裂殖体相似。

（3）配子体

1）雄配子体：虫体较小，又称小配子体，细胞核大而疏松，位于虫体中央，细胞质色淡，疟色素均匀分布于细胞质内。

2）雌配子体：虫体较大，又称大配子体，充满整个红细胞，细胞核小而致密，位于虫体的一侧，细胞质色深，疟色素均匀分布于细胞质内。

2. 生活史　四种疟原虫生活史基本相同，现以间日疟原虫为例简述如下。

（1）在蚊体内的发育：当蚊吸食疟疾患者或带虫者的血液时，红细胞内期各发育阶段的疟原虫被吸入蚊的胃内，在胃内只有雌、雄配子体能继续发育，成为雌、雄配子。雌、雄配子在蚊胃内受精形成合子，合子能活动成为动合子，动合子穿入蚊胃壁发育成囊合子，囊合子进行孢子增殖，形成并释放出大量子孢子，子孢子通过蚊血、淋巴到达蚊的唾液腺。子孢子是疟原虫的感染阶段。当蚊再度刺吸人血时，子孢子随唾液侵入人体。

（2）在人体内的发育：分红细胞外期和红细胞内期两个阶段。

1）红细胞外期：当感染疟原虫的蚊吸人血时，子孢子随唾液进入人体血液内。间日疟原虫有速发型子孢子和迟发型子孢子，速发型子孢子进入肝细胞内，进行裂体增殖，形成许多裂殖子，裂殖子胀破肝细胞入血，一部分被吞噬细胞吞噬，一部分侵入红细胞内继续发育。迟发型子孢子经过一段或长或短的休眠期后，侵入肝细胞裂体增殖，后再侵入红细胞内引起疟疾复发。

2）红细胞内期：肝细胞释放出的裂殖子侵入红细胞，经早期滋养体、晚期滋养体、未成熟裂殖体、成熟裂殖体等阶段的发育，形成 12～24 个裂殖子。裂殖子成熟胀破红细胞，释放出的裂殖子入血，一部分被吞噬细胞吞噬，一部分再侵入正常红细胞，重新裂体增殖。经几代裂体增殖后，部分裂殖子侵入红细胞不再进行裂体增殖，而发育成雌、雄配子体（图 9-11）。

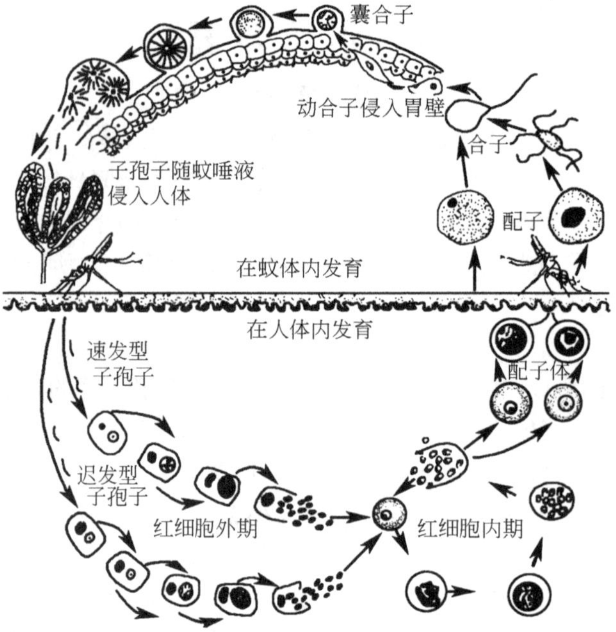

图 9-11　间日疟原虫生活史

3. 致病性　疟原虫侵入机体后，经过一段潜伏期后引起疟疾发作。

（1）发作：红细胞内期疟原虫裂体增殖，胀破红细胞引起疟疾发作，疟疾发作表现为周期性寒战、发热、出汗退热 3 个连续阶段。发作周期与疟原虫红细胞内裂体增殖的周期一致。间日疟隔日发作 1 次，三日疟隔两天发作 1 次，恶性疟隔日发作 1 次或不规则发作。

（2）再燃：疟疾发作停止后，在无重新感染的情况下，残存在红细胞内的疟原虫在一定条件下，重新大量繁殖，再次出现疟疾发作，称为再燃。引起再燃的原因是虫体抗原发生变异及宿主免疫力低下。

（3）复发：疟疾初发后，红细胞内疟原虫被消灭，又无重新感染，经过一段潜伏期后再次出现疟疾发作，称为复发。复发是由于肝细胞内迟发型子孢子结束休眠后，重新侵入红细胞进行裂体增殖而引起。

（4）贫血和脾大：疟疾发作破坏红细胞，可出现贫血；疟疾初发 3～4 天后，脾开始增大。

（5）凶险型疟疾：常发生在恶性疟高度流行区的儿童、少年及无免疫力的人群，其中常见的是脑型疟疾，脑型疟疾临床表现为剧烈头痛、急性神经紊乱、高热、昏睡或昏迷、惊厥。死亡率高。

4. 寄生虫学检查　在患者外周血中检获疟原虫即可确诊，采用薄血膜、厚血膜涂片，用姬氏染液或瑞氏染液染色后镜检。采血时间，恶性疟宜在发作开始时采血，间日疟和三日疟宜在发作后数小时至 10 余小时采血。

5. 防治原则　防蚊灭蚊，切断传播途径；对高危地区人群，有组织服用氯喹加乙胺嘧啶加磺胺多辛，可收到较好的预防效果。普查普治患者包括现症患者的治疗和休止期抗复发治疗，常用药物有氯喹、伯氨喹、乙胺嘧啶等。

（考点：疟原虫在人体内的发育；疟原虫主要破坏的细胞及疟原虫感染人体的途径）

自 测 题

A_1/A_2 型题

1. 蛔虫侵入人体的途径为（　　）
   A. 经皮肤　B. 经口
   C. 经呼吸道　D. 经蚊虫叮咬
   E. 经泌尿道
2. 蛔虫的感染阶段是（　　）
   A. 受精卵　B. 感染期卵
   C. 未受精卵　D. 脱蛋白质膜受精卵
   E. 丝状蚴
3. 钩虫的感染阶段是（　　）
   A. 丝状蚴　B. 杆状蚴
   C. 尾蚴　D. 囊蚴
   E. 囊尾蚴
4. 通过“肛门—手—口”感染的线虫是（　　）
   A. 蛔虫　B. 钩虫
   C. 肺吸虫　D. 蛲虫
   E. 肝吸虫
5. 华支睾吸虫的感染方式是（　　）
   A. 接触疫水
   B. 吃生的或半生的肉类
   C. 吃生的或半生的鱼类
   D. 吃生的或半生的蟹类
   E. 吃霉变的玉米
6. 日本血吸虫侵入人体的途径是（　　）
   A. 经口　B. 经呼吸道
   C. 经消化道　D. 经皮肤
   E. 经泌尿器官
7. 日本血吸虫感染人体的阶段是（　　）
   A. 毛蚴　B. 尾蚴
   C. 丝状蚴　D. 杆状蚴
   E. 囊尾蚴
8. 既是猪带绦虫的终宿主，又是中间宿主的是（　　）
   A. 牛　B. 狗　C. 猪
   D. 人　E. 牛
9. 溶组织内阿米巴感染阶段是（　　）
   A. 单核包囊　B. 双核包囊
   C. 4 核包囊　D. 滋养体
   E. 毛蚴
10. 疟疾的传播途径是（　　）
    A. 经呼吸道　B. 经蚊虫叮咬
    C. 经消化道　D. 经皮肤
    E. 经泌尿道
11. 患者下地干活后，皮肤出现奇痒、灼痛，局部出现丘疹和水疱。患者可能患了什么病（　　）
    A. 蛔虫病　B. 钩蚴性皮炎
    C. 蛲虫病　D. 肺吸虫病
    E. 肝吸虫病
12. 患儿 3 岁，喜抓挠肛门周围皮肤黏膜，夜间尤甚，严重影响患儿睡眠，患儿常哭闹不安，体检：肛门周围皮肤黏膜充血，皮疹。患儿可能患了什么病（　　）
    A. 蛔虫病　B. 钩蚴性皮炎
    C. 蛲虫病　D. 肺吸虫病
    E. 肝吸虫病
13. 患者常出现腹痛、腹泻、恶心、乏力、消化不良、消瘦等症状，今晨起床解大便时，发现粪便中有乳白色节片，心中恐慌前来就诊。患者可能患了什么病（　　）
    A. 猪肉绦虫病　B. 钩蚴性皮炎
    C. 蛲虫病　D. 肺吸虫病
    E. 肝吸虫病
14. 患者平时喜食淡水蟹，近期常有咳嗽、胸痛、咳血痰或铁锈色痰。患者可能患了什么病（　　）
    A. 蛔虫病　B. 阿米巴痢疾
    C. 蛲虫病　D. 肺吸虫病
    E. 肝吸虫病

（范丽英）

第10章 免疫学基础

第1节 抗 原

案例 10-1 患者，女性，25岁。因春游赏花，出现咳嗽、咳痰伴喘息，呼气性呼吸困难。查体：体温36.5℃，脉搏90次/分，呼吸28次/分，血压110/80mmHg，喘息貌，口唇发绀，在肺部可闻及广泛哮鸣音。诊断为支气管哮喘。

1. 该患者发病最可能的诱因是什么？为何发病？
2. 该患者的免疫功能有何特点？

一、抗原的概念与性能

（一）抗原的概念

抗原（antigen，Ag）是指一种能刺激机体免疫系统产生特异性免疫应答，并能与相应的免疫应答产物（抗体或效应T细胞）在体内或体外发生特异性结合的物质。

（二）抗原的性能

抗原具有两种基本功能。

1. 免疫原性　是指抗原刺激机体免疫系统产生相应的免疫应答产物（抗体或效应T细胞）的特性。

2. 抗原性　也称免疫反应性，是指抗原与相应抗体或效应T细胞发生特异性结合的特性。

同时具有免疫原性和抗原性的物质称为完全抗原。如细菌、病毒、异种血清和大多数的蛋白质等。只具有抗原性而无免疫原性的物质称半抗原，又称不完全抗原。如一些简单的有机分子、多糖、类脂和某些药物，它们不能单独刺激机体产生免疫应答。半抗原与蛋白质载体结合后，即具有了免疫原性，可成为完全抗原。

（考点：完全抗原与半抗原的区别）

二、影响抗原免疫原性的因素

（一）异物性

免疫学中的异物泛指在胚胎时期与免疫细胞未接触过的物质。正常情况下，机体免疫系统具有精确识别“自己”和“非己”物质的能力，并只清除“非己”物质，因此异物性是构成抗原免疫原性的首要条件。异物性物质主要有：①异种物质。生物之间的种族亲缘关系越远，其组织成分的分子结构差异越大，免疫原性亦越强。如异种蛋白质、各种微生物及其代谢产物，对人体为异物，具有强的免疫原性。②同种异体物质。由于遗传基因不同，同种不同个体之间组织细胞结构也有差异，因此同种异体物质也可引起免疫反应。如人类红细胞血型抗原、组织相容性抗原等。③自身物质。在正常情况下，机体自身组织成分无免疫原性，但在感染、烧伤、电离辐射、药物、外伤等因素影响下自身成分的结构发生改变，或未与免疫活性细胞接触过的隐蔽成分（精子、眼晶体蛋白等）释放，可成为自身抗原，引起自身免疫病。

（二）理化特性

1. 分子大小与化学组成　抗原的分子量一般在 10kD 以上，低于 4.0kD 者一般无免疫原性。分子量越大，则免疫原性越强。抗原物质必须有复杂的化学组成。如蛋白质中含有大量芳香族氨基酸（尤其是酪氨酸）时，免疫原性就强。而以非芳香族氨基酸为主的蛋白质，则免疫原性较弱，如明胶。

2. 分子构象与易接近性　抗原决定簇是决定抗原分子与淋巴细胞表面的抗原受体结合的关键，其空间构型与受体之间越吻合，免疫原性越强。若表位存在于分子表面，则易与淋巴细胞抗原受体结合，抗原性强；若表位存在于大分子内部，则不表现出免疫原性。

此外，抗原的免疫原性与抗原的物理性状、种类及机体的遗传因素、生理状况等有关。

三、抗原的特异性与交叉反应

特异性是物质之间的相互吻合性或针对性、专一性。抗原的特异性是指抗原刺激机体产生免疫应答及其与免疫应答产物发生反应所显示的专一性。抗原的特异性表现在两个方面，即免疫原性的特异性和抗原性的特异性。前者是指抗原只能刺激机体产生针对该抗原的相应的抗体和（或）效应淋巴细胞；后者是指抗原只能与相应的抗体和（或）效应淋巴细胞结合或反应（图 10-1）。如接种乙肝疫苗只能预防乙型肝炎，而不能预防甲型肝炎。特异性是免疫应答最基本的特点，抗原的特异性的结构基础是抗原分子中的抗原决定簇。

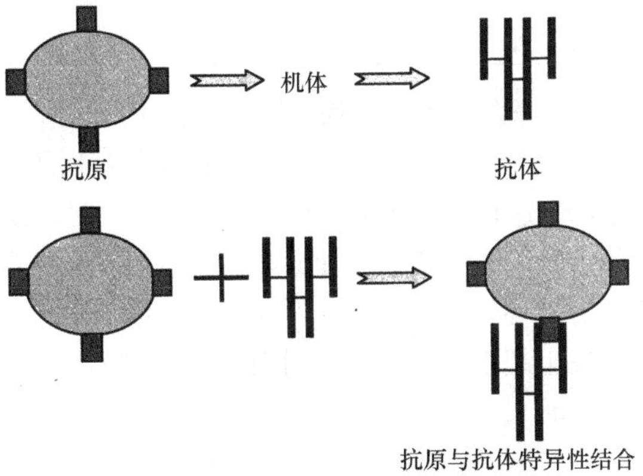

图 10-1　抗原特异性

抗原决定簇是指抗原分子中决定抗原特异性的特殊化学基团，又称表位。抗原决定簇一般由 5～8 个氨基酸、单糖或核苷酸残基组成。抗原通过抗原决定簇与相应淋巴细胞表面的抗原受体（BCR/TCR）结合，从而激活淋巴细胞，引起免疫应答。一个抗原分子可具有一种或多种不同的抗原决定簇。

天然抗原（如细菌、病毒和细胞等）表面常含有多种抗原决定簇，可刺激机体产生多种抗体。有时两种抗原含有一种相同或相似的抗原决定簇，称为共同抗原。抗体与具有相同或相似抗原决定簇的不同抗原之间出现的反应，称为交叉反应（图 10-2）。

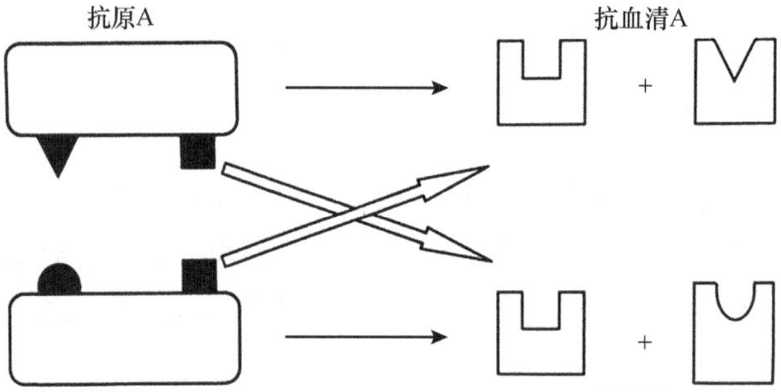

图 10-2　共同抗原与交叉反应

（考点：抗原特异性的物质基础）

四、医学上重要抗原

（一）病原生物及其代谢产物

各种病原生物如细菌、病毒等化学组成非常复杂，是多种抗原的聚合体，对机体均有较强的免疫原性，故可制备相应疫苗来预防感染，也可根据相应抗体来诊断疾病。

病原生物的一些代谢产物也是典型的抗原，如细菌的外毒素具有很强的免疫原性，能刺激机体产生相应的抗毒素抗体。外毒素经 0.3%～0.4%甲醛处理后，可使其失去毒性而保留免疫原性，称为类毒素。注射类毒素，可使机体产生相应抗体，能有效中和外毒素。因此，类毒素作为人工自动免疫制剂，在相应疾病的预防中起重要作用。

（二）动物免疫血清

用类毒素免疫动物（如马、羊等）后，动物血清中可含大量相应的抗毒素抗体，即动物免疫血清。临床上常用抗毒素血清对相应疾病进行特异性治疗及紧急预防，如破伤风抗血清（TAT）用于破伤风的治疗和紧急预防。这种来源于动物血清的抗毒素，对人体具有二重性：一方面可向机体提供特异性抗毒素抗体，可以中和相应的外毒素，起到防治疾病的作用；另一方面，对人体而言又是一种具有免疫原性的异种蛋白质，可以刺激机体产生抗动物血清的抗体，当机体再次接受此种动物血清时，有可能发生超敏反应，故注射前应做过敏试验。

（三）异嗜性抗原

存在于不同种系生物间的共同抗原称异嗜性抗原。有些病原微生物与人体某些组织细胞间有共同抗原，是引起自身免疫性疾病的原因之一。如 A 族溶血性链球菌与人体的心肌、肾小球基底膜等有共同抗原，当机体感染该菌后可引起风湿热或急性肾小球肾炎。

有些异嗜性抗原的存在可以协助疾病的诊断。如某些立克次体与变形杆菌之间存在着共同抗原，可以用变形杆菌代替立克次体来检测可疑患者体内立克次体抗体，辅助诊断立克次体病。

（四）同种异型抗原

同种异型抗原是指同一种属的不同个体之间存在的抗原。人类的同种异型抗原主要有以下几种。

1. 红细胞血型抗原

（1）ABO 血型抗原：根据人类红细胞表面 A、B 抗原的不同，可将人类血型分为 A 型、B 型、AB 型和 O 型四种。血型不合的个体间相互输血，可引起严重的输血反应。

（2）Rh 血型抗原：根据人类红细胞表面 Rh 抗原的存在与否，可将人类红细胞分为 Rh 阳性（Rh^+）和 Rh 阴性（Rh^-）两种。体内已经产生抗 Rh 抗体的 Rh^-性母体孕育 Rh^+性胎儿时，可引起新生儿溶血症。

2. 组织相容性抗原　即人类白细胞抗原（human leukocyte antigen，HLA），是广泛存在于人体细胞表面并代表个体特异性的抗原，具有高度多态性。在无关个体间几乎不可能出现 HLA 表型完全相同的两个个体，故异体组织器官移植时可引起排斥反应。HLA 也参与免疫应答和免疫调节。

知识链接

HLA 与法医学

HLA 是体内最复杂的多态性基因系统，其表现型数以亿计，两个无血缘关系的个体很难具有完全相同的 HLA，而且 HLA 终身不变。因此 HLA 可被视为个体特异性的终身遗传标记。HLA 具有单倍型遗传的特点，每个子代均从其父母各得到一个单倍型，因此，HLA 分型技术已成为法医学上作为亲子关系鉴定和个体识别的重要依据。

（五）自身抗原

自身抗原是指能刺激机体产生免疫应答的自身成分，主要包括以下几种。

1. 隐蔽的自身抗原　有些自身物质（如甲状腺球蛋白、精子、脑组织、眼晶体蛋白等）在正常情况下与免疫系统相隔绝，称为隐蔽抗原。当外伤、感染或手术等原因，使隐蔽抗原进入血流成为自身抗原，引起自身免疫性疾病。如甲状腺球蛋白入血，引起变态反应性甲状腺炎。

2. 修饰的自身抗原　在感染、电离辐射或化学药物等影响下，自身成分的结构改变而成为自身抗原。

（六）肿瘤抗原

肿瘤抗原是细胞在癌变过程中出现的新抗原及过度表达的抗原的总称，分两大类。

1. 肿瘤特异性抗原（TSA）　指只存在于某种特定肿瘤细胞表面的抗原。已在黑色素瘤、结肠癌等肿瘤细胞表面检测到肿瘤特异性抗原。

2. 肿瘤相关抗原（TAA）　指与某种肿瘤的发生有关，但不是该肿瘤细胞所特有的抗原物质。此类抗原无严格的肿瘤特异性，正常细胞也可表达，但在细胞癌变时，其含量明显增多。如肝细胞癌变时，体内的甲胎蛋白（AFP）含量明显增加。

（吉木斯）

第2节 免疫系统

案例 10-2 患者，男性，26 岁。因高热、咽痛、头晕、乏力两周入院。查体：体温 38.5～39.5℃，神志清楚，高热面容，精神委靡，全身皮肤多处散在出血点，尤其双下肢为重，浅表淋巴结无肿大，胸骨无压痛，双肺呼吸音清，心律齐，心率 120 次/分，肝脾未触及。血常规：WBC 1.2×10^9/L，N 10%，L 75%，Hb 52g/L，PLT 8×10^9/L，网织红细胞 0.2%，肝肾功能正常。Ham、Coomb、Rouse 及抗核抗体等免疫学指标均阴性。骨髓象涂片有核细胞增生极度低下，全片未见巨核细胞，易见非造血细胞。诊断为再生障碍性贫血，伴有严重感染。

1. 该患者的哪个器官功能出现了损伤？该器官的主要功能有哪些？
2. 该患者发生严重感染的根本原因是什么？

免疫系统是机体执行免疫功能的物质基础，由免疫器官、免疫细胞和免疫分子组成。

一、免疫器官

免疫器官按发生的早晚和功能的差异，分为中枢免疫器官和外周免疫器官两大类（图 10-3）。

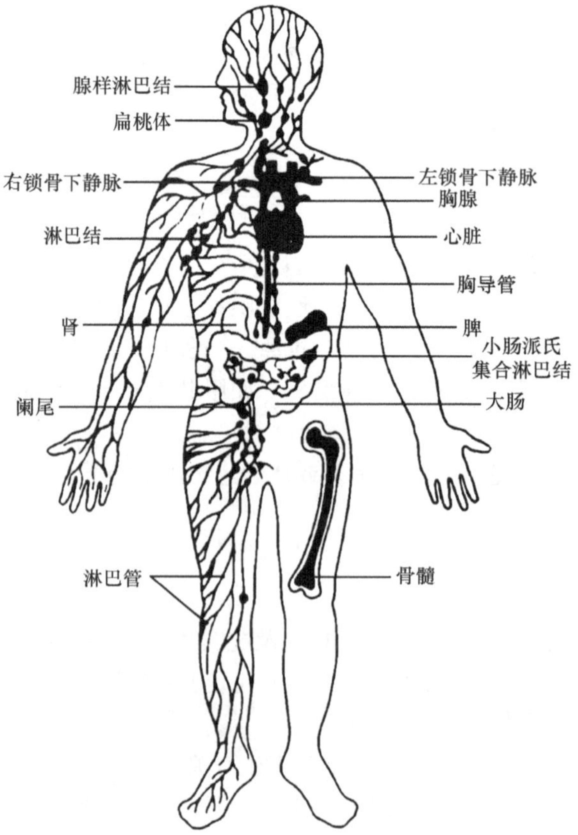

图 10-3 免疫器官和组织

（一）中枢免疫器官

中枢免疫器官发生较早，是免疫细胞发生、分化和成熟的场所，对外周免疫器官的发育也有促进作用，包括骨髓、胸腺和禽类特有的腔上囊。

1. 骨髓　是造血器官，也是各种免疫细胞的发源地，是机体重要的中枢免疫器官，同时也是再次体液免疫应答发生的主要部位。骨髓中的多能干细胞分化为髓样干细胞和淋巴干细胞。前者发育为红细胞系、粒细胞系、单核-吞噬细胞系等，后者发育为淋巴细胞系。其中一部分淋巴干细胞在骨髓继续发育成为 B 淋巴细胞。另一部分淋巴干细胞则进入胸腺继续发育。

若骨髓功能出现障碍，则会引起再生障碍性贫血，还会严重影响机体的体液免疫功能。

腔上囊又称法氏囊，是鸟类特有的中枢免疫器官，位于泄殖腔后上方，是禽类 B 淋巴细胞分化成熟的器官。

2. 胸腺　位于胸腔纵隔上方、胸骨后方，分左、右两叶。人胸腺的大小和结构因年龄的不同而有明显差异。出生时胸腺重 10～20g，而后逐渐长大，至青春期最重，可达 30～40g，以后逐渐退化。老年期胸腺萎缩，功能衰退，机体易发生感染和肿瘤。

来自于骨髓的淋巴干细胞进入胸腺，在胸腺微环境中，95%的细胞逐渐萎缩，只有 5%的细胞分化成熟为具有免疫活性的 T 淋巴细胞。

知识链接

先天性胸腺发育不全

在胚胎第 6～10 周，胸腺、甲状旁腺和部分颜面、主动脉弓及心脏结核由第 1～6 对咽囊的细胞成分发育形成。至妊娠第 12 周，胸腺移行至胸部。此前如果这些胚胎组织发育异常可引起先天性胸腺发育不全。此病均为散发，多为非遗传性的，也无性别差异。与此同期形成的其他结构也常被累及，如大血管异常、先天性心脏病、人中短等。该病临床表现为细胞免疫能力低下，易感染，同时发育迟缓，患淋巴瘤的概率高。

（考点：中枢免疫器官的组成和功能）

（二）外周免疫器官

外周免疫器官发生较晚，是免疫细胞定居、增殖和发生免疫应答的部位，包括淋巴结、脾和黏膜相关淋巴组织。

1. 淋巴结　人体全身有 500～600 个淋巴结，沿淋巴管道分布，主要含 T 细胞、B 细胞、巨噬细胞和树突状细胞。淋巴结的功能有：①过滤淋巴液，是淋巴液的有效滤器。机体通过淋巴窦内吞噬细胞的吞噬作用、抗体和其他免疫分子的作用，杀伤、清除进入淋巴液中的病原微生物及有害物质，防止其扩散。②是 T 细胞和 B 细胞定居及接受抗原刺激后增殖与分化，产生免疫应答的场所。③参与淋巴细胞再循环。

2. 脾　为人体最大的免疫器官，具有造血、储血和过滤作用，也是 T 细胞和 B 细胞定居及接受抗原刺激后产生免疫应答的重要场所。

脾中为 B 淋巴细胞约占 60%，T 淋巴细胞约占 40%。脾主要清除血液内的抗原物质及自身衰老死亡的细胞。切除脾会降低机体的抵抗力。

3. 黏膜相关淋巴组织　主要包括扁桃体、阑尾和呼吸道、消化道及泌尿生殖道黏膜下分散的淋巴组织。这些组织中均分布有各类免疫细胞，包括 T、B 淋巴细胞，是人体重要的防御屏障，是发生黏膜局部适应性免疫应答的主要部位。

二、免 疫 细 胞

凡与免疫应答有关的细胞统称为免疫细胞，包括淋巴细胞、单核-巨噬细胞、粒细胞、肥大细胞等。其中 T 细胞和 B 细胞可接受抗原刺激而活化、增殖和分化，发生特异性免疫应答，称为免疫活性细胞。

（一）T 淋巴细胞

T 淋巴细胞又称胸腺依赖性淋巴细胞（简称 T 细胞），在外周血中占淋巴细胞总数的 65%～80%，可介导细胞免疫应答的同时也参与免疫调节。

1. T 细胞主要表面标志　T 细胞表面所表达的不同糖蛋白分子，与 T 细胞功能有关，也可作为鉴别 T 细胞及其活性状态的表面标志。

（1）T 细胞抗原受体（TCR）：TCR 是 T 细胞膜上能特异性识别和结合抗原的结构。TCR 与 CD3 分子结合成复合物，是 T 细胞识别抗原和转导活化信号的主要单位。

（2）CD4 分子：存在于部分 T 细胞表面。CD4 与抗原提呈细胞表面的 MHC-Ⅱ类分子结合，协助 TCR 接受抗原。

（3）CD8 分子：表面有 CD8 分子的 T 细胞称为 $CD8^+T$ 细胞。CD8 与抗原细胞膜上的 MHC-Ⅰ类分子结合，参与 $CD8^+T$ 细胞的活化增殖。

（4）CD2 分子（绵羊红细胞受体）：CD2 能与绵羊红细胞结合，是人类 T 细胞特有的重要表面标志之一。T 细胞通过 CD2 分子可与绵羊红细胞结合形成 E 花环（图 10-4）。可采用 E 花环试验用于检测血液中 T 淋巴细胞的数量和比例，可间接反映机体细胞免疫功能。正常人 E 花环形成率为 60%～80%。

2. T 细胞的分类　外周成熟的 T 淋巴细胞是由具有不同免疫功能的亚群组成的群体。按 T 细胞表面 CD 分子的不同，将 T 淋巴细胞分为以下几种。

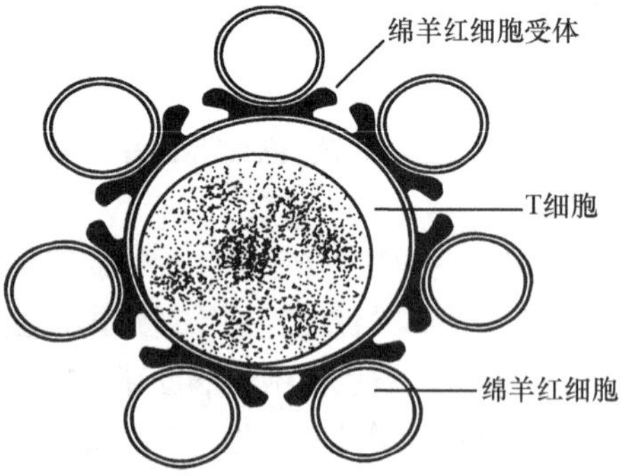

图 10-4　E-玫瑰花环

（1）$CD4^+T$ 细胞：指细胞表面表达 CD4 分子的 T 细胞，又称为辅助性 T 细胞（Th）。Th 细胞又分为 Th1 和 Th2。Th1 细胞主要分泌 IL-2、IFN-α、TNF-β 等细胞因子和介导迟发型超敏反应；Th2 细胞主要是促进淋巴细胞发生免疫应答。

（2）$CD8^+T$ 细胞：指细胞表面表达 CD8 分子的 T 细胞，包括细胞毒性 T 细胞（Tc 或 CTL）和抑制性 T 细胞（Ts）。Tc 细胞能对具有 MHC-Ⅰ类分子的靶细胞（如肿瘤细胞或病毒感染的组织细胞）抗原发生免疫应答，并特异性地溶解杀伤靶细胞。Ts 细胞能抑制免疫应答（表 10-1）。

表 10-1　T 细胞分类及功能

分类	细胞名称	生物学功能
$CD4^+T$ 细胞	辅助性 T 细胞 1（Th1）	介导迟发型超敏反应
	辅助性 T 细胞 2（Th2）	促进淋巴细胞发生免疫应答

续表

分类	细胞名称	生物学功能
CD8⁺T 细胞	细胞毒性 T 细胞（Tc 或 CTL） 抑制性 T 细胞（Ts）	特异性杀伤靶细胞作用 抑制淋巴细胞发生免疫应答

（考点：T 淋巴细胞的主要表面标志及分类）

（二）B 淋巴细胞

B 淋巴细胞又称骨髓依赖性淋巴细胞（简称 B 细胞），在外周血中占淋巴细胞总数的 8%～15%。B 淋巴细胞的主要功能是产生抗体、提呈抗原和通过分泌细胞因子参与免疫调节。

B 淋巴细胞表面有抗原受体（BCR），该受体是 B 淋巴细胞膜表面的免疫球蛋白（SmIg）。若仅表达 SmIgM 者为不成熟 B 细胞；同时表达 SmIgM 和 SmIgD 者为成熟 B 细胞。BCR 能与抗原物质特异性结合，激活 B 细胞，启动免疫应答。每一个 B 淋巴细胞表面只含一种抗原受体，只能识别并结合相应的抗原决定簇，从而产生针对该抗原决定簇的抗体。

根据 CD5 分子的表达与否，将 B 淋巴细胞分为 B-1 细胞和 B-2 细胞。B-1 细胞表面表达 CD5，B-2 细胞即通常所指的 B 细胞。

（考点：B 淋巴细胞的功能）

（三）NK 细胞

NK 细胞即自然杀伤细胞，是淋巴细胞中的一类杀伤细胞。NK 细胞来源于骨髓多能造血干细胞，主要分布于外周血和脾，在外周血中约占淋巴细胞总数的 10%。淋巴结及其他组织内也有少量 NK 细胞存在。

NK 细胞表面无抗原受体，不需要抗原预先刺激即能直接杀伤靶细胞，具有早期、直接、广泛等特点，所以在早期抗病毒感染和早期抗肿瘤的免疫监视中发挥重要作用。

NK 细胞膜上表达 IgG Fc 受体，当靶细胞膜上的抗原与 IgG 结合时，NK 细胞通过其 Fc 受体与 IgG 结合，从而激发 NK 细胞的活性，杀伤靶细胞。这种需要抗体辅助的杀细胞作用，称为抗体依赖性细胞介导的细胞毒作用（antibody dependent cell-mediated cytotoxicity，ADCC）（图 10-5）。

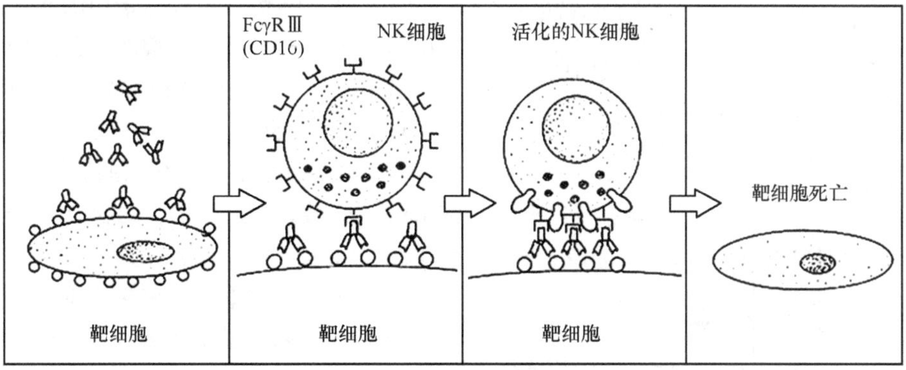

图 10-5　ADCC 作用

（四）抗原提呈细胞

抗原提呈细胞（APC）是指一些能捕获、加工处理抗原并将处理后的抗原肽传递给 T 淋巴细胞的细胞。主要包括单核-巨噬细胞、树突状细胞、B淋巴细胞等。

1. 单核-巨噬细胞　包括血液中单核细胞和组织中的巨噬细胞。单核-巨噬细胞表面具有多种受体，这些受体与其多种免疫功能有关。单核-巨噬细胞的作用有：①吞噬杀伤作用。可吞噬和杀伤多种病原微生物、肿瘤细胞、体内衰亡细胞等，是参与机体非特异性免疫防御作用的重要免疫细胞之一。特异性IgG抗体或补体可通过调理吞噬作用增强单核-巨噬细胞的吞噬作用，更有效地发挥抗感染免疫。②处理抗原、提呈抗原。单核-巨噬细胞在摄取抗原性异物后，可将其加工处理成抗原肽，以抗原肽-MHCⅡ/Ⅰ类分子复合物形式表达于细胞表面，诱导T细胞发生免疫应答。③分泌多种生物活性介质，参与免疫调节和产生其他免疫效应。

2. 树突状细胞　广泛分布于脑以外的全身组织和脏器，数量较少，仅占人外周血单个核细胞的1%，因其具有许多分枝状突起而得名。树突状细胞是体内功能最强的抗原提呈细胞，也是重要的免疫调节细胞。

三、免疫分子

免疫分子包括抗体、细胞因子和补体等多种参加免疫应答的生物活性物质。它们既是免疫应答的效应分子，又是免疫应答过程中各个环节相互调节和相互作用的物质，在整个免疫应答过程中起着十分重要的作用。

（一）免疫球蛋白与抗体

1. 免疫球蛋白与抗体的概念

（1）抗体（antibody，Ab）：B细胞识别抗原后活化、增殖分化为浆细胞，由浆细胞产生的能与相应抗原特异性结合的球蛋白称为抗体。抗体主要存在于血清中，也见于其他体液及分泌液中。

（2）免疫球蛋白（immunoglobulin，Ig）：将具有抗体活性或化学结构与抗体相似的球蛋白统称为免疫球蛋白。抗体是免疫球蛋白，而免疫球蛋白不一定都是抗体。抗体属于生物学功能概念，免疫球蛋白则属于化学结构概念。

（考点：抗体和免疫球蛋白的概念）

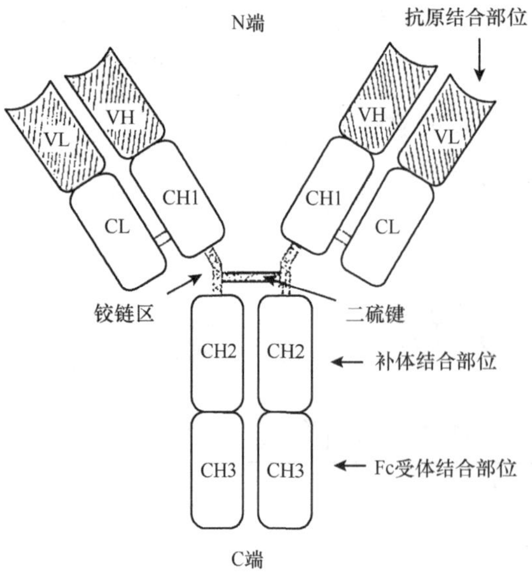

图10-6　免疫球蛋白基本结构

2. 免疫球蛋白的结构

（1）基本结构：免疫球蛋白的基本结构是由二硫键连接的四条肽链组成的对称结构，称为单体。其中，两条相同的长链称为重链（H链），其分子量为50～75kD，含450～550个氨基酸残基，链间以二硫键相连；两条相同的短链称为轻链（L链），其分子量约为25kD，约含210个氨基酸残基（图10-6）。

免疫球蛋白的重链和轻链在靠近氨基端（N端）约110个氨基酸的组成和排列变化很大，称为可变区（V区），而其他区域则相对比较恒定，称为恒定区（C区）。

V区分别占重链靠N端的1/4区域（用VH表示）以及轻链靠N端的1/2区域（用VL表示），

是与抗原特异性结合的区域。

恒定区占羧基端（C 端）轻链的 1/2 区域（用 CL 表示）和重链的 3/4 区域(从 N 端向 C 端依次为用 CH1、CH2、CH3 表示)。位于重链 CH1、CH2 之间的区域含有大量的脯氨酸，富有弹性，称此区域为铰链区。铰链区有利于免疫球蛋白分子变构，为结合补体创造条件。

（2）免疫球蛋白的分类及其他成分：根据重链 C 区结构的不同，将免疫球蛋白分为五类，即 IgG、IgA、IgM、IgD、IgE 等。其中 IgG、IgD、IgE 和血清型 IgA 由单体组成；分泌型 IgA（sIgA）由连接链（J 链）连接两个单体和一个分泌片构成；IgM 是由连接链（J 链）连接五个单体构成（图 10-7）。

（3）免疫球蛋白的水解片段：免疫球蛋白分子的某些部位易被蛋白水解酶水解为各种片段。木瓜蛋白酶能在铰链区二硫键的近 N 端将 IgG 分子裂解为 3 个片段：两个完全相同的抗原结合片段（Fab 段）和一个可结晶片段（Fc 段）（图 10-8）。Fab 段包含了轻链和重链的可变区，是与抗原结合的片段。Fc 具有激活补体、结合细胞、通过胎盘和黏膜的功能。

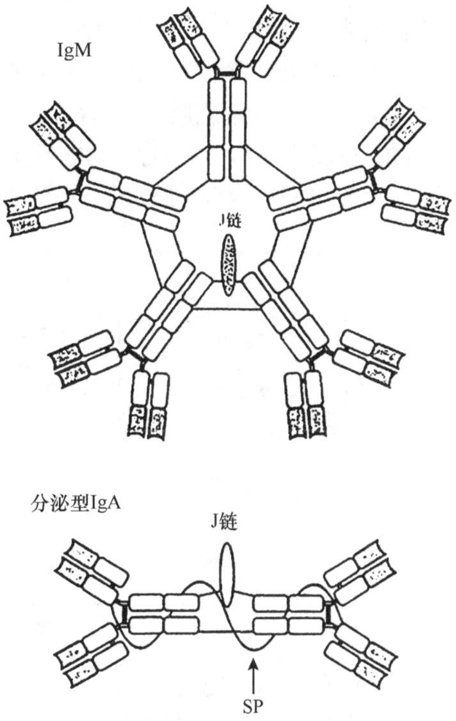

图 10-7 IgM 和 sIgA 结构

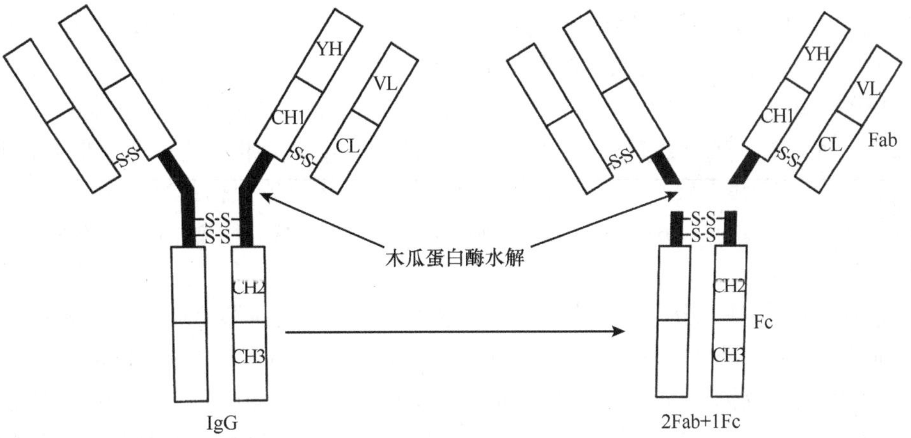

图 10-8 免疫球蛋白的水解片段

3. 免疫球蛋白的生物学功能　免疫球蛋白的生物学活性由其各个功能区的特点所决定。免疫球蛋白与抗原特异性结合后可引起或激发多种生物学功能。

（1）结合抗原：识别并特异性结合抗原是抗体分子的主要功能。抗体分子通过其 V 区与相应抗原（如外毒素、细菌等）特异性结合，可引起中和作用、抑制细菌吸附等生物学作用。

（2）激活补体：抗体（IgM、IgG1～IgG3）与相应抗原特异性结合后，可因其构象变化，使其 CH2/CH3 功能区补体结合点暴露，继而结合补体而激活补体，溶解靶细胞。

（3）结合 Fc 段受体：IgG、IgA 和 IgE 可通过其 Fc 段与多种细胞表面的 Fc 受体结合，从而产生不同的免疫效应。①调理吞噬作用：IgG 抗体的 Fc 段与中性粒细胞、吞噬细胞上的 FcγR 结合，从而增强吞噬细胞对抗原的吞噬作用（图 10-9）。②抗体依赖性细胞介导的细胞毒作用（ADCC）：在 NK 细胞膜上有 IgG 的 Fc 受体，当 IgG 的 Fab 段与靶细胞膜的抗原特异性结合后，IgG 的 Fc 段即可与 NK 细胞的 Fc 受体结合，发挥 ADCC。③介导Ⅰ型超敏反应：IgE 的 Fc 段与肥大细胞、嗜碱粒细胞表面的 IgE 的 Fc 受体结合，引起Ⅰ型超敏反应。

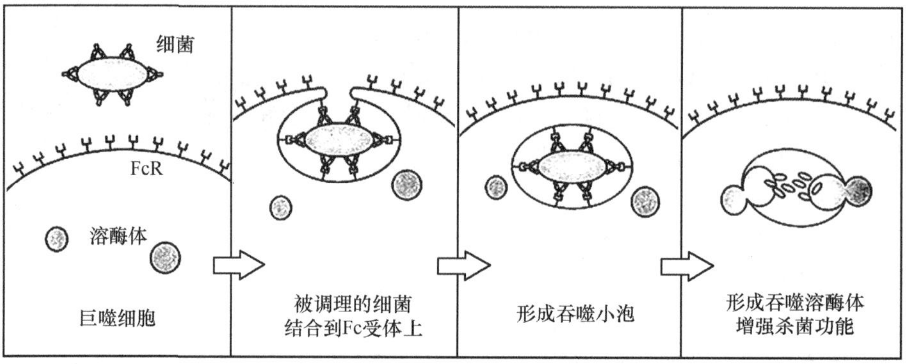

图 10-9 抗体介导的调理作用

（4）通过胎盘和黏膜：IgG 是唯一能从母体胎盘进入胎儿体内血液循环的免疫球蛋白，这种自然被动免疫对新生儿抗感染起着重要作用。sIgA 与黏膜上皮细胞 Fc 受体结合，转运后被分泌至泪液、乳汁及呼吸道、消化道等腔道黏膜表面，对黏膜局部抗感染免疫具有重要作用。

4. 五类免疫球蛋白的特性

（1）IgG：婴儿出生后第 3 个月开始合成 IgG，3～5 岁时接近成年人水平。IgG 是血清中含量最高的抗体，占血清免疫球蛋白总量的 75%～80%，半衰期最长（20～23 天）。IgG 广泛分布于全身各个组织和体液中，约 50%的 IgG 存在于血清中。IgG 是机体抗感染的主要抗体，大多数抗菌、抗病毒、抗毒素抗体主要为 IgG 类抗体。IgG 是唯一能够通过胎盘的抗体，在新生儿抗感染免疫中起重要作用。不少自身抗体如抗甲状腺球蛋白抗体、抗 Rh 抗体、 肿瘤封闭抗体等属于 IgG。IgG 还可参与调理吞噬作用、ADCC 作用、激活补体作用和 II、III 型超敏反应等。

（2）IgM：为五聚体，分子量最大，称为巨球蛋白。IgM 占血清免疫球蛋白总量的 10%，主要存在于血液中。IgM 是个体发育过程中合成最早的抗体，在胎儿发育晚期已能合成，脐血中检出 IgM 抗体提示宫内感染。IgM 也是免疫应答过程中最早出现的抗体，在机体早期免疫防护中起着重要作用。由于半衰期短（为 5 天左右），故 IgM 升高说明机体有近期感染，检测 IgM 可用于感染的早期诊断。IgM 在促吞噬作用和激活补体能力方面比 IgG 大，但中和毒素和病毒的能力低于 IgG。天然 ABO 血型抗体为 IgM。IgM 也参与Ⅱ、Ⅲ型超敏反应。

（3）IgA：婴儿出生后 4～6 个月开始合成 IgA，12 岁左右达成年人水平。分为血清型和分泌型两种，血清型 IgA 为单体，存在于血清中，占血清免疫球蛋白总量的 10%～20%。分泌型 IgA（sIgA）主要存在于外分泌液（唾液、初乳、呼吸道分泌液、胃肠液、泌尿生殖器官分泌液）中，是机体黏膜局部免疫的重要因素。新生儿可从母亲的初乳中获得 sIgA，对其抵御呼吸道和消化道感染具有重要意义。

（4）IgD：在血清中含量很低，约占血清免疫球蛋白总量的 0.2%，半衰期很短，仅为 3 天。血清中 IgD 功能尚不清楚。B 细胞膜上的膜结合型 IgD 是 B 细胞成熟的主要标志。

（5）IgE：为单体，在正常人血清中 IgE 含量极低，约占血清免疫球蛋白总量的 0.002%。IgE 能与肥大细胞和嗜碱粒细胞表面的 IgE 的 Fc 受体结合，引起 Ⅰ 型变态反应。IgE 还与抗寄生虫免疫有关。

（考点：各类免疫球蛋白的特性）

知识链接

单克隆抗体

单克隆抗体（McAb）是由一个克隆的 B 淋巴细胞合成并分泌的只能与一种抗原决定簇结合的抗体。1975 年英国科学家 C. Milstein 和德国科学家 G.J.F. Kohler 首创了单克隆抗体技术，并获得 1984 年诺贝尔医学奖。单克隆抗体具有特异性强、性质纯、效价高等优点。目前，单克隆抗体已广泛用于人类疾病的诊断、预防、治疗及免疫机制的研究，成为解决生物学和医学等许多重大问题的重要手段。

（二）补体

1. 补体（complement，C）　是指存在于人和脊椎动物血清与组织液中一组具有酶活性的球蛋白，包括 30 余种组分，故又称为补体系统。

（1）组成与性质：包括 30 多种可溶性蛋白和膜结合蛋白，主要成分为 C1～C9、D、B、P 因子等。补体各成分大多为肝细胞和巨噬细胞合成，其化学成分均为糖蛋白。补体占血清球蛋白总量的 10%～15%，其中 C3 含量最高。其含量相对稳定，在某些疾病情况下可有变动。补体性质很不稳定，对许多理化因素敏感。

（2）补体系统的激活：正常情况下补体无活性，在某些条件下，各补体成分按一定顺序，以连锁的酶促反应方式依次活化，并表现出各种生物学活性。补体系统的激活途径主要有经典途径和旁路途径。两种途径的激活物质、激活顺序、参与成分都不同（表 10-2），但最终均能形成同样的效应物即膜攻击复合体（MAC），使靶细胞溶解、死亡。

表 10-2　经典途径与旁路途径的比较

项目	经典途径	旁路途径
激活物质	抗原抗体复合物	细菌脂多糖、酵母多糖等
参与成分	C1～C9	C3、C5～C9、B、D、P 因子
激活顺序	C1、C4、C2、C3、C5～C9	C3、C5～C9
C3 转化酶	C4b2a	C3bBb
激活时间	需抗体产生后才能被激活	在感染早期发挥作用
作用	参与特异性体液免疫的效应阶段	参与非特异性免疫

（3）补体系统的生物学作用：补体系统激活后具有多种生物学效应，不仅参与非特异性防御反应，也参与特异性免疫反应。补体系统的功能分为两大方面：①补体激活后，在靶细胞膜上形成膜攻击复合体，其可在靶细胞膜表面形成许多孔道，导致靶细胞破裂溶解；②补体在激活过程

中产生许多蛋白水解片段，也能发挥调理作用、炎症反应等多种生物学效应（表 10-3）。

表 10-3 补体的生物学作用

功能	补体成分	机制
细胞毒作用	C5～C9	形成 MAC 导致靶细胞溶解
调理作用	C3b、C4b	结合于微生物表面的 C3b、C4b 与吞噬细胞表面的相应受体结合，促吞噬
过敏毒素作用	C3a、C4a、C5a	刺激肥大细胞等释放活性介质，致平滑肌收缩、毛细血管扩张
趋化作用	C5a	吸引中性粒细胞等至炎症部位聚集
免疫黏附作用	C3b	免疫复合物上的 C3b 与红细胞表面的 CR1 结合，便于被吞噬清除
免疫调节作用	C3b、CR1	参与抗原提呈，促进免疫细胞增殖，调节多种免疫细胞效应

知识链接

补体缺陷与疾病

多种补体成分均可出现遗传性缺陷，从而直接导致或参与相关疾病的发生，且与病情的预后存在密切关系。补体缺陷个体易感疾病的种类和严重程度与补体缺陷的种类相关，如 C9 缺陷时可能没有临床症状，而 C3 缺陷时则会引起严重的感染性疾病或肾小球肾炎。补体缺陷与疾病发生的关系已成为研究热点。

（三）细胞因子

细胞因子（CK）是由机体多种细胞分泌的具有调节细胞生理功能、介导炎症反应、参与免疫应答和组织修复等多种生物学效应的小分子多肽或糖蛋白。细胞因子的种类很多，如白细胞介素、干扰素、肿瘤坏死因子、生长因子等，其作用具有多效性、重叠性、拮抗性和协同性等特点。细胞因子主要通过旁分泌、自分泌或内分泌的方式发挥参与固有免疫应答、调节适应性免疫应答、诱导凋亡和刺激造血等作用。

（吉木斯）

第 3 节 免疫应答

案例 10-3 患儿王××，女，10 岁，于 6 天前右手不慎被划伤，但伤口小未做处理。现伤口轻度肿痛，高热、无抽搐，右侧腋窝疼痛，活动不便。入院检查发现右手有伤口及右侧腋窝皮肤红肿、触之微热，腋淋巴结肿大，血常规：WBC11×10^9/L，临床诊断：右手外伤性感染并发腋淋巴结炎及菌血症。

请用免疫学的知识解释为什么患儿右手受伤后引起局部感染，而右侧腋淋巴结会出现肿大、疼痛及高热？

一、免疫应答概述

（一）免疫应答的概念

免疫应答是指机体受到抗原刺激后，免疫细胞识别抗原后，自身活化、增殖、分化为效应细胞或产生效应物质，发挥特异性免疫效应的全过程。免疫应答的目的是及时清除“非己”的抗原性异物，以维持机体内环境的稳定，如机体的抗感染免疫、抗肿瘤免疫等。但在某些异常情况下，免疫应答也可造成机体的损伤，引发超敏反应和自身免疫性疾病等。

（二）免疫应答的类型

根据免疫应答的特性不同，分为非特异性免疫应答和特异性免疫应答两大类。非特异性免疫应答也称固有免疫应答、先天性免疫应答；特异性免疫应答也称适应性免疫应答、获得性免疫应答。

根据免疫应答的主导细胞不同，特异性免疫应答分为细胞免疫和体液免疫两大类。细胞免疫是 T 细胞介导的免疫应答；体液免疫是 B 细胞介导的免疫应答，以血清中出现循环抗体为特征，也称抗体应答。

根据免疫应答的结果不同，分为正免疫应答和负免疫应答两大类。正免疫应答，也就是我们通常所说的免疫应答，指机体免疫系统对“非己”抗原物质识别清除，保护自身不受损害；负免疫应答又称免疫耐受，指机体免疫系统对“自身”抗原物质不出现免疫效应，以保护自身组织器官不受攻击和损伤。

（三）免疫应答的场所

适应性免疫应答的场所主要是在外周免疫器官，特别是淋巴结和脾。通常穿越皮肤屏障进入的抗原性异物可通过淋巴循环进入入侵部位附近的淋巴结组织；由静脉进入机体的抗原性异物通常聚集于脾；经过口服或吸入途径进入的抗原性异物，通常驻留于黏膜，并被黏膜上的淋巴细胞识别启动黏膜免疫应答；而通过血-脑屏障进入大脑中的抗原性异物，可以被脑内小胶质细胞捕获并呈递给 T 细胞。抗原性异物驻留于外周淋巴组织中为免疫细胞之间的相互作用和启动免疫应答提供了必要的前提。

（四）免疫应答的过程

特异性免疫应答可人为地划分为三个阶段，三个阶段是不可分割的连续过程（图 10-10）。

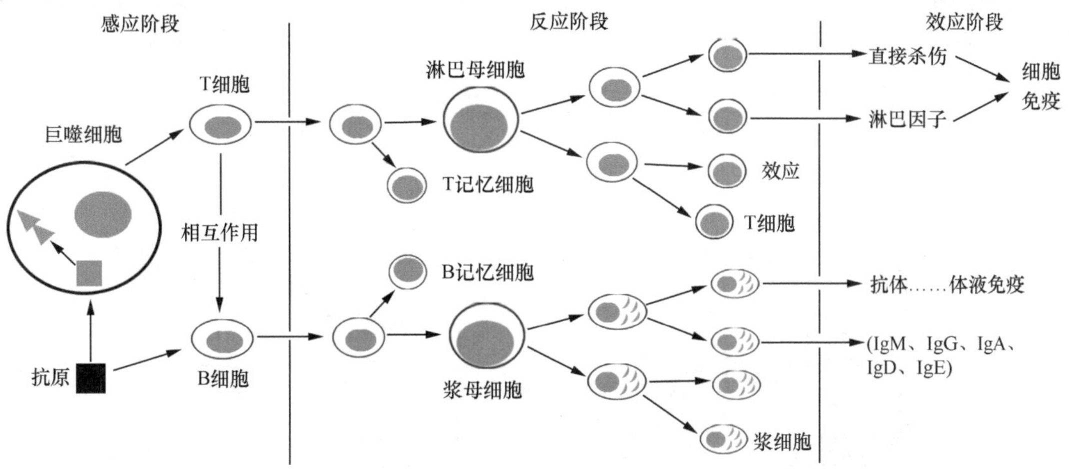

图 10-10　免疫应答基本过程

1. 感应阶段　也称抗原呈递与识别阶段，指 T 淋巴细胞和 B 淋巴细胞识别抗原，分别通过 TCR 和 BCR 精确识别，其中 T 淋巴细胞识别的抗原必须由抗原提呈细胞来提呈。

2. 反应阶段　也称活化增殖分化阶段，指 T 淋巴细胞和 B 淋巴细胞在识别抗原后，发生自身活化、增殖、分化，最终产生免疫应答产物，如效应 T 细胞（如杀伤性 T 细胞）和浆细胞、效应物质（如抗体、细胞因子）和记忆细胞的阶段。

3. 效应阶段　由免疫应答产物发挥作用，清除抗原的阶段。细胞免疫应答通过效应 T 细胞发挥作用，体液免疫应答主要通过浆细胞分泌抗体发挥作用。

效应阶段之后，由于病原体被清除，所增殖的淋巴细胞克隆通过被动性死亡及活化诱导的细胞死亡机制而发生凋亡，免疫系统恢复平衡。同时，由于体内已形成长寿命的抗原特异性记忆淋巴细胞，一旦相同抗原再次入侵，记忆淋巴细胞迅速启动比初次应答更为有效的应答。

二、体液免疫应答

体液免疫应答是指机体受到抗原刺激后，B 淋巴细胞识别抗原，自身活化、增殖、分化为浆细胞，由浆细胞合成分泌抗体，再由抗体发挥特异性免疫效应的免疫应答。体液免疫主要针对细胞外的抗原物质发挥免疫效应。

（一）抗体产生的一般规律

B 细胞对抗原刺激的应答分为两种不同的情况：抗原第一次刺激机体引起的免疫应答称为初次应答；初次应答中形成的记忆淋巴细胞得以保留，当再次遇到相同抗原后可迅速、高效、持久地产生应答，称再次应答或回忆应答。两次应答中抗体的产生均具有各自一定的规律。

1. 初次应答　初次应答抗体产生有以下特点：①潜伏期长，一般为 1～2 周；②抗体总量低；③抗体在体内维持时间短；④抗体与抗原的亲和力低，以 IgM 为主。

2. 再次应答　再次应答抗体产生有以下特点：①潜伏期短，一般为 1～2 天，由于记忆性淋巴细胞反应快，应答速度快；②抗体总量高，由于记忆性 B 细胞克隆频率高，应答强度大；③抗体在体内维持时间长，下降期平缓；④抗体与抗原的亲和力高，以 IgG 为主；⑤激发再次应答所需的抗原剂量小，应答的灵敏度高。

此外，再次应答的强弱，主要取决于两次抗原刺激的间隔长短，间隔短和太长应答都弱。再次应答的效应可持续数月或数年，故在很多情况下机体一旦被病原体感染后，可在相当长时间内具有防御该病原体的免疫力（图 10-11）。

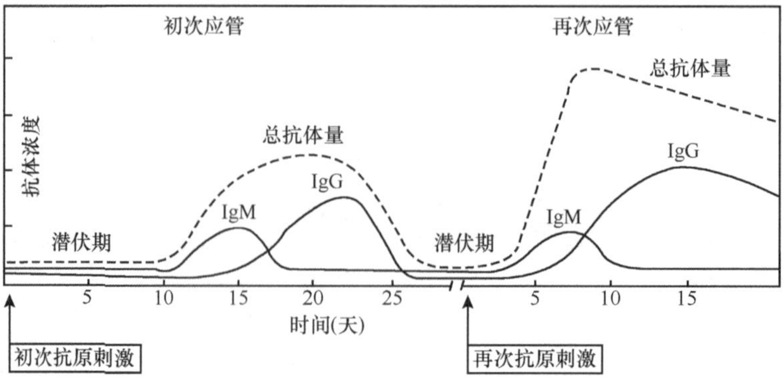

图 10-11　抗体产生的一般规律

掌握抗体产生的一般规律，具有重要的医学实践意义：①疫苗接种或制备免疫血清，应采用再次或多次加强免疫，以产生高浓度、高亲和力的抗体，获得良好的免疫效果或高效价的免疫血清。在传染病的预防上，预防接种时间应提前，在疾病流行前 1～2 个月；②临床上检测特异性 IgM 可用于感染的早期诊断，因为在免疫应答中，IgM 产生早，消失快；③在疾病的早期和恢复期抽取患者的双份血液标本做抗体检查，有助于诊断疾病、了解病程及评估疾病的转归，一般抗体滴度增长 4 倍有诊断意义。

（考点：初次应答和再次应答抗体产生的规律）

（二）体液免疫的生物学作用

体液免疫通过浆细胞分泌抗体发挥生物学效应，但抗体只具有识别作用，不具有杀伤或排斥作用，必须借助其他免疫细胞或分子，才能杀伤或清除抗原异物。体液免疫的生物学效应主要有：①中和作用。通过抗原抗体的特异性结合，中和病原体、中和毒素，阻断微生物侵入宿主细胞，或破坏外毒素的毒性作用。②调理作用。通过抗体增强吞噬细胞对抗原性异物的吞噬。③ADCC 作用。通过抗体增强自然杀伤细胞对靶细胞的杀伤。④激活补体溶解靶细胞。通过上述效应，体液免疫主要发挥抗细胞外寄生菌、细胞外病毒感染、抗外毒素的作用，阻止细胞外寄生菌、细胞外病毒在体内扩散和引起再感染，中和外毒素的毒性，引起免疫病理损伤等。

三、细胞免疫应答

细胞免疫应答是由 T 细胞介导的，是指机体受到抗原刺激后，T 细胞识别抗原，自身活化、增殖、分化为效应 T 细胞，进而发挥特异性免疫效应的免疫应答。细胞免疫主要针对细胞内的抗原物质发挥免疫效应。

（一）细胞免疫应答的效应机制

1. $CD4^+$效应 Th1 细胞介导的炎症反应　$CD4^+$效应 Th1 细胞对胞内寄生病原体感染起重要清除作用。效应 Th1 细胞介导的免疫应答发生慢，造成的局部组织变化，与迟发型超敏反应类似，故又称为迟发型超敏反应 T 细胞（Td），其释放多种细胞因子，如 IFN-γ、IL-2、TNF-β 等，引起局部以单核-巨噬细胞和淋巴细胞浸润为主的炎症反应而发挥对抗原的杀伤清除效应。具体作用如下：①激活巨噬细胞和中性粒细胞，促进其吞噬杀伤病原体。②诱生并募集巨噬细胞：促进骨髓造血干细胞分化为单核细胞；诱导血管内皮细胞高表达黏附分子，促进单核细胞和淋巴细胞黏附于血管内皮细胞，穿越血管壁外渗到局部组织，引起慢性炎症反应。③促进 Th1、Th2、CTL 和 NK 等淋巴细胞的活化和增殖，放大免疫效应。

2. $CD8^+$效应 Tc（CTL）细胞的细胞毒作用　效应 CTL 主要杀伤胞内寄生病原体（病毒和某些胞内寄生菌等）的宿主细胞、肿瘤细胞等。CTL 细胞在外周淋巴组织内增殖、分化为效应性 CTL 细胞，在趋化因子的作用下离开淋巴组织向感染病灶或肿瘤部位聚集，并有效结合靶细胞，主要通过以下三条途径选择性杀伤所接触的靶细胞，而不影响邻近的正常细胞。

（1）穿孔素/颗粒酶途径：当效-靶细胞密切接触后，CTL 细胞可脱颗粒，释放穿孔素。穿孔素是储存在效应 CTL 细胞胞质颗粒中的一种细胞毒素，构型和作用类似于补体攻膜复合物（MAC），可插入靶细胞，聚合成孔道，使水、Ca^{2+}等电解质进入细胞，导致靶细胞溶解破坏。颗粒酶是丝氨酸蛋白酶，可随穿孔素一起释放，通过穿孔素在靶细胞上形成的孔道，进入靶细胞，激活凋亡相关的酶系统，使 DNA 断裂，靶细胞凋亡。

（2）Fas/FasL 途径：FasL 可表达在效应 CTL 的膜表面，或分泌至细胞外，可与靶细胞表面的 Fas 结合，启动靶细胞死亡信号，使靶细胞凋亡。

（3）TNF/TNFR 途径：效应 CTL 可分泌 TNF，可与靶细胞表面的相应受体（TNFR）结合，导致靶细胞凋亡。

（考点：细胞免疫应答的效应细胞及其效应作用）

（二）细胞免疫应答的生物学作用

1. 抗感染　细胞免疫主要清除胞内寄生的病原体，如结核分枝杆菌、麻风分枝杆菌、伤寒沙门菌等胞内寄生菌、真菌、胞内病毒、某些寄生虫等。

2. 抗肿瘤　包括效应 CTL 对肿瘤细胞的直接特异性杀伤或巨噬细胞、NK 细胞、细胞因子对肿瘤细胞的直接或间接杀伤作用。

3. 免疫损伤　细胞免疫也可引起迟发型超敏反应、移植排斥反应及某些自身免疫性疾病等，造成机体的损伤。

四、免疫调节和免疫耐受

（一）免疫调节

免疫应答是一把双刃剑，它能抵御外来病原和异己成分的入侵，维持机体内环境的稳定，但免疫应答失调也会导致疾病。免疫调节是指机体在遗传基因的调控下，免疫应答中的免疫细胞、免疫分子及神经内分泌系统之间相互协作，使免疫应答维持在最合理的水平，以维持机体内环境相对稳定的过程。

正常情况下，免疫应答的调节具有双向性：当外来异物入侵时，免疫应答被激活和加强；而外来抗原被清除后，免疫应答的负反馈机制则发挥作用，使免疫应答减弱以致终止。免疫应答失调时，如果机体不能对抗原产生正常应答并将其清除，则会降低机体的抗感染、抗肿瘤能力；如果机体对异己或自身抗原产生过激的免疫应答，则会导致超敏反应和自身免疫病，造成机体自身组织的损伤。

（二）免疫耐受

免疫系统并非对所有抗原都产生免疫应答，在一定条件下，将免疫系统对接触到的抗原产生的免疫低应答或免疫无应答的状态称为免疫耐受，诱导免疫耐受的抗原称为耐受原。针对自身抗原的免疫耐受是正常免疫系统的基本属性，一旦这种免疫被打破，机体将产生针对自身抗原的免疫应答，导致自身免疫性疾病的发生。然而，如果机体对入侵的病原或肿瘤细胞产生免疫耐受，则会导致感染和肿瘤的发生。因此，应答和耐受之间的平衡是维持机体正常生理功能和内环境稳定的关键。

免疫耐受与免疫缺陷和免疫抑制截然不同，前者指机体对某种抗原的特异性免疫无应答状态，后二者指机体对任何抗原均不反应或反应减弱的非特异性免疫无应答状态。目前也认为，免疫耐受不是一个单纯的免疫无应答性，而是一种特殊形式的免疫应答，具有免疫应答的特点，即免疫耐受需经抗原诱导产生，具有特异性和记忆性。

由自身抗原诱导产生的免疫耐受称为天然免疫耐受或自身耐受；由外来抗原诱导产生的免疫耐受称为获得性免疫耐受或人工诱导的免疫耐受。

1. 诱导免疫耐受的条件　同一抗原物质在不同的条件下，可以导致正常的免疫应答，也可导致免疫耐受。免疫耐受的形成受抗原、机体两因素的影响。

（1）抗原因素

1）抗原的理化性质：一般来说，分子量小的可溶性抗原如血清蛋白、多糖和脂多糖等免疫原性差，在机体内不易被吞噬细胞摄取，不能被呈递激活淋巴细胞，易诱导免疫耐受。分子量小的非聚合单体也是良好的耐受原。而大分子颗粒抗原如血细胞、细菌、人工免疫球蛋白的复合物具有良好的免疫原性。

2）抗原的剂量：Mitchison 在 1964 年首次发现高、低带耐受性现象。抗原剂量过低，不足以激活淋巴细胞，引起低带耐受；而抗原剂量过高，易诱导应答的淋巴细胞凋亡，或诱导抑制性 T 细胞活化，从而抑制免疫应答，引起高带耐受。另外，诱导免疫耐受的抗原剂量随抗原种类，动物的种属、品系及年龄，参与效应细胞类型等的不同而有所差异。

3）抗原的注射途径：一般来说，抗原经静脉注射最易诱导耐受，口服和腹腔注射次之，皮下注射及肌内注射最难。不同部位的静脉注射引起的后果各异，例如白蛋白注入门静脉能导致耐受，注入周围静脉则引起免疫应答。从门静脉注射能导致耐受，原因可能是肝对抗原进行解聚，使免疫原性强的成分解除。

（2）机体因素

1）年龄因素（免疫系统的发育成熟程度）：在胚胎期最容易诱导免疫耐受，这主要与免疫系统发育未成熟有关，新生期次之，成年后最难诱导。

2）遗传因素：不同种属和品系与免疫耐受的易感性相关。人类新生儿的免疫系统较小鼠的成熟，所以新生儿出生后接种疫苗不会出现免疫耐受，但小鼠可诱发免疫耐受。此外，同一种属不同品系的动物维持免疫耐受的难易程度也有很大差异。这些与遗传因素密切相关。

3）免疫抑制剂的使用：成年动物免疫系统已经成熟，单独使用抗原不易诱导免疫耐受，但与免疫抑制剂联合使用则可使已经成熟的免疫系统受到抑制，易建立免疫耐受。如在器官移植中应用免疫抑制剂可延长移植物的存活时间，是常规防止移植物排斥的方法。

2. 免疫耐受与临床医学

（1）肿瘤免疫耐受的打破：肿瘤在某种程度上可被认为是一种病理性的免疫耐受，即肿瘤细胞采用各种策略成功逃逸了免疫系统的监视，造成自身免疫系统对它们不识别、不应答，使肿瘤细胞不断分裂生长。

打破肿瘤细胞的免疫耐受，可以重建免疫系统对肿瘤细胞的正向免疫应答，抑制肿瘤细胞的生长。增强肿瘤细胞的免疫原性，增强抗原提呈细胞的提呈能力，增加免疫细胞激活的第二信号和增加激活的刺激细胞因子等均可打破肿瘤免疫耐受，达到抑制肿瘤的效果。

（2）变应原免疫耐受的建立：超敏发应是由于机体接触变应原后，再次接触相同变应原时产生的过度或过强活化免疫细胞的免疫反应，导致机体功能紊乱或损伤。通过改变变应原的性质或免疫途径、诱导调节性 T 细胞的功能、调节 Th2 细胞的活性，可以重新建立针对变应原的免疫耐受，以达到防治过敏反应性疾病的目的。

（3）自身免疫性疾病中对自身抗原免疫耐受的建立：生理状态下，免疫耐受机制严格保护着自身组织免受免疫系统的攻击，一旦这些自身抗原发生突变或者调节性T细胞功能异常可能诱导系统性红斑狼疮（SLE）、类风湿关节炎等自身免疫性疾病的发生。通过可溶性抗原、拮抗抗原、第二信号阻断及抑制性细胞因子的作用等均可重新建立免疫耐受。

（祝司霞）

第4节　抗感染免疫

案例 10-4　患儿，男，4岁。于2天前出现低热（37.5℃）、咳嗽，流涕、食欲差，按“感冒”处理；第3天出现高热、频繁呕吐、烦躁不安。体格检查：精神萎靡，皮肤黏膜可见直径1～1.5cm大小不等的紫红色斑点及瘀斑。实验室检查：WBC计数20×10^9/L（参考值10×10^9/L以内），中性粒细胞0.852（参考值0.51～0.75），脑脊液检查：颅内压升高，脑脊液外观浑浊，脑膜炎球菌培养阳性。临床诊断：流行性脑脊髓膜炎。

用固有免疫的知识解释，本病例发病涉及哪些免疫屏障及因素？

感染是细菌、病毒、真菌及寄生虫等病原微生物侵入宿主，在宿主体内生长繁殖，并与宿主相互作用的病理过程。自然界中存在的各种病原微生物侵入机体后可引起感染，同时也可诱发机体的抗感染免疫。抗感染免疫是指机体免疫系统抵抗病原微生物及其有害产物，以维持内环境稳定的生理功能。

感染和抗感染免疫是两种相互对立的过程，一方面机体免疫防御系统通过抗感染免疫应答，尽可能地清除病原体，减轻病原体对机体的损伤，同时使机体获得抵抗同类病原体再次感染的能力；另一方面病原体在长期自然选择压力下，形成各种免疫逃逸机制，逃避免疫系统的识别和清除，以达到在机体内长期生存的目的。

根据人体免疫系统能否对病原体进行特异识别及产生特异应答，抗感染免疫包括非特异性免疫（固有免疫）和特异性免疫（适应性免疫）。在感染早期，非特异性免疫先发挥初步防御作用，当少数病原体突破非特异性免疫的防线后，面临它们的是严阵以待的特异性免疫。非特异性免疫是特异性免疫的基础，可影响特异性免疫应答的类型，并在特异性免疫应答效应阶段发挥重要的作用，反过来，特异性免疫又促进非特异性免疫。

知识链接

细菌感染也能提升机体免疫力?

细菌感染后人体是否发病，与每个人的免疫力密切相关。同样的病原体，免疫力低的人感染可能会生病，而免疫力强的人感染可能对人体损伤很轻，没有明显症状。隐性感染后，机体也会产生抗体，增强人体的免疫力。日常生活中，隐性感染或接种活疫苗的人，他们的免疫系统就像进行了一场军事演习，免疫系统得到了锻炼，机体的免疫防御功能增强了。当然，感染也可引起暂时性免疫抑制，有的直接损伤免疫细胞。免疫也可成为细菌致病的帮凶，如肺结核等。

一、固有免疫

固有免疫又称非特异性免疫或先天免疫，是机体在长期种系发育和进化过程中逐渐形成的一系列天然防御功能。其特点是在个体出生时就具备，可以遗传，可针对多种病原体迅速产生应答，同时在特异性免疫的启动和效应过程中发挥重要作用。固有免疫细胞寿命短，不能产生免疫记忆。固有免疫系统包括屏障结构、吞噬细胞、体液中的抗菌物质。

（一）屏障结构

1. 皮肤黏膜屏障　皮肤和黏膜是人体免疫系统抵御病原微生物感染的第一道防线。健康完整的皮肤和黏膜对病原体侵入具有强大的机械阻挡作用。体表上皮细胞的脱落更新，可清除大量黏附其上的病原体。黏膜上皮更新、呼吸道黏膜纤毛的摆动可将病原体排至咽部咳出，黏膜分泌液的冲洗、肠道的蠕动，均有助于对病原体的排除。皮肤和黏膜的腺体分泌物中含有多种杀菌、抑菌物质。如皮脂腺分泌的脂肪酸，汗腺分泌的乳酸，胃液中的胃酸（机体内杀菌力最强的酸性物质），唾液、泪液、乳汁、呼吸道和泌尿生殖器官分泌液中的溶菌酶等，这些物质在皮肤和黏膜的表面形成抗病原微生物的天然化学屏障。皮肤和黏膜上有一定数量的正常菌群，可通过与病原体竞争结合上皮细胞和营养物质，分泌某些抑菌、杀菌物质，对一些病原菌产生拮抗作用。

2. 血-脑屏障　血-脑屏障由软脑膜、脉络丛毛细血管壁和壁外神经胶质细胞（星形胶质细胞）形成的胶质膜构成。它们结构致密，可阻止病原体及大分子物质（毒素）侵入脑组织，故能保护中枢神经系统。血-脑屏障随个体发育逐步成熟，婴幼儿由于该屏障发育尚未完善，易发生中枢神经系统感染，如小儿麻痹症、流行性脑脊髓膜炎等。

3. 血-胎屏障　血-胎屏障由母体子宫内膜的基蜕膜和胎儿绒毛膜滋养层细胞共同构成。此屏障不妨碍母子间的物质交换，但可阻止母体内的病原微生物及其毒性产物、某些药物进入胎儿体内，保护胎儿免受感染。妊娠早期（3 个月内）血-胎屏障发育尚不完善，孕妇若感染风疹病毒、巨细胞病毒和单纯疱疹病毒等，则病毒有可能通过胎盘侵入胎儿体内，影响胎儿发育，导致流产、死胎或胎儿畸形。

（二）吞噬细胞

病原微生物一旦突破组织屏障进入机体，会遇到细胞屏障，机体内具有强大吞噬和杀伤功能的细胞，可阻止病原微生物向组织深部进一步扩散和蔓延。吞噬细胞包括单核/巨噬细胞和中性粒细胞，单核/巨噬细胞是大吞噬细胞，中性粒细胞是小吞噬细胞。

单核-巨噬细胞系统包括血液中的单核细胞和组织器官中固定或游走的巨噬细胞（MΦ）。单核细胞在血液中停留数小时至数日后进入全身各组织器官，分化为巨噬细胞。巨噬细胞因其具有组织特异性而形态名称各异，如表皮中的朗格汉斯细胞、肝脏的库普弗细胞、脑部的小胶质细胞、骨组织的破骨细胞、肺泡巨噬细胞等。

中性粒细胞主要分布在血液中，占血液白细胞总数的 60%～70%。中性粒细胞具有强大的趋化作用、变形运动和吞噬功能，病原体在局部引发感染时，它们可迅速穿越血管内皮细胞进入感染部位，吞噬杀伤病原体。其吞噬对象以细菌为主，也吞噬异物，可直接吞噬、杀伤胞外菌，但对胞内菌所致的慢性感染作用不大，因为中性粒细胞的寿命短暂（为 2～3 天），且胞内菌主要隐蔽于细胞内，中性粒细胞无法与其接触。中性粒细胞在吞噬、处理大量细菌后，自身死亡成为脓细胞。除了抗细菌感染外，中性粒细胞还可引起感染部位的炎症反应并参与寄生虫感染引发的变态反应，吞噬过程中脱颗粒，释放的溶酶体酶，可造成血管和周围组织的损伤，引起免疫病理损伤。

一般除了毒力强、数量多的细菌会侵入到血液和其他器官外，大部分细菌均可被吞噬、完全杀死消化，称完全吞噬；有些细菌如胞内寄生菌被吞噬后，在缺乏特异性细胞免疫的机体内，细菌不被杀死，反而在吞噬细胞内生长、繁殖或借助吞噬细胞的游走而扩散，甚至引起吞噬细胞死亡，称不完全吞噬，如结核分枝杆菌。

（考点：吞噬细胞的主要生物学作用）

（三）体液中的抗菌物质

在机体的血液、组织液和淋巴液等体液中，含有多种抗菌物质，如补体、细胞因子、溶菌酶、急性期蛋白等。这些物质可无选择性地直接或间接杀灭或裂解病原体。

1. 补体　补体系统也是机体非特异性抗感染免疫的重要成分之一（特别是当机体遭受到胞外菌入侵的时候）。补体是存在于人或脊椎动物的血清和组织液中的球蛋白，以非活性状态存在，病原体进入机体或抗体产生后被激活而具有酶活性，可以通过经典途径、旁路途径和 MBL 途径被激活，三条途径激活的共同终末产物是攻膜复合体（MAC）。补体系统有 30 多种成分，主要成分为 C1～C9，D、B、P 因子等，其中 C3 最多。补体不稳定，56℃30 分钟即可被灭活。数字上面加一横线表示激活状态，激活过程中产生的裂解片段用 a、b 表示，如 C3a、C3b。补体的生物学作用如下：

（1）MAC 的细胞溶解作用：在特异性抗体产生之前，侵入机体的多种病原微生物可通过旁路途径或甘露聚糖结合凝集素（MBL）途径而迅速激活补体系统，产生 MAC，插入靶细胞，使靶细胞通透性发生改变，发挥溶菌或溶解靶细胞作用。所以补体可以在机体早期抗感染免疫中发挥重要作用。当针对病原体特异性抗体产生后，所形成的抗原-抗体复合物可激活补体经典途径，产生 MAC 和补体的裂解片段，更有效地发挥抗感染作用。

（2）补体裂解片段的作用：①炎症介质作用。C3a、C4a、C5a 称为过敏毒素，可直接激活组织中的肥大细胞，释放组胺、白三烯和前列腺素等炎性介质和促炎细胞因子，导致局部血管扩张、通透性增强，促使中性粒细胞穿过血管内皮细胞进入感染部位。C5a 具有趋化作用，又称中性粒细胞趋化因子，可吸引中性粒细胞到达感染部位，使之活化并增强其吞噬、杀菌作用。C2a 有激肽样作用，能增加毛细血管的通透性，引起炎症反应。②调理作用。C3b/C4b 称为调理素，可促进吞噬细胞对病原体的吞噬、清除。③免疫黏附作用。C3b/C4b 作为桥梁，使抗原-抗体复合物黏附到某些血细胞上，形成较大的复合物，利于吞噬细胞对抗原-抗体复合物吞噬、清除。

（考点：补体的生物学作用）

2. 溶菌酶　溶菌酶是一种不耐热的碱性蛋白质，广泛存在于乳汁、血清、唾液、泪液及吞噬细胞溶酶体中。能够裂解 G^+菌细胞壁中的肽聚糖，使细菌崩解。G^-菌的肽聚糖外还有脂多糖和脂蛋白包裹，故对溶菌酶不敏感。但在特异性抗体和补体存在下，G^-菌的脂多糖和脂蛋白被破坏，G^-菌也可被溶菌酶溶解、破坏。

3. 急性期蛋白　感染、烧伤、手术、创伤等应激原可迅速诱发机体产生以防御为主的非特异性反应，如体温升高、血糖升高、分解代谢增强、负氮平衡及血清中某些蛋白质浓度迅速升高，这种反应称为急性期反应，参与急性期反应的蛋白质称为急性期蛋白（APP）。最早发现的 APP

是 C 反应蛋白（CRP），CRP 是在感染和组织损伤时血浆浓度快速、急剧升高的主要的具有代表性的急性期蛋白，因其能与肺炎双球菌 C 蛋白结合而得名。事实上 CRP 能与多种细菌和真菌结合，并通过激活补体和加强吞噬细胞的吞噬，而清除病原菌和损伤、坏死、凋亡的组织细胞。

一般认为，吞噬细胞和体液中杀菌物质是人体免疫系统抵御病原微生物感染的第二道防线。

二、适应性免疫

机体感染病原体后，固有免疫能很好地保护其免受病原体的进一步侵入和损伤。若难以彻底清除感染的病原体，将启动适应性免疫。适应性免疫是个体在发育过程中受病原体及其代谢产物等抗原物质刺激后获得的，故又称获得性免疫、特异性免疫。其特点是后天获得的，有特异性，记忆性，个体差异性，包括体液免疫和细胞免疫两种类型。一般认为，适应性免疫是人体免疫系统抵御病原微生物感染的第三道防线。

（一）抗病毒适应性免疫

对病毒感染的适应性免疫，主要依靠抗体、Th1 和 CTL。

1. 体液免疫的作用　在急性感染阶段，病毒特异性抗体能抑制胞外病毒的传播及防止再次感染。作用机制如下：①抑制吸附。抗体与病毒表面的重要结构结合，干扰病毒与宿主细胞的吸附，抑制病毒感染。能与病毒结合而清除其感染的抗体称为中和抗体。②抑制穿膜。抗体与参与膜融合的蛋白结合，抑制穿膜过程。③补体裂解病毒或病毒感染靶细胞，抗体与包膜病毒表面抗原结合，激活补体，裂解病毒；或抗体与病毒感染细胞结合，补体破坏病毒感染靶细胞。④调理作用。抗体与病毒表面抗原结合形成免疫复合物，发挥调理作用，增强吞噬细胞对病毒的吞噬。⑤ADCC 作用。抗体与 NK 细胞协同发挥作用，可破坏病毒感染靶细胞。

2. 细胞免疫的作用　一旦病毒进入宿主细胞或病毒基因整合到宿主细胞 DNA 后，抗体就难以清除其感染，主要依靠细胞免疫机制来清除胞内病毒。Th1 细胞接受病毒抗原刺激后活化，产生 IL-2、IFN-γ 等细胞因子。IL-2 可以诱导 CTL 发育成效应状态，间接抗病毒；IFN-γ 可直接诱导邻近细胞抗病毒；IL-2 和 IFN-γ 均可活化 NK 细胞，在效应 CTL 产生之前，在病毒感染早期就裂解病毒感染细胞。在病毒感染 3～4 天后，病毒抗原激活 CTL。CTL 集中于病毒复制区域，杀死病毒感染细胞，病毒释放到体液中，体液免疫配合，彻底清除病毒。CTL 也可通过释放 IFN-γ 和 TNF-α，不杀死细胞就可清除病毒。一般初次感染 7～10 天，可清除大部分病毒。

（二）抗细菌适应性免疫

病原菌感染 72 小时后，机体的适应性免疫参与抗感染过程，其产物可增强非特异性免疫应答。

1. 体液免疫的作用　抗胞外菌适应性免疫主要依靠体液免疫。胞外菌感染多为急性感染，病原菌存在于宿主细胞外的血液、淋巴液及组织液中。胞外菌感染后诱导淋巴结及呼吸道、消化道黏膜下层浆细胞产生特异性抗体，作用机制如下：①中和作用。抗毒素抗体中和细菌释放的游离的外毒素。②黏膜局部抗感染。sIgA 可封闭病原菌表面的黏附部位，阻止病原菌与黏膜细胞的结合，加快其排除。③调理吞噬作用。IgG 和 IgM 可促进吞噬细胞对病原菌的吞噬。④补体溶解细菌。抗体与病原菌结合后，激活补体，溶解细菌。⑤ADCC 作用。IgG 可通过 ADCC 作用破坏被病原菌感染的靶细胞。

2. 细胞免疫的作用　抗胞内菌适应性免疫主要通过细胞免疫。胞内菌感染多为慢性感染，病原菌存在于宿主细胞内（如结核分枝杆菌、麻风分枝杆菌、伤寒沙门菌、布鲁菌、军团菌等）。Th1 细胞通过 IL-2 促进与维持 CTL 的作用；通过 IFN-γ 介导对巨噬细胞的“超活化”作用，激发巨噬细胞等的杀灭作用。CTL 细胞可直接杀伤被胞内菌感染的靶细胞，是清除胞内菌感染的主要效应因素。

自测题

A_1/A_2型题

1. 半抗原是（　　）
   A. 既有免疫原性，又有抗原性
   B. 只有免疫原性，没有抗原性
   C. 只有抗原性，没有免疫原性
   D. 既没有免疫原性，也没有抗原性
   E. 与蛋白质载体结合后，可获得抗原性
2. 决定抗原特异性的物质基础是（　　）
   A. 大分子物质　B. 抗原决定簇
   C. 自身物质　D. 同种异体物质
   E. 异种物质
3. 构成抗原免疫原性的首要条件是（　　）
   A. 分子量大　B. 异物性
   C. 组成与结构复杂　D. 物理状态
   E. 分子构象
4. 对人而言，不属于同种异型抗原的物质是(　　)
   A. Rh 血型抗原
   B. ABO 血型抗原
   C. 主要组织相容性抗原
   D. 异嗜性抗原
   E. 次要组织相容性抗原
5. 类毒素的性质是（　　）
   A. 有免疫原性，有毒性
   B. 与外毒素完全相同
   C. 无免疫原性，有毒性
   D. 无免疫原性，无毒性
   E. 有免疫原性，无毒性
6. 存在于不同种属的共同抗原称为（　　）
   A. 异种抗原　B. 异嗜性抗原
   C. 同种异型抗原　D. 共同抗原
   E. 自身抗原
7. 免疫学中的非己物质不包括（　　）
   A. 结构发生改变的自身物质
   B. 同种异体物质
   C. 异种物质
   D. 胚胎期免疫细胞未接触的物质
   E. 胚胎期免疫细胞接触过的物质
8. 肿瘤相关抗原是（　　）
   A. 某一肿瘤细胞特有的抗原
   B. 患肿瘤时不表达的抗原
   C. 正常时不表达的抗原
   D. 患肿瘤和正常时都可高表达的抗原
   E. 患肿瘤时高表达而正常时可低表达的抗原
9. 患者，女性，78 岁。输血 15 分钟诉头胀痛、胸闷、腰背剧烈疼痛，随后出现酱油色尿，诊断为“溶血反应”。引起溶血反应的抗原属于（　　）
   A. 异种抗原　B. 自身抗原
   C. 异嗜性抗原　D. 肿瘤抗原
   E. 同种异型抗原
10. 与器官移植排斥反应相关的抗原是（　　）
   A. ABO 血型抗原　B. 类毒素
   C. HLA　D. 异嗜性抗原
   E. Rh 血型抗原
11. 属于中枢免疫器官的是（　　）
   A. 脾　B. 肝
   C. 胸腺　D. 淋巴结
   E. 黏膜相关淋巴组织
12. 人类 B 细胞分化成熟的器官是（　　）
   A. 骨髓　B. 腔上囊
   C. 胸腺　D. 淋巴结
   E. 脾

13. 人体最大的免疫器官是（　　）
A. 胸腺　B. 骨髓
C. 腔上囊　D. 淋巴结
E. 脾

14. 受抗原刺激后可增殖分化的细胞是（　　）
A. 中性粒细胞　B. 嗜碱粒细胞
C. NK细胞　D. T细胞和B细胞
E. 巨噬细胞

15. Tc 细胞（CTL）表面具有鉴定意义的标志是（　　）
A. CD8分子　B. CD4分子
C. CD3分子　D. CD80分子
E. CD86分子

16. 表达低亲和性IgG Fc受体，具有ADCC作用的细胞是（　　）
A. B细胞　B. 中性粒细胞
C. NK细胞　D. T细胞
E. 巨噬细胞

17. 关于抗体和免疫球蛋白的描述正确的是（　　）
A. 免疫球蛋白就是抗体
B. 抗体都是免疫球蛋白
C. 抗体都不是免疫球蛋白
D. 免疫球蛋白与抗体无关
E. 抗体包括免疫球蛋白

18. 免疫球蛋白的基本结构是（　　）
A. 由四条相同的重链组成
B. 由四条相同的轻链组成
C. 由铰链区连接的两条多肽链组成
D. 由二硫键连接的两条肽链组成
E. 由链间二硫键连接的四条肽链组成

19. 抗体分子的抗原结合部位在（　　）
A. CH1　B. CH2　C. CH3
D. Fab段　E. Fc段

20. 关于IgG的正确描述是（　　）
A. 唯一能通过胎盘的抗体
B. 分子量最大的抗体
C. 不能通过胎盘
D. 出现最早的抗体
E. 参与Ⅰ型超敏反应的抗体

21. 胎儿发育晚期能够合成的免疫球蛋白是（　　）
A. IgG　B. IgE　C. IgD
D. IgM　E. sIgA

22. 能与肥大细胞和嗜碱粒细胞结合的抗体是（　　）
A. IgM　B. IgE　C. IgA
D. IgG　E. IgD

23. 婴幼儿易患呼吸道感染的免疫因素是（　　）
A. sIgA低　B. sIgD低　C. sIgE低
D. sIgG低　E. sIgM低

24. 患者，男性，26岁。诊断为“再生障碍性贫血”。患者的哪个器官功能出现了异常（　　）
A. 骨髓　B. 腔上囊　C. 胸腺
D. 淋巴结　E. 脾

25. 下列关于免疫应答的叙述，不正确的是（　　）
A. 需经抗原诱导产生
B. 有多种细胞及分子参与
C. 其结局总是：对机体是有益的
D. 分为体液和细胞免疫应答两种类型
E. 在外周免疫器官中发生

26. 为什么再次免疫应答免疫力形成得快（　　）
A. 记忆细胞存在
B. 巨噬细胞数目的增加
C. T细胞数目的增加
D. 细胞数目的增多
E. 先产生IgG后产生IgM

27. 下列哪个是由效应 Tc 细胞释放的能导致靶细胞膜穿孔的介质（　　）
A. 溶酶素　B. 穿孔素
C. 颗粒酶　D. 干扰素
E. 细菌素

28. 下列关于体液免疫的生物学作用，不正确的是（　　）
A. 抗细胞内病毒感染　B. ADCC作用
C. 中和病毒　D. 激活补体
E. 发挥调理作用

29. 容易引起免疫耐受性的抗原注射途径为（　　）
A. 静脉＞皮下＞肌内＞腹腔
B. 静脉＞腹腔＞皮下、肌内

C. 腹腔＞静脉＞皮下、肌内
D. 腹腔＞皮下、肌内＞静脉
E. 皮下＞肌内＞腹腔＞静脉

30. 在细胞免疫和体液免疫中，均起辅助作用的是（　　）
A. Tc　　B. Ts
C. Th　　D. 嗜酸粒细胞
E. NK 细胞

31. 下列关于免疫耐受的说法，正确的是（　　）
A. 是机体不发生免疫应答
B. 是特殊类型的免疫应答
C. 无需抗原诱导
D. 没有特异性
E. 随年龄的增长而易于发生

32. 可特异性杀伤病毒感染细胞的是（　　）
A. Tc 细胞　　B. 巨噬细胞
C. NK 细胞　　D. Ts 细胞
E. Th 细胞

33. 能产生抗体的细胞是（　　）
A. NK 细胞　　B. 巨噬细胞
C. T 细胞　　D. B 细胞
E. 浆细胞

34. 妊娠初期，母体若被病毒感染易发生胎儿畸形，其原因是（　　）
A. 血-脑屏障发育未完善
B. 皮肤屏障发育未完善
C. 血-胎屏障发育未完善
D. 外周免疫器官发育未完善
E. 胸腺发育未成熟

35. 小儿较成年人容易发生脑膜炎的原因是（　　）
A. 外周免疫器官发育未完善
B. 胎盘屏障发育未完善
C. 胸腺发育未成熟
D. 血-脑屏障发育未完善
E. 皮肤屏障发育未完善

36. 人体大面积烧伤后，容易发生感染的原因是（　　）
A. 皮肤黏膜屏障受损
B. 胎盘屏障发育未完善
C. 胸腺发育未成熟
D. 外周免疫器官损伤
E. 血-脑屏障损伤

37. 病原微生物感染人体后，易形成不完全吞噬作用的是（　　）
A. 链球菌　　B. 大肠埃希菌
C. 结核分枝杆菌　　D. 淋病奈瑟菌
E. 葡萄球菌

38. 下列具有特异性抗感染作用的物质是（　　）
A. 胃酸　　B. 干扰素　　C. 抗体
D. 溶菌酶　　E. 补体

39. 关于固有免疫的描述，下列不正确的是（　　）
A. 也称先天免疫
B. 在种系发育和进化过程中形成
C. 无特异性和记忆性
D. 在机体受感染时最先发挥作用
E. 与遗传无关

40. 患者，男性，20 岁，被多种细菌感染，体内缺乏 C3 成分，该患者不会受到影响的补体介导的功能是（　　）
A. 产生过敏毒素
B. 对细菌的调理
C. 裂解细菌
D. 产生中性粒细胞趋化因子
E. 以上均不对

41. 补体和抗体都具有的生物学作用是（　　）
A. 特异性结合抗原　　B. 免疫黏附作用
C. ADCC 作用　　D. 中和毒素
E. 调理作用

A_3/A_4 型题

（42～45 题共用题干）

患者，男性，35 岁，4 天前施工时不慎被带锈铁钉刺伤足底，伤口深约 2cm，宽 0.3cm，当时未做特殊处理，因伤口疼痛、乏力、头痛、烦躁不安、咀嚼无力而入院。诊断为破伤风，医嘱 TAT 肌内注射，立即执行。患者行 TAT 过敏试验，结果阳性。

42. TAT 对人而言具有哪种特性（　　）
A. 是抗体
B. 是抗原

C. 既是抗原，又是抗体
D. 既不是抗原，又不是抗体
E. 是自身抗原

43. 患者行 TAT 过敏试验呈阳性是因为（　　）
A. 免疫防御功能低下
B. 免疫防御功能过强
C. 免疫稳定功能低下
D. 免疫监视功能低下
E. 免疫监视功能过强

44. TAT 对人而言属于哪种抗原（　　）
A. 异种抗原　B. 自身抗原
C. 异嗜性抗原　D. 肿瘤抗原
E. 同种异型抗原

45. 治疗破伤风时，使用破伤风抗毒素的目的是（　　）
A. 抑制需氧菌感染
B. 解痉挛效果好
C. 中和游离破伤风外毒素
D. 抑制破伤风杆菌
E. 抑制细菌释放毒素

（46～49 题共用题干）

患者，男性，25 岁。诊断为“甲型肝炎”收住入院。

46. 引起患者感染的病原体属于（　　）
A. 细菌　B. 病毒　C. 支原体
D. 衣原体　E. 立克次体

47. 患者体内具有广泛抗病毒作用的细胞是（　　）
A. Tc 细胞　B. B 细胞　C. NK 细胞
D. Th 细胞　E. Ts 细胞

48. 患者体内对造成感染的病原体具有抗原提呈作用的细胞是（　　）
A. B 细胞　B. 肥大细胞
C. NK 细胞　D. T 细胞
E. 单核-巨噬细胞

49. 患者体内具有接受抗原刺激，发生免疫应答的细胞是（　　）
A. 中性粒细胞　B. 巨噬细胞
C. NK 细胞　D. T 细胞和 B 细胞
E. 嗜碱粒细胞

（50～52 题共用题干）

患儿，女，出生后 7 天。近日来，巩膜、皮肤黄染明显，来医院就诊。查体：体温 36.8℃、脉搏 132 次/分、呼吸 24 次/分，精神、食欲及大小便正常。诊断为“新生儿溶血症”。

50. 参与新生儿溶血症的抗体类型为（　　）
A. IgM 型抗体　B. IgE 型抗体
C. IgA 型抗体　D. IgG 型抗体
E. IgD 型抗体

51. 参与新生儿溶血症的抗体来自于（　　）
A. 患者出生后自身合成
B. 患者在胎儿期自身合成
C. 母体在分娩是通过产道传给患儿
D. 母体通过胎盘传给胎儿
E. 母体通过母乳传给患儿

52. 与新生儿溶血症相关的抗原主要为（　　）
A. A 抗原　B. B 抗原
C. Rh 抗原　D. O 抗原
E. HLA 抗原

（祝司霞）

第11章 临床免疫

第1节 超敏反应

案例 11-1 患者李某，20 岁，患急性扁桃体炎，医嘱青霉素静脉滴注并嘱青霉素皮试。皮试后 5 分钟患者出现胸闷、气急伴濒危感，头晕，头痛，呼吸困难，面色苍白，出冷汗，脉细速，血压下降，烦躁不安等临床表现。

1. 患者为什么会出现胸闷、气急、血压下降等临床表现？
2. 作为护士，根据症状应采取哪些相应措施？

超敏反应又称变态反应，是指机体对某些抗原初次应答（致敏）后，再次接受相同抗原刺激后，引起的以机体生理功能紊乱或组织损伤为主的特异性免疫应答，超敏反应本质上属于异常或病理性的免疫应答，其发生过程同特异性免疫反应一样，故也具有免疫应答的特异性和记忆性。引起超敏反应的抗原称为变应原。根据超敏反应的发生机制及临床特点，将其分为四型：Ⅰ型超敏反应、Ⅱ型超敏反应、Ⅲ型超敏反应、Ⅳ型超敏反应。

Ⅰ、Ⅱ、Ⅲ型三种超敏反应由抗体介导，有个体差异；Ⅳ型超敏反应由 T 细胞介导，一般无个体差异。

一、Ⅰ型超敏反应

Ⅰ型超敏反应是临床上最常见的一类超敏反应，又称过敏反应或速发型超敏反应，可发生于局部，也可发生于全身。其主要特点是：①反应发生快，消退也快（速发型）；②主要由特异性抗体 IgE 介导；③主要表现为生理功能紊乱，一般不发生组织细胞损伤；④有明显个体差异和遗传背景。对变应原易产生 IgE 类抗体的超敏患者，称为特应性素质个体。

（考点：Ⅰ型超敏反应的特点）

引起Ⅰ型超敏反应的变应原（过敏原）种类繁多，主要有：①吸入性变应原，如植物花粉、真菌孢子、皮屑、羽毛、粉尘、螨等；②食入性变应原，如蛋、奶、鱼、虾、贝、蟹、食品添加剂、防腐剂、保鲜剂等；③药物，如青霉素、普鲁卡因、磺胺、有机碘等；④化学物质，如染发剂、石油、化纤、塑料、橡胶、农药等；⑤其他，如病原生物及其代谢产物、动物免疫血清等。上述各种变应原可通过呼吸道、消化道、注射、皮肤接触等途径进入机体。

（一）发生机制

Ⅰ型超敏反应的发生可分为三个阶段。

1. 致敏阶段　变应原通过各种途径初次进入机体，刺激 B 细胞产生 IgE 类抗体，IgE 的 Fc

段与机体的肥大细胞或嗜碱粒细胞表面的 Fc 受体结合而使机体处于致敏状态，此阶段机体不表现出任何症状。致敏状态一般在机体接受抗原刺激后 10 天左右形成，可持续数月或更长时间，致敏期间如不再接触同种变应原，致敏状态可逐渐消失。

2. 发敏阶段　相同的变应原再次进入致敏状态的机体，可与肥大细胞或嗜碱粒细胞表面的 IgE 结合，使肥大细胞或嗜碱粒细胞脱颗粒，释放组胺、激肽原酶、白三烯、前列腺素等生物活性介质。

3. 效应阶段　释放的生物活性介质作用于效应器官和组织，使机体出现生理功能紊乱，表现为平滑肌痉挛、毛细血管扩张且通透性增加、黏膜腺体分泌增加，导致局部或全身性Ⅰ型超敏反应性疾病。Ⅰ型超敏反应发生机制见图 11-1。

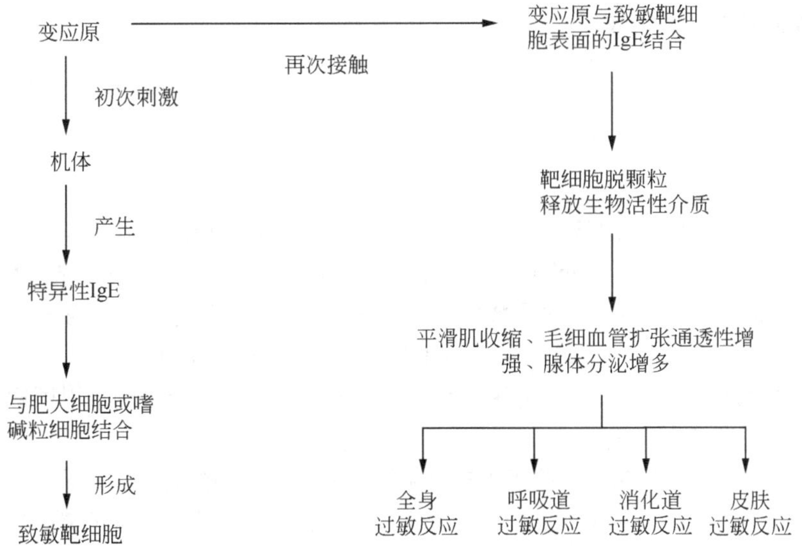

图 11-1　Ⅰ型超敏反应发生机制

（二）常见疾病

1. 过敏性休克　是最严重的一种过敏反应，患者常在再次接触变应原后数分钟之内发生，主要表现为胸闷、气急、呼吸困难、面色苍白，出冷汗、手足发凉，脉搏细速、血压下降、意识障碍或昏迷，严重者抢救不及时可迅速死亡。

（1）药物过敏性休克：以青霉素过敏性休克最常见。此外，头孢菌素、普鲁卡因、链霉素、有机碘等也可引起。青霉素本身无免疫原性，其降解产物青霉噻唑醛酸或青霉烯酸与体内组织蛋白结合后获得免疫原性，可刺激机体产生 IgE 而使机体致敏，当机体再次接触青霉素或其降解产物时即可发生过敏性休克。青霉素制剂在弱碱性溶液中易形成降解产物，青霉素现用现配是预防青霉素过敏性休克的有效措施。临床上发现少数人初次注射青霉素时也可发生过敏性休克，这可能与患者以往曾接触过青霉素，已使机体致敏。如皮肤黏膜接触过青霉素或其降解产物，吸入过青霉菌孢子等，因此首次注射青霉素前要做皮试。

（2）血清过敏性休克：临床上应用动物免疫血清如破伤风抗毒素、白喉抗毒素治疗或紧急预防疾病时，有些患者在再次注射相同的血清制时，可发生过敏性休克，因此注射抗毒素前要做皮试。

2. 呼吸道过敏反应

（1）支气管哮喘：好发于儿童和青壮年，有家族史。吸入花粉、尘螨、动物皮屑、真菌孢子等变应原后发生的以支气管平滑肌痉挛为主的器官变应性炎症。患者常出现胸闷、哮喘、呼吸困难等症状。

（2）过敏性鼻炎：主要因吸入植物花粉等变应原引起，又称为花粉症，具有明显的季节性和地区性。患者表现为鼻黏膜分泌物增加、流鼻涕、打喷嚏。

3. 消化道过敏反应　少数人食入鱼、虾、蛋、奶及服用某些药物后，可引起恶心、呕吐、腹泻、腹痛等症状，又称为过敏性肠炎。

4. 皮肤过敏反应　可因食物、药物、花粉、肠道寄生虫及寒冷刺激等引起，主要表现为荨麻疹、湿疹和血管神经性水肿。

（考点：Ⅰ型超敏反应的临床常见疾病）

（三）防治原则

1. 查明变应原，避免再次接触　查明变应原，避免接触是预防超敏反应最理想的方法。临床寻找变应原最常用的方法是询问病史和进行变应原皮肤试验。变应原皮肤试验是皮内试验（简称皮试），具体做法是将可疑变应原稀释后，取 0.1ml 在受试者前臂内侧皮内注射，15～20 分钟后观察结果。若局部皮肤出现红晕、风团，且直径＞1cm 为皮试阳性。

2. 特异性脱敏和减敏治疗　在实际生活和临床工作中有些变应原却难以回避，如花粉、尘螨、冷空气、抗毒素等，可进行特异性脱敏和减敏治疗。

（1）异种免疫血清脱敏治疗：抗毒素皮试阳性但又必须使用的患者，可采用小剂量，短间隔（20～30 分钟），连续多次注射抗毒素的方法进行脱敏治疗，如破伤风抗毒素。这种脱敏作用是暂时的，经过一定时间后机体可重新恢复致敏状态。

（2）特异性变应原减敏治疗：对已查明而又难以避免接触的变应原如花粉、尘螨等，可采用小剂量，长间隔（1 周左右），逐渐增量，反复多次皮下注射相应变应原的方法进行减敏治疗。

3. 药物治疗　用药物选择性地阻断或干扰过敏反应发生过程中的某些环节，阻止或减轻过敏反应的发生。主要有以下几类药物：①抑制生物活性介质的合成和释放，主要有色甘酸钠、肾上腺素、氨茶碱等；②拮抗生物活性介质的作用，主要有苯海拉明、异丙嗪、氯苯那敏（扑尔敏）、阿司匹林等；③改变效应器官的反应性，主要有肾上腺素、钙剂、维生素 C 等。肾上腺素是抢救过敏性休克的首选药物。

（考点：Ⅰ型超敏反应的防治原则）

二、Ⅱ型超敏反应

Ⅱ型超敏反应由 IgG、IgM 类抗体与靶细胞表面相应的抗原结合后，在补体、吞噬细胞、NK 细胞参与下，引起的以细胞溶解或组织损伤为主的病理性免疫反应。故又称为细胞毒型或细胞溶解型超敏反应。

（一）发生机制

Ⅱ型超敏反应的变应原为正常组织细胞（如输入的同种异型抗原）、共同抗原、改变的自身细胞、吸附有外来抗原、半抗原及免疫复合物的自身组织细胞等，均可成为Ⅱ型超敏反应中被攻击杀伤的靶细胞。主要参与成分为抗体（IgG、IgM）、补体、巨噬细胞和 NK 细胞等。靶细胞上的抗原与 IgG 或 IgM 类抗体结合，通过三种途径损伤靶细胞：①激活补体溶解靶细胞；②激活吞噬细胞，发挥调理作用促进吞噬细胞吞噬靶细胞；③激活 NK 细胞，通过 ADCC 作用杀伤靶细胞。Ⅱ型超敏反应发生机制见图 11-2。

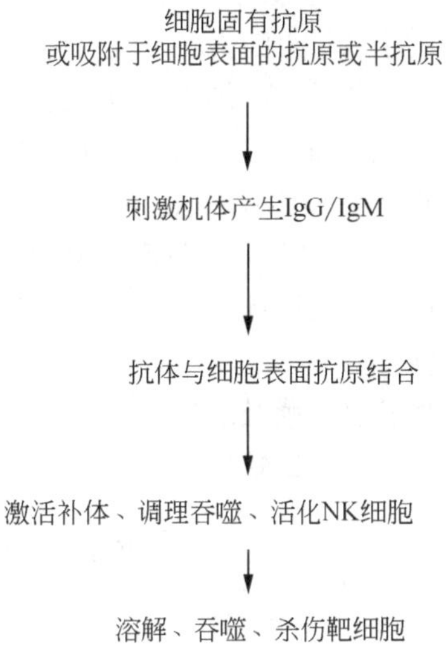

图 11-2 Ⅱ型超敏反应发生机制

（二）常见疾病

1. 输血反应　多发生于 ABO 血型不符的输血。如将 B 型供血者的血误输给 A 型受血者，因 B 型血红细胞表面有 B 抗原，A 型受血者血清中有 B 抗体，两者结合后激活补体可使红细胞溶解破坏引起溶血反应。

2. 新生儿溶血症　多发生于母子间 Rh 血型不符。Rh^-血型的母亲怀有 Rh^+胎儿时，第一胎分娩时，胎儿 Rh^+红细胞进入母体，可刺激母体产生抗 Rh^+抗体（IgG），若此时母亲再次妊娠且胎儿又为 Rh^+时，母体内的抗 Rh^+抗体可通过胎盘进入胎儿体内，与胎儿 Rh^+细胞结合，补体被激活，导致新生儿红细胞溶解。为防止新生儿溶血症发生，可在初产妇分娩后 72 小时内注射抗 Rh^+抗体及时清除进入体内的 Rh^+红细胞，以阻断 Rh^+红细胞对母体的致敏。母子间 ABO 血型不符引起的新生儿溶血更为常见，但病情较轻，一般在出生后不久可自愈。

3. 药物过敏性血细胞减少症　某些药物半抗原如青霉素、安替比林、磺胺等吸附在血细胞表面而成为完全抗原，刺激机体产生了抗药物的特异性抗体，抗体与血细胞表面吸附的抗原结合可导致血细胞溶解破坏。由于损伤的血细胞种类不同，临床上可出现药物溶血性贫血、粒细胞减少症、血小板减少性紫癜。

此外，临床上常见的Ⅱ型超敏反应性疾病还包括自身免疫性溶血性贫血、抗肾小球基底膜炎、风湿性心肌炎、甲状腺功能亢进（Graves 病）。

（考点：Ⅱ型超敏反应的临床常见疾病）

三、Ⅲ型超敏反应

Ⅲ型超敏反应是由中等大小的可溶性免疫复合物沉积于局部或全身毛细血管基底膜，引起的以充血水肿、局部坏死和中性粒细胞浸润为主要特征的炎症反应和组织损伤。故又称免疫复合物型或血管炎型超敏反应。

（一）发生机制

1. 中等大小可溶性免疫复合物形成与沉积　可溶性抗原进入机体，与体内相应的 IgG 或 IgM 类抗体结合形成抗原-抗体复合物，又称免疫复合物（IC）。随血液循环的可溶性免疫复合物只有沉积于局部，才具有致病作用。形成的大分子可溶性免疫复合物，易被吞噬细胞吞噬清除；形成的小分子可溶性免疫复合物，易被肾小球滤过而排出体外；形成的中等大小可溶性免疫复合物，既不易被吞噬细胞吞噬，也不能经肾小球滤过，而较长时间存在于血液循环中，随血液流动容易沉积于血压较高而血流缓慢的毛细血管纡回处，如肾小球基底膜、关节滑膜、皮下等处的毛细血管，引起Ⅲ型超敏反应。

2. 中等大小免疫复合物沉积后引起的组织损伤　免疫复合物并不直接损伤组织，而是通过以下方式引起免疫损伤：①激活补体，产生过敏毒素刺激肥大细胞和嗜碱粒细胞释放组胺等生物活性介质，使局部血管通透性增高，导致渗出性炎症反应；②吸引中性粒细胞在局部浸润，损伤血管基底膜及邻近组织；③引起血小板聚集，血小板活化，释放血管活性物质，形成微血栓，造成局部组织缺血、出血和组织坏死。Ⅲ型超敏反应发生机制见图 11-3。

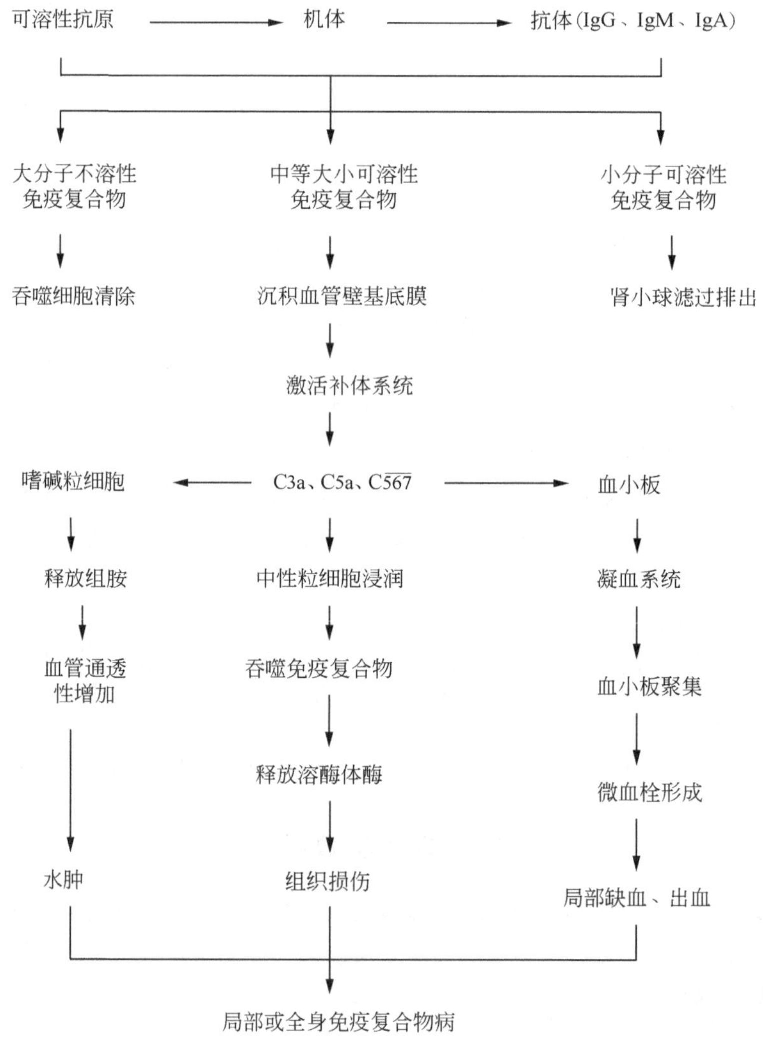

图 11-3　Ⅲ型超敏反应发生机制

（二）常见疾病

1. 局部免疫复合物病　Ⅲ型超敏反应有的仅局部发病，机体的局部组织反复受到同一种抗原刺激，在抗原入侵的局部，抗原与已经产生的抗体相遇，形成免疫复合物，局部沉积引起Ⅲ型局部超敏反应，又称 Arthus 反应。临床上 1 型糖尿病患者，局部反复注射胰岛素时，可在注射局部出现红肿、出血和坏死等剧烈炎症反应。

知识链接

Arthus 反应

1903 年 Arthus 用马血清给家兔皮下反复多次注射，数周后，当再次注射马血清时，在注射局部出现红肿、出血、坏死等剧烈炎症反应，红肿随注射次数增加而加重。这是一种动物实验性的局部过敏症，称为 Arthus 反应。

2. 血清病 治疗破伤风等外毒素性疾病，需早期大剂量注射抗毒素（动物免疫血清）。有些患者在注射 1～2 周后，出现发热、全身荨麻疹、淋巴结肿大、关节肿痛和一过性蛋白尿等表现，称为血清病。

3. 感染后肾小球肾炎 一般多在 A 群链球菌感染后 2～3 周，少数患者可发生急性肾小球肾炎。感染后患者体内产生的抗链球菌抗体与链球菌抗原结合，形成免疫复合物沉积于肾小球毛细血管基底膜，导致基底膜炎症反应，可出现水肿、蛋白尿、血尿等症状。

4. 类风湿关节炎 病因不明。可能与病毒或支原体持续感染有关。在一定因素作用下体内 IgG 分子变性，从而刺激机体产生抗变性 IgG 的自身抗体，这种自身抗体临床上称类风湿因子（RF）。当自身变性的 IgG 与类风湿因子（RF）结合形成免疫复合物，并反复沉积于小关节滑膜时，即引起类风湿关节炎，患者出现小关节红肿、变形僵直，失去运动功能。

5. 系统性红斑狼疮（SLE） 病因不明。SLE 患者体内出现多种自身抗体，如抗核抗体（抗各种核酸和核蛋白抗体的总称）。自身抗体与自身成分结合形成免疫复合物，沉积在全身多处血管基底膜，导致组织损伤，表现为全身多器官病变。

四、Ⅳ型超敏反应

Ⅳ型超敏反应是由效应 T 细胞再次接触相同的抗原后引起的以单核细胞、淋巴细胞浸润和组织细胞损伤为主要特征的异常的细胞免疫。因其通常发生于再次接触抗原 24～72 小时后，故又称迟发型超敏反应。该型超敏反应属于 T 细胞介导的免疫应答，没有抗体和补体参与，发生缓慢，消退也慢，无明显个体差异。

（一）发生机制

Ⅳ型超敏反应与细胞免疫应答机制基本一致，两者可同时存在，前者主要致机体组织损伤，后者以清除病原体或异物为主。诱发Ⅳ型超敏反应的变应原主要有病毒、胞内寄生菌、细胞抗原（肿瘤细胞、移植细胞）、真菌、寄生虫及油漆、染料等化学物质。变应原进入机体后刺激 T 细胞转化为效应性 T 细胞（$CD4^+$Th1 细胞和 $CD8^+$Tc 细胞），$CD4^+$ Th1 效应细胞可释放多种细胞因子，产生以单核细胞和淋巴细胞浸润为主的炎症反应。$CD8^+$ Tc 效应细胞可通过释放穿孔素和颗粒酶杀伤靶细胞，或通过 Fas/FasL 途径引起导致细胞凋亡。Ⅳ型超敏反应发生机制见图 11-4。

（二）常见疾病

1. 传染性迟发型超敏反应　指在传染过程中发生的Ⅳ型超敏反应。机体对细胞内感染的病原体（如胞内寄生菌、病毒、某些寄生虫和真菌等）主要产生细胞免疫应答。但在清除病原体或阻止病原体扩散的同时，可因刺激机体产生Ⅳ型超敏反应而导致组织炎症损伤。例如肺结核患者对结核分枝杆菌产生Ⅳ型超敏反应，可出现干酪样坏死、肺空洞等。

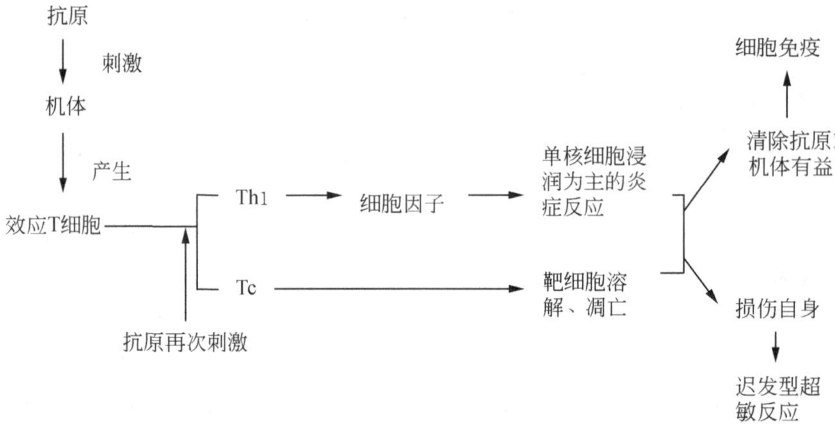

图 11-4　Ⅳ型超敏反应发生机制

2. 接触性皮炎　接触油漆、染料、农药、化妆品、药物（如磺胺、青霉素）等变应原可使机体致敏。当再次接触相同变应原 24 小时后，即可发生接触性皮炎，患者局部皮肤出现红肿、硬结、丘疹、水疱等皮炎症状，严重者可发生剥脱性皮炎。

3. 移植物排斥反应　在进行同种异体器官或组织移植时，如果供者与受者双方组织相容性抗原（HLA）不完全相同，供者组织器官进入受体后，可刺激受者产生效应性 T 细胞，发生排斥反应，最终导致移植物坏死脱落，称为移植物排斥反应。

上述四型超敏反应各具特点，临床实际中超敏反应常为混合型，可几型同时存在并以某一型为主，例如链球菌感染后肾小球肾炎主要是由Ⅲ型超敏反应引起，也可由Ⅱ型超敏反应所致。另外，同一种抗原在不同条件下也可以引起不同类型的超敏反应，如青霉素所致的超敏反应通常以过敏性休克、荨麻疹等Ⅰ型超敏反应为主；也可引起溶血性贫血等Ⅱ型超敏反应；与血清蛋白质结合可出现Ⅲ型超敏反应；反复多次局部涂抹青霉素油膏则可引起由Ⅳ型超敏反应造成的接触性皮炎。

第 2 节　自身免疫病与免疫缺陷病

一、自身免疫病

（一）概念

机体免疫系统针对自身成分发生免疫应答的现象称自身免疫，自身免疫可以是生理性的，也可能是病理性的。一定限度的生理性的自身免疫有利于机体清除衰老、损伤或突变的细胞，调节免疫应答，维护机体免疫自稳。若自身免疫超过一定限度，以至于破坏自身正常组织结构并引起相应临床症状时，就产生自身免疫性疾病。

自身免疫病（AID）是指在某些因素的诱发下，机体免疫系统对自身成分产生过度而持久的自身免疫应答，导致自身组织细胞损伤或器官功能障碍而引起的一类疾病。

（二）自身免疫病的基本特征

1. 患者血液中可检出高效价的自身抗体或自身反应性 T 细胞。
2. 自身抗体或自身反应性 T 细胞作用于靶细胞，造成相应的组织细胞损伤或器官功能障碍。
3. 病情转归与自身免疫反应的强度密切相关。
4. 病程慢性迁延，反复发作。免疫抑制剂治疗有一定效果。
5. 易伴发免疫缺陷病或恶性肿瘤。
6. 患者以女性多见，发病率随年龄增长而升高，有遗传倾向。

（三）自身免疫病的损伤机制

自身免疫病的病理损伤是由自身抗体或自身反应性 T 淋巴细胞所致，其病理损伤的机制与Ⅱ、Ⅲ、Ⅳ型超敏反应相似。自身免疫病的发生与遗传、自身抗原、免疫调节等因素有关。

（四）自身免疫病的分类

自身免疫病约有 30 余种，根据诱发原因分为原发性自身免疫病和继发性自身免疫病两类。临床上大多原发性，少数为继发性。

1. 原发性自身免疫病　与遗传关系密切，常为终身疾病，预后多数不良。根据累及的器官不同，又可分为器官特异性和非器官特异性，前者的病变常局限于某一特定器官；后者常累及多种器官和结缔组织，又称全身性（系统性）自身免疫病或结缔组织（胶原）病。

2. 继发性自身免疫病　与药物、外伤、感染等原因有关，与遗传无关，预后良好，除去诱因后一般都能自然痊愈。常见的疾病有药物引起的可逆性狼疮样反应、外伤性交感性眼炎、病毒感染后心肌炎等。

二、免疫缺陷病

（一）概念

免疫缺陷病（IDD）是免疫系统中任何一个环节或其组分因先天发育不全或后天各种因素所致损害而使免疫活性细胞的发生发展、分化增殖和代谢异常，并引起免疫功能不全所出现的临床综合征。

（二）免疫缺陷病的共同特点

1. 易并发感染　免疫缺陷病患者对各种病原体的易感性明显增加。患者可出现严重的、持续的反复感染，难以治愈，是患者致死的主要原因。

2. 易发生恶性肿瘤　尤其是细胞免疫缺陷患者，恶性肿瘤的发病率比同龄正常人群高 100～300 倍。

3. 易并发自身免疫性疾病　正常人群中自身免疫性疾病的发病率仅为 0.001%～0.01%，而免疫缺陷病患者并发自身免疫性疾病的发病率可高达 14%，以系统性红斑狼疮、类风湿关节炎、恶性贫血较多见。

4. 遗传倾向性　原发性免疫缺陷病大多有遗传倾向。

（三）免疫缺陷病的分类

1. 原发性免疫缺陷病　原发性免疫缺陷病（PIDD）是指由于免疫系统先天性发育缺陷而导致的免疫功能低下，与遗传相关，多发生于婴幼儿，出现反复感染，严重者会威胁生命。原发性免疫缺陷病是一种罕见病，主要有以下几种类型：①B 细胞免疫缺陷病；②T 细胞免疫缺陷病；③联合性免疫缺陷病；④吞噬细胞缺陷病；⑤补体缺陷病等。

2. 继发性免疫缺陷病　继发性免疫缺陷病是由于发育成熟的免疫系统受到各种因素的作用而产生的免疫缺陷。

（1）获得性免疫缺陷综合征（AIDS）：AIDS 是由感染人类免疫缺陷病毒（HIV）所致。HIV 侵入机体主要侵犯 $CD4^{+}$T 细胞，引起以 $CD4^{+}$ T 细胞缺损为中心的严重免疫缺陷。其特征是在免疫缺陷基础上出现一系列临床症状，主要是机会感染、恶性肿瘤和中枢神经系统损害。

（2）继发于其他疾病的免疫缺陷：营养不良、恶性肿瘤和感染是引起继发性免疫缺陷的三大要素。此外，免疫抑制剂的使用、放疗、化疗、手术、创伤等均有明显的抑制和破坏免疫功能作用，导致免疫力下降。

自测题

A_1/A_2 型题

1. Ⅰ型超敏反应又称为（　　）
   A. 免疫复合物型超敏反应
   B. 迟发型超敏反应
   C. 速发型超敏反应
   D. 细胞毒型超敏反应
   E. 细胞溶解型超敏反应
2. 参与Ⅰ型超敏反应的抗体是（　　）
   A. IgG　B. IgM　C. IgA
   D. IgE　E. IgD
3. Ⅰ型超敏反应中能释放生物活性物质的主要细胞是（　　）
   A. 巨噬细胞　B. NK 细胞
   C. T 淋巴细胞　D. B 淋巴细胞
   E. 肥大细胞、嗜碱粒细胞
4. 预防Ⅰ型超敏反应的皮内试验，阳性结果是（　　）
   A. 红晕直径＞0.1cm
   B. 红晕直径＞0.5cm
   C. 红晕直径＞1cm
   D. 红晕直径＞2cm
   E. 红晕直径＞5cm
5. 临床上药物过敏性休克，以哪一种药物最常见（　　）
   A. 青霉素　B. 头孢菌素
   C. 红霉素　D. 普鲁卡因
   E. 链霉素
6. 抢救青霉素过敏性休克时应立即注射（　　）
   A. 盐酸肾上腺素　B. 异丙肾上腺素
   C. 去甲肾上腺素　D. 葡萄糖酸钙
   E. 地塞米松
7. 不属于Ⅰ型超敏反应的疾病是（　　）
   A. 过敏性休克　B. 呼吸道过敏反应
   C. 消化道过敏反应　D. 皮肤过敏反应
   E. 接触性皮炎
8. 属于Ⅱ型超敏反应的疾病是（　　）
   A. 血清病
   B. 类风湿关节炎

C. 接触性皮炎
D. 药物过敏性血细胞减少症
E. 药物过敏性休克

9. 参与新生儿溶血症的抗体是（　　）
A. sIgA　B. IgD　C. IgE
D. IgG　E. IgM

10. 新生儿溶血症有可能发生于（　　）
A. Rh^+母亲再次妊娠，血型为Rh^+的新生儿
B. Rh^-母亲再次妊娠，血型为Rh^+的新生儿
C. Rh^+母亲首次妊娠，血型为Rh^+的新生儿
D. Rh^-母亲首次妊娠，血型为Rh^-的新生儿
E. Rh^-母亲首次妊娠，血型为Rh^+的新生儿

11. 不属于Ⅲ型超敏反应性疾病的是（　　）
A. 输血反应
B. 血清病
C. 感染后肾小球肾炎
D. 类风湿关节炎
E. 系统性红斑狼疮

12. 下列疾病中，可检出抗核抗体的是（　　）
A. 系统性红斑狼疮
B. 类风湿关节炎
C. 链球菌感染后肾小球肾炎
D. 重症肌无力
E. 自身免疫性血小板减少性紫癜

13. 属于Ⅳ型超敏反应的疾病是（　　）
A. 血清病　B. 新生儿溶血症
C. 过敏性休克　D. 传染性超敏反应
E. 呼吸道过敏反应

14. 自身免疫性疾病所不具备的特征是（　　）
A. 具有遗传倾向
B. 患者血液中可检测到高效价的自身抗体和（或）自身应答性T细胞
C. 部分自身免疫性疾病易发于男性
D. 反复发作和慢性迁移
E. 病情转归与自身免疫应答强度相关

（聂新星）

第12章 免疫学应用

第1节 免疫学防治

案例 12-1 患儿，男，5岁。近1年来反复发生中耳炎、扁桃体炎、肺炎等疾病。近期左膝关节明显疼痛入院治疗。化验检查：外周血Ig5.8%（正常参考值11.9%～23%），各类Ig均下降，外周血中B淋巴细胞测定值为0。

1. 患者可能患了什么疾病，病因是什么？
2. 针对该患者病情，如何进行治疗？

机体受病原体感染后，能产生特异性抗体和效应T细胞，提高对该病原体的免疫力。根据这一基本原理，可采用人工方法使机体获得特异性免疫力，达到预防疾病的目的。

一、免疫预防

免疫预防是指人为地给机体输入抗原或抗体等生物制剂或免疫活性物质，使机体获得特异性免疫力的方法，包括人工主动免疫和人工被动免疫。

（一）人工主动免疫

人工主动免疫是指用疫苗、类毒素等抗原性物质接种机体，使之产生特异性抗体或效应T淋巴细胞，从而达到预防感染的方法。这种免疫1～4周才能产生，维持时间较长可达半年或数年，故多用于疾病的预防。

1. 死疫苗　用免疫原性强的病原体灭活而制成的疫苗。死疫苗在体内不能增殖，难以通过内源性抗原加工提呈诱导出效应CTL，故细胞免疫弱，免疫效果有一定局限性。常用的有伤寒、流脑、狂犬疫苗等。

2. 减毒活疫苗　用减毒或无毒力的活微生物制备而成。减毒活疫苗接种类似隐性感染或轻症感染，活疫苗在体能增殖，一般只需接种一次，免疫效果良好、持久。常用的有卡介苗、麻疹疫苗及脊髓灰质炎疫苗等。

3. 类毒素　将细菌的外毒素经0.3%～0.4%的甲醛溶液处理，因已失去外毒素的毒性，保留了免疫原性，接种后能诱导机体产生抗毒素。

4. 新型疫苗　包括亚单位疫苗、结合疫苗、合成肽疫苗及基因工程疫苗。

知识链接

接种疫苗是保护人类健康的重要措施，是传染病防控的主要环节。近年来通过采用生物化学合成、基因工程等现代生物技术制备越来越多的新型疫苗，其作用范围也得到扩展。①计划生育：避孕疫苗是近年研制的疫苗，有一定的抗生育效果，如抗HCG阻断黄体终止妊娠；②防止免疫病理损伤：慢性感染导致的免疫病理损伤与免疫应答类型有关，通过疫苗接种调整免疫功能能防止或减轻病理损伤；③抗肿瘤：病毒的感染与肿瘤的发生密切相关，病毒疫苗用作肿瘤主动免疫治疗，目前在临床试验中。

（二）人工被动免疫

人工被动免疫是指用抗体、细胞因子或免疫细胞等制剂注入机体，使之立即获得免疫力的方法。因这些免疫物质并非由接种者自己产生，故维持时间为 2～3 周，多用于治疗或紧急预防。

1. 抗毒素　抗毒素是用细菌外毒素或类毒素免疫动物制备而成，具有中和外毒素毒性的作用。将类毒素接种健康马匹，待马体内产生高效价抗毒素后，采血分离血清制成。该制剂对人来说是异种蛋白，可引发 I 型超敏反应。常用的有破伤风抗毒素及白喉抗毒素。

2. 人免疫球蛋白制剂　从混合血浆或胎盘血中分离制成的免疫球蛋白浓缩剂。由于许多人接种过疫苗，发生隐性感染或显性感染，体内有针对麻疹、甲型肝炎、脊髓灰质炎等免疫力，血清中含有一定量的相应抗体。

3. 细胞因子制剂　是近年研制的新型免疫治疗剂，有 IFN-γ、G-CSF 和 IL-2 等，可望成为治疗肿瘤、病毒性肝炎等有效手段。

人工主动免疫与人工被动免疫比较见表 12-1。

（考点：人工被动免疫的概念）

表 12-1　人工主动免疫与人工被动免疫比较

比较内容	人工主动免疫	人工被动免疫
免疫物质	抗原	抗体、细胞因子
免疫力出现时间	慢，2～4 周	快，立即
免疫力维持时间	长，数月～数年	短，2～3 周
主要用途	预防	治疗或应急预防

二、免疫治疗

免疫治疗是利用免疫学原理，通过增强或抑制免疫功能对机体免疫功能进行干预，以达到治疗目的所采取的措施。

（一）免疫调节

免疫调节是通过使用免疫调节物质能非特异性增强或抑制免疫功能，包括免疫增强疗法和免疫抑制疗法。免疫增强疗法多用于免疫功能低下的患者，常用制剂见表 12-2。

表 12-2　常用的免疫增强剂与免疫抑制剂

治疗剂	免疫增强剂	免疫抑制剂
化学制剂	左旋咪唑、多聚核苷酸	糖皮质激素、环磷酰胺、硫唑嘌呤
微生物制剂	卡介苗，短小棒状杆菌	环孢素 A、FK-506
免疫物质	胸腺，免疫球蛋白，细胞因子	抗 TCR-CD3 单抗
其他	中草药、黄芪、人参多糖类	雷公藤多甙

（二）免疫重建

免疫重建是指将造血干细胞或淋巴细胞移植给免疫缺陷的个体，使后者的免疫功能全部或部分得到恢复，包括骨髓移植和免疫效应细胞输注。骨髓移植是指取患者自身或健康人的正常骨髓细胞输注给患者，使患者重建造血功能和免疫功能的治疗，对于确诊有恶性、危及生命的造血系统病症的患者，骨髓移植可以得到治愈。免疫效应细胞输注有两种方式：一种是自体淋巴细胞体外增殖、激活后回输体内，另一种是正常供者的致敏淋巴细胞输注给患者使其在受着体内增殖并产生免疫力。

（三）免疫替代

免疫替代是因机体缺乏某种免疫活性物质，通过向机体输入该物质，从而维持机体的免疫功能，如针对 X 连锁无丙种球蛋白血症患者，持续输入正常人免疫球蛋白，可在较长时间内维持其生命。

第 2 节　免疫学诊断

运用免疫学原理，采用现代技术和设备，对抗原、抗体、免疫细胞、细胞因子、黏附分子等进行定性、定量检测，以达到诊断疾病、评价疗效、监测病情和研究发病机制等目的。

一、体外免疫学检测

因抗体多存在于血清中，故体外的抗原抗体反应又称为血清学反应。

（一）体液免疫检测

1. 抗原抗体反应的特点

（1）特异性：抗原决定簇与抗体的抗原结合位点之间在化学结构和空间构型上呈互补关系，具有高度的特异性。

（2）比例性：抗原一般含多个抗原决定簇呈多价，而抗体（IgG）为二价。一定浓度范围内，二者比例合适时，互相交叉连接成网格状复合物，才可形成肉眼可见的明显反应物。

（3）可逆性：抗原与抗体结合形成抗原抗体复合物的过程是一种动态平衡，其反应式为：$Ag+Ab \rightarrow Ag \cdot Ab$

（4）阶段性：抗原抗体出现的可见反应，需一定的条件，与抗原抗体比例、反应温度、电解质、pH 有关，分特异性结合阶段及可见反应阶段。

2. 抗原抗体反应的类型　由于抗原物理性状的差异或参加反应的其他辅助成分的不同，可出现凝聚、沉淀、补体结合、中和反应和免疫标记技术等不同类型的反应。

（1）凝集反应：颗粒性抗原（如细菌、细胞）与相应抗体，在适当电解质存在的条件下，经过一定时间作用后出现肉眼可见凝集块的现象称为凝集反应。

1）直接凝集反应：指颗粒性抗原与相应抗体在电解质参与下直接结合所出现的凝集现象。玻片凝集反应是抗原和相应抗体在玻片上进行的凝集反应，用于定性检测抗原，如 ABO 血型鉴定、细菌鉴定等；试管凝集反应是在试管中倍比稀释待检血清，加入已知颗粒性抗原进行的凝集反应，用于定量检测抗体，如诊断伤寒、副伤寒的肥达试验。试管法凝集反应发生时，抗原抗体结合出现明显可见反应的最大的抗血清或抗原制剂稀释度称为效价，又称滴度。

2）间接凝集反应：将可溶性抗原或抗体吸附于与免疫无关的载体上，使之成为致敏载体颗粒，然后与相应抗体或抗原作用，在电解质参与下出现的凝集反应。常用载体有人的 O 型红细胞，聚苯乙烯乳胶颗粒，活性炭颗粒等。正向间接凝集反应为已知抗原吸附于载体检测抗体，常见于测定病原微生物抗体、抗核抗体、抗甲状腺抗体等（图 12-1）；反向间接凝集反应是用已知抗体检测抗原，常用于检测乙肝表面抗原（HBsAg）和甲胎蛋白（AFP）等。

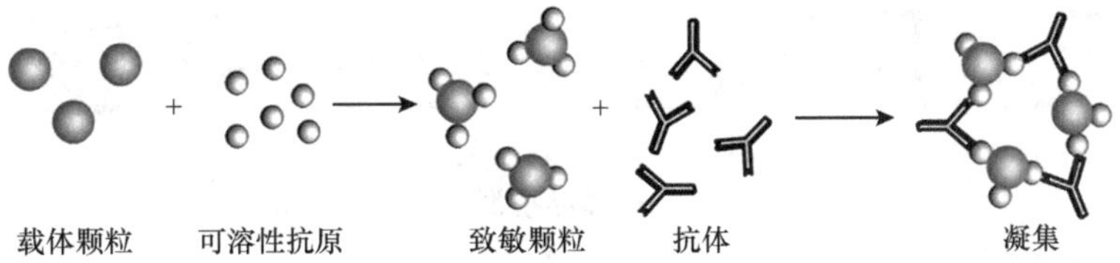

图 12-1　正向间接凝集反应

（2）沉淀反应：可溶性抗原与相应抗体结合，在一定条件下出现肉眼可见的沉淀物的现象称沉淀反应。

1）单向琼脂扩散试验：使抗原在含有抗体的琼脂介质中扩散，经一定时间后即可见抗-原孔周围出现由抗原-抗体复合物形的沉淀环。沉淀环的直径与抗原浓度成正比。可用于检测标本中免疫球蛋白（主要是 IgG）及补体的含量（图 12-2）。

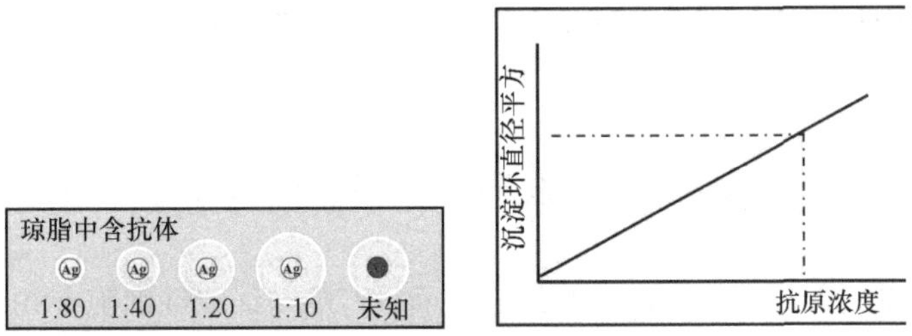

图 12-2　单向琼脂扩散试验

2）双向琼脂扩散试验：抗原与抗体在琼脂介质中相互扩散，如抗原抗体相应且浓度比例适当，则在抗原抗体之间可出现白色沉淀线。一对相应的抗原抗体只形成一条沉淀线；多种抗原体系统，可形成多条沉淀线。可用于样品成分分析、抗原和抗体纯度分析（图 12-3）。

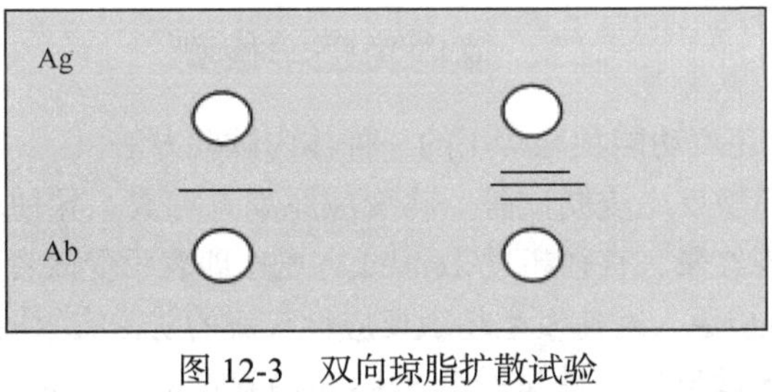

图 12-3　双向琼脂扩散试验

3）免疫浊度测定：可溶性抗原与相应抗体结合形成抗原-抗体复合物，使反应液出现浊度，通过免疫比浊法来定量测定样品中微量抗原物质的含量。免疫比浊分析仪可同时测定血清中多种 Ig、补体成分及其他血浆蛋白的含量。

（3）免疫标记技术：是用荧光素、酶、放射性同位素或化学发光物质等标记抗体或抗原，进行抗原-抗体反应的检测，是目前应用最为广泛的免疫学检测技术，可定性、定量、定位。

1）酶免疫标记技术：是用酶标记抗体（或抗原）来检测抗原（或抗体）的方法。目前应用最多的是酶联免疫吸附试验（ELISA），ELISA 法使抗原或抗体吸附于固相载体，随后进行的抗原抗体反应均在载体表面进行，从而简化了分离步骤，提高了灵敏度，即可检测抗原，也可检测抗体。主要包括间接法、夹心法及竞争法（图 12-4）。

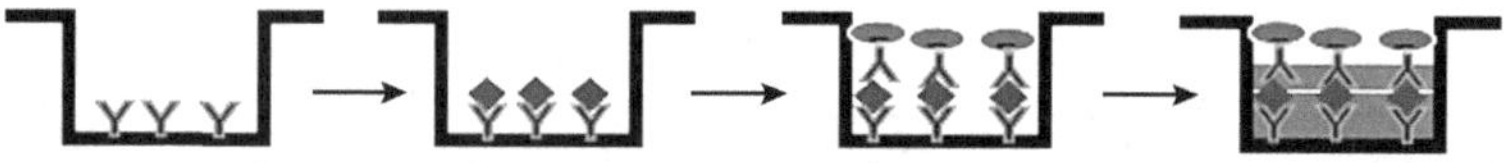

图 12-4 ELISA 双抗体夹心法原理
Y 抗体 ◆样品抗原 酶标抗体

2）免疫荧光技术：用荧光素标记抗体后，检测细胞或组织切片中相应抗原的一种试验方法。

3）放射免疫测定法：是用放射性核素标记抗原或抗体进行免疫学检测的技术，放射免疫测定法灵敏度达 pg 水平，常用于微量物质的测定，如胰岛素、生长激素、吗啡及 IgE 等。

4）免疫胶体金技术：是以胶体金作为标记物应用于抗原抗体的一种新型的免疫标记技术，由于标记物的制备简便，方法敏感、特异，该技术的应用范围广，如用于各种液相免疫测定和固相免疫分析及流式细胞术等。

5）免疫印迹法：该法又称 Western 印迹法，将凝胶电泳与固相免疫结合，将通过电泳所区分的蛋白质转移至固相载体，再借助酶免疫、放射免疫等技术进行测定。

（二）细胞免疫检测

利用密度梯度离心法、流式细胞仪细胞分选技术及磁珠分离法实现细胞的分离，进行细胞免疫功能的检测。

1. T 细胞总数测定 E 花环试验：T 细胞表面具有能与绵羊红细胞（SRBC）结合的受体，即 E 受体（CD2），当 T 细胞与 SRBC 混合后，SRBC 便黏附于 T 细胞表面，呈现花环状。通过花环形成可检测外周血 T 细胞的百分率，检测细胞免疫功能。

2. T 细胞功能测定 T 细胞表面含有有丝分裂原受体，能接受植物血凝素（PHA）、刀豆蛋白 A（ConA）和美洲商陆（PWM）等有丝分裂原的刺激，转化成为淋巴母细胞。计算淋巴细胞的转化率可协助判断机体的细胞免疫功能。

二、体内免疫学检测

皮肤试验是检测机体免疫功能状态常用的一种体内试验方法。

1. 速发型（Ⅰ型）超敏反应皮肤试验 将变应原如青霉素、异种动物血清、花粉等做皮内注射，20 分钟后局部出现红晕，直径超过 1cm 或有皮疹即表示受试者对该变应原过敏，主要用于检测引起机体致敏的变应原，对速发型超敏反应性疾病的防治有重要意义。

2. 迟发型（Ⅳ型）超敏反应皮肤试验 如结核菌素试验，将定量抗原注入皮内，48～72 小时后观察结果，若注射部位出现红肿、硬结为阳性反应。主要用于测定机体的细胞免疫功能，对某些传染病（结核、麻风等）、肿瘤、免疫缺陷病患者的诊断、疗效观察和判断预后有重要意义。

自 测 题

A_1/A_2 型题

1. 不属于影响抗原抗体反应的特点是（　　）
   A. 比例性　B. 可逆性
   C. 特异性　D. 高效性
   E. 阶段性
2. 间接凝集反应常用的载体是（　　）
   A. 人 O 型红细胞　B. 聚苯乙烯胶乳
   C. 药用炭　D. 明胶颗粒
   E. 以上均是
3. 下列哪项属于人工主动免疫（　　）
   A. 接种卡介苗预防结核
   B. 注射免疫核糖核酸治疗恶性肿瘤
   C. 静脉注射 LAK 细胞治疗肿瘤
   D. 注射丙种球蛋白预防麻疹
   E. 骨髓移植治疗白血病
4. 下列物质可用人工被动免疫的是（　　）
   A. 类毒素　B. 外毒素
   C. 抗毒素　D. 内毒素
   E. 抗生素
5. 人工获得免疫力的方式是（　　）
   A. 接种疫苗　B. 隐性感染
   C. 显性感染　D. 通过胎盘
   E. 通过乳汁
6. 隐性感染后获得的免疫属于（　　）
   A. 过继免疫　B. 人工自动免疫
   C. 人工被动免疫　D. 自然免疫
   E. 自体免疫
7. 下列哪种为活疫苗（　　）
   A. 乙肝疫苗　B. 百日咳疫苗
   C. 麻疹疫苗　D. 伤寒疫苗
   E. 霍乱疫苗

（秦静英）

实 验 指 导

实验室规则

病原生物与免疫学基础实验的对象多为病原微生物，应严格树立无菌观念，遵守无菌操作规则。

1. 进入实验室应穿工作服，离室时脱下，反折放回原处。不必要的物品不得带入实验室，必须带入的书籍和文具等应放在指定的非操作区，以免受到污染。无菌操作时必须戴口罩，并不得开电风扇。

2. 实验室内禁止饮食、抽烟或舔咬笔，不得高声谈笑或随意走动。

3. 各种实验物品应按指定地点存放，用过的器材必须放入消毒缸内，禁止随意放于桌上及冲入水槽。

4. 须送温箱培养的物品，应做好标记后送到指定地点。

5. 实验过程中发生差错或意外事故时，禁止隐瞒或自作主张不按规定处理，应立即报告老师进行正确的处理。如有传染性的材料污染桌面、地面等，应立即用 0.2%～0.5%“84”消毒液浸泡污染部位，作用 5～10 分钟后方可抹去。如手被活菌污染也应使用上述消毒液浸泡 5～10 分钟后，再以自来水反复冲洗干净。

6. 爱护室内仪器设备，严格按操作规则使用。节约使用实验材料，不慎损坏了器材等，应主动报告老师进行处理。

7. 实验完毕，应物归原处并将桌面整理清洁，实验室打扫干净。最后以 0.2%～0.5%“84”消毒液浸泡手 5 分钟，洗净后关好水电、门窗后离开实验室。

实验一　细菌的形态结构观察

【实验目的】

1. 掌握光学显微镜油镜的使用和维护方法。
2. 熟悉细菌基本形态和特殊结构的观察方法。
3. 了解细菌涂片、革兰染色法操作及结果判断。

【实验准备】

1. 器材及其他　光学显微镜、载玻片、擦镜纸、香柏油、脱油剂等。
2. 示教片　各种球菌、杆菌、弧菌、荚膜、鞭毛、芽孢的示教片。

【实验内容】

一、光学显微镜油镜的使用及维护

1. 光学显微镜的构造　光学显微镜是观察细菌形态最常用的一种仪器，其构造分为机械部分和光学部分。机械部分包括镜座、镜臂、载物台、镜筒、镜头转换器、调焦装置等；光学部分包括物镜、目镜、反光镜、聚光器、光圈等。

显微镜的物镜有低倍镜、高倍镜、油镜三种，放大倍数依次增高，其识别方法为如下。

（1）低倍镜：镜头标志为 10×或 10/0.25，镜头最短，其上常刻有黄色环圈。

（2）高倍镜：镜头标志为 40×或 40/0.65，镜头较长，其上常刻有蓝色环圈。

（3）油镜：镜头标志为 100×或 100/1.30，镜头最长，其上常刻有白色环圈，或“oil”字样。

2. 油镜的使用原理　油镜的放大倍数高而透镜很小，自标本片透过的光线，因玻片和空气的折光率不同（玻璃 n=1.52，空气 n=1.0），部分光线经载玻片进入空气后发生折射，不能进入接物镜，致使射入光线较少，物象不清晰。在油镜和载玻片之间滴加和玻璃折光率相近的香柏油（n=1.515），则使进入油镜的光线增多，视野光亮度增强，物象清晰。

3. 使用方法

（1）采光：使用显微镜时必须端坐，将显微镜放在胸前适当位置。将低倍镜转到中央并对准下面的聚光器，打开光圈，转动反光镜，使光线集中于聚光器（以灯光为光源时，使用凹面反光镜，以自然光为光源时用平面反光镜）。根据所观察的标本，通过升降聚光器和缩放光圈以获得最佳光度。当用低倍镜或高倍镜观察时，应适当缩小光圈，下降聚光器；当用油镜观察时，光线宜强，应把光圈完全打开，并将聚光器上升到最高位置。

（2）低倍镜调焦：将欲观察的标本置载物台上，用弹簧夹和推进器固定，将待检部位移至视野正中央，上升载物台至不能升高为止。用左眼观察目镜，缓慢调节粗调节器，使载物台下降，待看到模糊的图像时，再调节细调节器，直至看到清晰的图像为止。

（3）油镜的使用：低倍镜找到物象并调至清晰之后，转开物镜头，在玻片的标本上滴加 1 滴香柏油，将油镜头转换至中央，缓慢调节粗调节器，使镜头浸入油中，当油镜头几乎接触玻片时停止转动（从侧面观察），边观察接目镜边轻轻转动粗调节器（此时只能上升镜头，不能下降，防止压坏玻片及损坏物镜），待看到模糊物象时改调细调节器，直至找到清晰物象。

镜检时应将标本按一定方向呈弓形移动，直至整个标本观察完毕，以防漏检。观察时应将两只眼睛同时睁开，左眼观察，右眼用于绘图或记录。标本观察完毕后，先将物镜头移开，再转动粗调节器使载物台下降，取下载玻片，立即用擦镜纸将镜头上的香柏油擦净。

4. 注意事项

（1）显微镜是精密光学仪器，在搬放时应右手紧握镜臂，左手稳托镜座，平端在胸前，轻拿轻放。

（2）显微镜放到实验台上时，先放镜座的一端，再将镜座全部放稳，切不可使镜座全面同时与台面接触，这样震动过大，透镜和微调节器的装置易损坏。

（3）避免强酸、强碱、氯仿、乙醚、乙醇等化学药品与显微镜接触，避免日光直射，显微镜须经常保持清洁，勿使油污和灰尘附着。

（4）目镜和物镜不要随便卸下，必须抽取目镜时，须将镜筒上口用布遮盖，避免灰尘落入镜筒内。更换物镜时，卸下后应倒置在清洁的台面上，并随即装入木箱的置放物镜的管内。

（5）细调节器是显微镜最精细而脆弱的部分，不要向一个方向连续转动数周，应轻微地来回旋转。

（6）镜头必须保持清洁，油镜使用完后应立即用擦镜纸拭去香柏油。若油镜镜头上的油迹未擦干净，应先将 1∶1 醇醚混合液或二甲苯滴在擦镜纸上擦拭镜头，再用干净擦镜纸将镜头上残留的醇醚混合液或二甲苯擦净。

（7）显微镜擦净后，取下标本片，下降聚光器，再将物镜转成“品”字形，送至显微镜室放入镜箱内。

二、细菌基本形态和特殊结构的观察

1. 细菌的基本形态（各种球菌、杆菌、弧菌等）

观察要点：注意细菌的染色性、相对大小、形状及排列方式。

2. 特殊结构的观察（荚膜、芽孢、鞭毛）

观察要点：注意这些特殊结构的大小、形状及其在菌体中的位置，均有助于细菌的鉴定。

三、细菌涂片标本制作和革兰染色法（示教）

1. 涂片　取洁净的载玻片一张，将其在火焰上微微加热，除去上面的油脂，冷却，在中央部位滴加一小滴无菌水，用接种环在火焰旁从培养 24 小时的斜面上挑取少量菌体与水混合；烧去环上多余的菌体后，再用接种环将菌体涂成直径约 1cm 的均匀薄层。制片是染色的关键，载玻片要洁净，不得沾污油脂，菌体才能涂布均匀。注意初次涂片，取菌量不应过大，以免造成菌体重叠。

2. 干燥　涂布后，待其自然干燥。

3. 固定　将已干燥的涂片标本面向上，在微火上通过 3～4 次进行固定。固定作用为杀死细菌，使蛋白质凝固，菌体牢固黏附于载玻片上，染色时不被染液或水冲掉，增加菌体对染料的结合力，使涂片易着色。

4. 染色　在涂片处滴加草酸铵结晶紫染液 1～2 滴，使其布满涂菌部分，染色 1 分钟。斜置载玻片，倾去染液后用水轻轻冲去染液至流水变清。注意水流不得直接冲在涂菌处，以免将菌体冲掉。

5. 媒染　滴加卢戈碘液冲去残水，并用碘液覆盖 1 分钟，用水冲去碘液。

6. 乙醇脱色　斜置载玻片于一烧杯上，滴加 95%乙醇，轻轻摇动载玻片，至乙醇液不呈现紫色时停止（约 0.5 分钟）；立即用水冲净乙醇并用滤纸轻轻吸干。脱色是革兰染色的关键，必须严格掌握乙醇的脱色程度。若脱色过度则阳性菌被误染为阴性菌；而脱色不够时阴性菌被误染为阳性菌。

7. 复染　稀释复红复染 1 分钟后水洗。

8. 吸干并镜检　用滤纸轻轻吸干载玻片上的水分，干燥后镜检。在研究工作中要确证未知菌的革兰氏反应时，则需要同时用已知菌进行染色作为对照。

【实验作业】

1. 描述所观察微生物的特征。
2. 绘出所观察微生物的形态图。
3. 记录革兰染色结果，分辨出革兰阳性菌或阴性菌；如果染色结果不理想，分析原因。

（杨　鹏）

实验二　细菌的培养和生长现象观察

【实验目的】

1. 掌握细菌的生长现象的观察。

2. 掌握细菌的接种方法。
3. 了解常用培养基的种类。

【实验准备】

培养基、菌种、接种环（针）、酒精灯、记号笔、细菌培养箱等。

【实验内容】

一、培养基的种类

按物理性状分为液体培养基、固体培养基、半固体培养基。

按用途分为基础培养基、营养培养基、选择培养基、鉴别培养基、厌氧培养基。

二、细菌的接种

1. 平板画线分离培养　常采用分区画线法，以达到分离细菌，获得单个细菌菌落的目的。具体操作如下。

（1）右手拿接种环，烧灼灭菌并冷却后，取菌种少许。左手斜持（45°角）琼脂平板，略开盖，右手持已取标本的接种环伸进平板表面，在平板上来回做“Z”形轻轻画线，约占平板的1/5，烧灼接种环待冷。

（2）将平板转动约60°进行第2区画线，再次将接种环伸入平板，在第1区画线处斜向相交2～3道画线后，使每一区内细菌数逐渐减少，最后可分离。然后做不相交画线，完成第2区的画线，约占平板的1/5，烧灼接种环待冷。依次完成第3、4、5区的画线，然后烧灼接种环待冷，放回原处。

（3）将接种完成的平板标记后，放入37℃培养箱培养24小时，观察结果。

2. 斜面接种法　右手拿接种环，烧灼灭菌并冷却后，取菌种少许。左手取斜面培养基，用右手的小指与掌间拔掉左手上斜面培养基的棉塞，迅速将已经取菌的接种环伸进斜面培养基，在培养基上斜面底部向上先画一条直线到顶部，然后接种环回到斜面底部，由底向上轻轻做曲线画线到顶部，试管口烧灼后加塞，烧灼接种环灭菌。将接种完成的培养基标记后，放入37℃培养箱培养24小时，观察结果。

3. 液体接种法　基本上同斜面接种法，不同之处，仅在取菌后，接种环应在液体培养基管内壁与液面交接处的管壁处轻轻研磨均匀，然后将试管倾斜，使菌种混匀于肉汤中，试管口烧灼后加塞，烧灼接种环灭菌。将接种完成的培养基标记后，放入37℃培养箱培养24小时，观察结果。

4. 半固体穿刺接种法　右手拿接种针，烧灼灭菌并冷却后，取菌种培养物少许。左手拿半固体培养基，管口灭菌同斜面培养基，已取菌的接种环从针半固体培养基的中心垂直刺入，但不可刺到管底，然后沿原路退出，试管口烧灼后加塞，烧灼接种环灭菌。将接种完成的培养基标记后，放入37℃培养箱培养24小时，观察结果。

5. 注意事项　在细菌的接种过程中要严格按照无菌操作，使用过的实验物品按要求处理或放在指定位置，不得随便乱扔。

三、细菌生长现象的观察（示教）

1. 细菌在液体培养基中的生长现象　将细菌接种在液体培养基中，经18～24小时的培养，不同的细菌呈现不同的生长现象。大肠埃希菌呈均匀浑浊生长；枯草芽孢杆菌在液体表面形成白色菌膜；链球菌在管底形成沉淀。

2. 细菌在固体培养基中的生长现象　将金黄色葡萄球菌和大肠埃希菌分别接种在普通琼脂平板上，经 18～24 小时的培养后可形成菌落。金黄色葡萄球菌菌落直径 1～2mm，金黄色，圆形凸起，边缘整齐，不透明，表面光滑、湿润。大肠埃希菌菌落较大，直径 2～3mm，灰白色，圆形湿润，表面光滑。

3. 细菌在半固体培养基中的生长现象　将细菌接种在半固体培养基中，经 18～24 小时的培养，不同的细菌呈现不同的生长现象。大肠埃希菌有鞭毛，沿穿刺线向周围扩散生长，穿刺线模糊，四周呈羽毛状或云雾状；葡萄球菌没有鞭毛，沿穿刺线生长，穿刺线四周培养基透明澄清。

【实验评价】　学生掌握了细菌在培养基的生长现象后，对今后的临床实践工作有着重要意义，在临床上如果发现注射液中有浑浊、沉淀或漂浮物，应考虑被细菌污染而严禁使用。

【实验作业】　记录细菌在各种培养基中的生长现象，并分析其临床意义。

（李　辉）

实验三　细菌的分布与消毒灭菌

【实验目的】

1. 熟悉细菌在自然界和正常人体的分布情况，树立牢固的无菌观念。
2. 掌握紫外线的杀菌原理和用途。
3. 熟悉高压蒸汽灭菌器的使用方法和注意事项。
4. 能正确报告细菌药敏试验的结果，分析其临床意义。

【实验准备】

高压蒸汽灭菌器、干烤箱、恒温培养箱、紫外线灯、培养基、无菌棉拭子、无菌镊子、记号笔、酒精灯、药敏纸片、待测菌种等。

【实验内容】

一、空气、皮肤及咽喉部的细菌检查（操作）

1. 空气中细菌的检查　取普通琼脂平板数个，置于室内或室外任意地点，打开平皿盖，暴露于空气中 5～10 分钟，然后盖上皿盖。置于 37℃培养箱上培养 18～24 小时后观察结果。观察不同采样点的菌落数及特点。

2. 皮肤细菌的检查　取普通琼脂平板一个，用记号笔在平板背面画线分成 4 部分，表明 1、2、3、4。用不同手指分别在 1、2、3 处轻触琼脂，4 处做阴性对照，将琼脂平板置于 37℃培养箱培养 18～24 小时后观察结果。

3. 咽喉部细菌的检查　用无菌棉拭子擦拭受检者咽喉部采集标本，将棉拭子标本滚动涂布在血琼脂平板边缘，再用灭菌接种环画线分离。贴上标签，置于 37℃培养箱上培养 18～24 小时后观察结果。

二、紫外线杀菌实验

1. 方法　在普通琼脂平板上密集画线接种葡萄球菌，然后将两条长方形的黑纸条呈“十”字形附于平板表面，将此平板置于紫外线灯下打开平板盖，在紫外线灯下 20～30cm 处照射 30

分钟，取下黑纸条。盖上平皿盖，于37℃培养24小时。

2. 结果　暴露在紫外线灯下的培养基表面无细菌生长，黑纸条遮挡的区域有细菌生长，分析实验现象。

三、药物敏感实验（纸片法）

1. 取普通琼脂平板 1 个，在平板底部做好标记，用无菌棉拭子蘸取菌液均匀涂布于平板表面3次，每次平板旋转60°角，最后沿平板内缘涂抹1周，以保证菌液涂布均匀。

2. 以无菌操作法用镊子夹取药敏纸片贴于琼脂表面（药敏纸片的字朝上），用镊尖压一下使其贴平，一次性贴好不得移动。贴好后置于37℃培养箱中24小时后观察结果。

3. 观察药敏纸片周围有无抑菌环，用直尺从平板背面量取抑菌环的直径，一般以轻度敏感、敏感、中度敏感、中介耐药5个等级报告结果。

四、常见消毒灭菌器的介绍

1. 高压蒸汽灭菌器　是目前医院和实验室常用的灭菌器。高压蒸汽灭菌法是一种迅速、有效、可杀灭包括芽孢在内的所有微生物的灭菌方法。可用于耐高温、高压及不怕潮湿的物品的灭菌。

操作方法：①加水至高压蒸汽灭菌器内规定的要求量，放入灭菌物品，盖好器盖、对称旋紧螺旋，密闭高压灭菌器。②加热高压灭菌器，在压力升至 39.23kPa 时放气一次，待冷空气全部排出后，关闭排气阀。继续加热，高压蒸汽灭菌器内压力又逐渐升高，直到压力表指针到所需压力值（一般为103.43kPa）时调节热源，维持15～20分钟即可达到灭菌效果。③灭菌完毕，停止加热，缓缓排气，待其压力下降到零时，开盖取物。

注意事项：①检查排气阀及安全阀，按质量安全要求标准定期检测其性能，以免发生危险；②灭菌前必须将高压灭菌器内冷空气完全排除，否则灭菌器内达不到 121.3℃，灭菌不彻底；③灭菌物品不宜放置过挤而妨碍蒸汽流通，影响灭菌效果。

2. 干烤箱　将待灭菌的物品充分干燥后包装好放入箱内，关闭箱门，通电加热、待温度上升至160～170℃，维持2小时。灭菌完毕，关闭电源，待箱内温度自动降低至50℃，方可打开箱门取出物体，以防玻璃器皿发生爆炸。干烤法主要用于要求干燥的、耐高温物品灭菌，如玻璃器材、瓷器、凡士林、液状石蜡及不耐湿、蒸汽不能穿透的物品的灭菌。

注意事项：①不宜对橡胶制品及不能耐受高温干热的物品灭菌；②箱内温度不可超过180℃，否则棉塞与包装纸被烧焦；③灭菌后必须等箱内温度于室温相差不多时，方可开门取物，否则易引起玻璃炸裂和皮肤灼烧。

【实验评价】

1. 通过本实验学习，认识细菌在自然界、正常人体体表及与外界相通的腔道中广泛分布，要求今后在护理操作中必须建立无菌观念、严格无菌操作。

2. 实验后能熟练掌握高压蒸汽灭菌器、干烤箱、紫外线灯等器具的操作方法。并能检测消毒、灭菌的效果。

【实验作业】

1. 记录空气、皮肤、咽喉部细菌检查结果。

2. 记录并分析紫外线杀菌试验的结果，叙述紫外线的杀菌原理和适用范围。

3. 记录药敏试验的方法和结果，分析其实际意义。

（李　辉）

实验四　常见人体寄生虫

【实验目的】

1. 了解人体寄生虫常见检查方法的操作过程。
2. 熟悉常见人体寄生虫成虫大体标本及吸虫中间宿主、猪带绦虫感染阶段形态。
3. 掌握镜常见人体寄生虫虫卵的形态。

【实验准备】

1. 常见人体寄生虫虫卵玻片标本
2. 常见人体寄生虫成虫大体标本
3. 吸虫中间宿主、猪带绦虫感染阶段标本。

【实验内容】

一、常见人体寄生虫虫卵观察

镜下观察蛔虫卵、钩虫卵、蛲虫卵、肝吸虫卵、肺吸虫卵、血吸虫卵、猪带绦虫卵玻片标本，注意观察各种虫卵的大小、形态、颜色、卵壳、卵内构造。

常见人体寄生虫虫卵鉴别要点

1. 受精蛔虫卵　（45～75）μm×（35～50）μm，椭圆形，棕黄色，厚，透明壳外附凹凸不平的蛋白质膜，卵内含一个大而圆的卵细胞。

2. 未受精蛔虫卵　（88～94）μm×（39～44）μm，长椭圆，棕黄色，薄，蛋白质膜和卵壳薄，内含许多大小不等的屈光颗粒，无空隙

3. 蛲虫卵（50～60）μm×（20～30）μm，柿核样，透明，厚，不对称，内含一条卷折的幼虫。

4. 钩虫卵（56～76）μm×（36～40）μm，椭圆形，无色，薄，卵壳与卵细胞间有明显空隙，卵内通常具有2～8个细胞。

5. 肝吸虫卵（27～35）μm×（12～20）μm，芝麻粒样，黄褐色，厚，明显的卵盖，有肩峰及小疣。卵内含一个成熟的毛蚴。

6. 血吸虫（74～106）μm×（55～80）μm，椭圆形，淡黄色，薄，无盖有侧棘，内含毛蚴，与壳间有油滴状颗粒。

7. 猪带绦虫卵　31～43μm，圆球形，棕黄色，薄易脱，胚膜厚，有放射状条纹，含六钩蚴。

注意事项：先用低倍镜（注意光线不要太强）在标本中寻找虫卵，找到后换高倍镜仔细观察其形状、大小、颜色、卵壳厚薄、内含物及其他特征。

二、常见人体寄生虫幼虫、成虫观察

1. 肉眼观察蛔虫、钩虫、蛲虫、肝吸虫、肺吸虫、血吸虫、猪带绦虫大体标本。注意观察其形态、颜色、大小、前后端及雌、雄虫区别。

2. 镜下观察肺吸虫、猪带绦虫孕节玻片标本，注意观察肺吸虫生殖器官并列情况、猪带绦虫孕节形状及子宫的侧支数。

3. 肉眼观察阴道毛滴虫玻片标本，注意观察其形状、大小、核为止、鞭毛数目、轴柱及波动膜

4. 镜下观察间日疟原虫早期滋养体、晚期滋养体、未成熟裂殖体、成熟裂殖体、雌雄配子体，注意各期形态、疟色素的颜色、形态及分布，被寄生红细胞的变化。

三、吸虫中间宿主、猪带绦虫感染阶段标本观察

1. 肺吸虫中间宿主　观察川卷螺、小豆螺、石蟹、蝲蛄，注意其形态特征。

2. 血吸虫中间宿主　观察钉螺形态特征，长圆锥形，长约 1cm，雌雄异体，有 6～9 个螺旋，表面有纵肋。

3. 猪带绦虫　观察被囊尾蚴寄生的猪肉病理标本，肉眼可见猪肉上有半透明的囊状物，形似水泡。囊尾蚴呈白色半透明水泡状，大小为（8～10）×5mm，囊内充满液体，囊壁内有一点白，是翻卷收缩陷于囊内的头节。

【实验作业】

1. 绘图肝吸虫卵、姜片虫卵、肺吸虫卵、血吸虫卵、带绦虫卵。

2. 肺吸虫在人体内发育的特点是什么?与它的致病性有何联系?

3. 血吸虫的主要寄生部位?受损害的主要脏器是什么?

（秦静英）

实验五　免疫学实验

【实验目的】

1. 掌握玻片凝集试验、妊娠试验的操作，观察各项抗原抗体反应的结果。

2. 熟悉豚鼠过敏反应室验的方法并记住其结果。

3. 了解 E 花环试验、淋巴细胞转化试验、中性粒细胞吞噬试验。

【实验准备】

1. 免疫细胞标本片。

2. 豚鼠过敏反应录像。

3. 常见抗原抗体反应相关材料。

【实验内容】

一、豚鼠过敏实验（示教，录像）

豚鼠过敏反应属Ⅰ型超敏反应，与人类的青霉素和异种血清所引起的过敏性休克相似。先给豚鼠注射异种蛋白，经过一定时间，动物产生 IgE 后处于致敏状态。当第二次相同较大量抗原注射时，抗原与 IgE 结合，导致肥大细胞和碱性粒细胞脱颗粒，释放活性介质，作用于效应器官，产生严重的过敏性休克。

1. 材料　健康豚鼠（200g 左右）、新鲜鸡蛋清、马血清、生理盐水、注射器等。

2. 方法

（1）致敏注射：取健康豚鼠 2 只（标明甲、乙）于皮下注射 1∶10 稀释的马血清 0.1ml，使之致敏。

（2）发敏注射：10～14 天后，甲豚鼠心内注射马血清 0.5～1.5ml，乙豚鼠心内注射鸡蛋清

0.5～1.5ml。

（3）动物注射后，密切观察甲豚鼠的反应。

3. 结果判断　甲豚鼠如发生超敏反应，则注射后数分钟，动物出现兴奋、不安、抓鼻、耸毛、咳嗽等现象，继而发生气急及呼吸困难、痉挛性跳跃、大小便失禁，倒地挣扎而死。解剖可见肺脏极度气肿，胀满整个胸腔，这是支气管平滑肌痉挛的结果。

乙豚鼠应不出现任何异常现象。

二、抗原抗体反应

（一）玻片凝集试验

1. 材料　伤寒诊断血清、伤寒沙门菌及大肠埃希菌培养物、载玻片、生理盐水等。

2. 方法

（1）取载玻片 1 张，左侧加生理盐水 1 滴，中间及右侧各加伤寒诊断血清 1 滴。

（2）用接种环取伤寒沙门菌培养物少许，分别与盐水及中间的伤寒诊断血清混匀。同法取大肠埃希菌培养物与右侧伤寒诊断血清混匀。

（3）轻轻摇动玻片 1～2 分钟后，观察结果。

（4）结果观察后，将玻片直接投入消毒缸，不要冲洗，以防污染。

3. 结果判断　出现凝集物者为阳性反应，均匀浑浊无凝集物者为阴性反应。

（二）试管凝集反应——肥达试验

用已知伤寒沙门菌菌体（O）抗原和鞭毛（H）抗原，甲型副伤寒沙门菌、乙型副伤寒沙门菌的 H 抗原与病人血清做试管凝集试验，测定病人血清中相应抗体及其效价，以辅助诊断伤寒和副伤寒。

1. 材料　1∶20 待检血清（抗体）、伤寒菌液（抗原）、生理盐水（NS）、刻度吸管、试管等。

2. 方法

（1）取 28 支试管排成 4 排，每排 7 支，并分别标明号码。

（2）在每排②～⑦管中加入生理盐水 0.5ml。

（3）分别取 1∶20 稀释的待检血清 0.5ml 加入至每排第①、②管中，混匀；然后自②管吸取 0.5ml 至第③管，混匀；再自③管吸取 0.5ml 至每排④管，混匀……；按此法依次稀释至每排⑥管，弃去 0.5ml，每排⑦管不加血清，作为对照。

（4）加菌液：第一排各管加“H”菌液 0.5ml，第二排加“O”菌液 0.5ml，第三排加甲型副伤寒沙门菌“H”菌液 0.5ml，第四排加乙型副伤寒沙门菌“H”菌液 0.5ml。

（5）摇匀后，置 37℃水浴箱过夜，次日观察结果。

3. 结果判断　手持试管，对光观察管内液体浑浊度及管底沉淀物之性状。

试管凝集反应结果的判读见实验表 1。

实验表 1　试管凝集反应结果此判读

记录符号	上层液体	管底凝集物
++++	完全澄清	凝块多而明显，全部沉于管底
+++	微浑浊	凝块显著，大部分沉于管底
++	稍浑浊	凝块较明显，中等沉于管底

续表

记录符号	上层液体	管底凝集物
+	浑浊	凝块不太明显，少许沉于管底
–	浑浊	细菌均沉积于管底，呈小圆点状，不见凝块

凝集效价的判定：呈“++”阳性反应的最高稀释倍数为该血清的效价（也称滴度）。对照管（第7管）应为阴性。

三、免疫标记技术

（一）ELISA双抗体夹心法——测HBsAg

将特异性抗体吸附于固相载体，加待检标本，倘标本中有相应抗原，则与抗体在载体表面形成复合物。加入酶标记抗体，后者通过抗原也结合到载体的表面。洗去过剩的标记抗体，加入底物，经酶催化产生的有色产物的量与溶液中抗原含量成正比，可用肉眼观察或酶标仪测定。

1. 材料

（1）试剂盒：抗体包被酶标板（反应板）、阳性对照、阴性对照、酶标物、显色剂A、显色剂B、终止液、封板膜、洗涤液。

（2）待测血清。

（3）微量移液器，水浴箱，酶标仪等。

2. 方法

（1）反应板加待检抗原标本100μl，同时设阳性对照、阴性对照和空白对照。置37℃温育30分钟。

（2）弃去反应板内液体，洗板5次。

（3）每孔加100μl酶标物，置37℃温育30分钟。

（4）弃去反应板内液体，按步骤2洗板5次。

（5）每孔加显色剂A、B溶液各50μl，37℃温育15分钟。

（6）每孔加终止液一滴（约50μ1），终止反应。

（7）结果观察：观察各孔显色反应，或使用酶标仪490nm测定其OD值。

3. 结果判断

（1）用酶标仪检测时，以空白孔调零，先测阴性对照OD值（N），再测待检孔OD值（P），当P/N≥2.1时，判为阳性；≥1.5为可疑；P/N＜2.1时，判为阴性

（2）肉眼判断：反应孔呈棕黄色为阳性结果，无色为阴性结果。

（二）免疫胶体金技术——斑点免疫层析试验

以硝酸纤维膜为载体，将多个试剂组合在约6mm×70mm的板条上。若标本中有待测的特异性抗原，则与免疫金复合物之抗体结合，此抗原抗体复合物流至测试区即被固相抗体所获，在膜上显出红色反应线条（T）。过剩的免疫金复合物继续前行，至参照区与固相抗小鼠IgG结合，而显出红色质控线条（R）。

1. 材料　HCG（绒毛膜促性腺激素）金标试纸条、待测尿液。

2. 方法 将金标试纸条的吸水端插入尿液中，尿液面不超过 Max 线，5 秒钟后取出平放，3 分钟内观察结果。

3. 结果判断 参照区出现一条红线者为阴性；参照区、测试区两条红线者为阳性；如无红线出现，表明试纸条失效。

试验阳性说明孕妇尿中含有 HCG；阴性则说明尿中无 HCG。

4. 注意事项 强阳性尿液中含 HCG 较多，参照线可能不出现或极浅淡，近在反应区出现淡紫色区带。

四、免疫细胞标本片观察（示教）

（一）E 花环试验标本片

油镜下观察 E 花环标本片，凡黏附≥3 个绵羊红细胞的淋巴细胞为 T 细胞，T 细胞较大，染成蓝色，绵羊红细胞较小，为红色。

（二）淋巴细胞转化试验标本片

油镜下观察转化淋巴细胞的特点，根据细胞大小、胞核和胞浆特征等进行判别。淋巴母细胞体积明显增大，为成熟淋巴细胞的 3～4 倍。核膜清晰，核染色质疏松呈细网状。核内可见明显的核仁 3 个。胞浆丰富嗜碱性，有伪足样突出，胞浆内有时可见小空泡。

（三）中性粒细胞吞噬功能试验

油镜下观察标本片，寻找中性粒细胞，如果染色结果正确，可见细胞核及被吞噬的细菌染成紫色，而粒细胞的细胞质则为淡红色。

【实验作业】

1. 请用学过的免疫学知识解释甲豚鼠出现的各种表现。如再给乙豚鼠注射马血清是否会出现过敏性休克表现，为什么？

2. 记录玻片凝集试验、肥达试验的结果，并分别说出其临床意义。

（秦静英）

参考文献

刘辉. 2012. 免疫学检验. 第3版. 北京：人民卫生出版社
刘建红，王玲. 2016. 病原生物与免疫学基础. 第4版. 北京：科学出版社
吕瑞芳，张晓红. 2015. 病原生物与免疫学基础. 第3版. 北京：人民卫生出版社
吕瑞芳. 2014. 病原生物与免疫学基础. 第2版. 北京：人民卫生出版社
饶洪洋，张晓红. 2016. 病原生物与免疫学基础. 北京：科学出版社
孙万邦. 2013. 医学免疫学. 北京：高等教育出版社
鲜尽红. 2011. 免疫检验技术. 第2版. 北京. 科学出版社
肖纯凌，赵富玺. 2013. 病原生物学和免疫学. 第6版. 北京：人民卫生出版社
许正敏. 2011. 病原生物与免疫学. 第2版. 北京：人民卫生出版社
张宝恩，皮至明. 2015. 病原生物与免疫学基础. 第3版. 北京：科学出版社
张瑞兰. 2007. 免疫学基础. 第2版. 北京. 科学出版社

教学基本要求

一、课程性质和课程任务

病原生物与免疫学基础是中等卫生职业教育各专业的一门重要医学基础课程。本课程主要内容是病原生物和免疫学基础两部分，包括病原生物的生物学特性、致病性、免疫性、防治原则及免疫学相关基本概念、免疫知识应用等。其主要任务是使学生掌握本课程的基本理论知识和常用操作技能，培养学生观察、分析和解决问题的能力，为后续课程的学习、全面素质的提高奠定基础。

二、课程教学目标

（一）职业素养目标

1. 培养实事求是、踏实严谨的工作作风和珍视生命、爱岗敬业的职业精神。
2. 培养学生树立无菌观念，为临床护理工作奠定良好基础。
3. 具有良好的人际沟通能力和团队精神。
4. 具有认真的学习态度、敢于创新的精神、勇于创新的能力。

（二）专业知识和技能

1. 掌握常见病原微生物和医学寄生虫的主要生物学特性、致病性和防治原则。
2. 掌握免疫学的基本理论和知识，能正确理解免疫在临床中的实际应用。
3. 应用病原生物的基本理论知识和技能，正确进行无菌操作，提高生物安全意识，在临床工作中有效防止医院感染。
4. 学会实验室常用仪器设备的使用，学会常见病原生物的常用检测方法。
5. 学会病原生物和免疫学的基本实验技能，能运用所学基本知识解释日常生活和临床护理问题的能力。

三、教学内容和要求

教学内容	教学要求			教学活动参考
	了解	熟悉	掌握	
一、绪论				
（一）病原生物的概念与特点				
1. 微生物		√		理论讲授
2. 寄生虫		√		多媒体演示
（二）免疫的概念与功能				
1. 免疫的概念		√		
2. 免疫的功能			√	
二、细菌概述				理论讲授
（一）细菌的生物学特性				多媒体演示
1. 细菌的大小与形态				

续表

教学内容	教学要求			教学活动参考
	了解	熟悉	掌握	
（1）细菌的大小	√			
（2）细菌的形态		√		
2. 细菌的结构				
（1）细菌的基本结构			√	
（2）细菌的特殊结构			√	
3. 细菌形态的检查方法				
（1）不染色标本检查法	√			
（2）染色标本检查法		√		
实验一　细菌的形态结构观察				技能操作
（1）光学显微镜油镜的使用及维护			√	
（2）细菌基本形态和特殊结构的观察			√	
（3）细菌涂片制作方法和革兰染色法			√	
4. 细菌的生长繁殖				
（1）细菌生长繁殖的条件		√		
（2）细菌的繁殖方式与速度		√		
（3）细菌的人工培育		√		
5. 细菌的代谢产物				
（1）细菌的分解代谢产物	√			
（2）细菌的合成代谢产物			√	
实验二　细菌的培养和生长现象观察				技能操作
（1）培养基的种类		√		
（2）细菌的接种			√	
（3）细菌生长现象的观察		√		
6. 细菌的遗传与变异				
（1）概念与类型		√		
（2）常见的细菌变异现象		√		
（3）细菌变异的意义	√			
（二）细菌与外界环境				
1. 细菌的分布				
（1）细菌在自然界的分布	√			
（2）细菌在正常人体的分布		√		
2. 消毒与灭菌				
（1）基本概念			√	
（2）物理消毒灭菌法			√	
（3）化学消毒灭菌法		√		
3. 医院感染			√	
（1）医院感染的概念				
（2）医院感染的基本条件				
（3）医院感染常见的微生物				
（4）医院感染的预防和控制				
实验三　细菌的分布与消毒灭菌				技能操作
（1）空气、皮肤及咽喉部的细菌检查				
（2）紫外线杀菌实验				
（3）药物敏感实验				
（4）常见消毒灭菌器的介绍				
（三）细菌的致病性与感染				
1. 细菌的致病因素				理论讲授
（1）细菌的毒力			√	多媒体演示
（2）细菌的侵入数量	√			案例分析
（3）细菌的侵入门户	√			小组讨论
2. 细菌的感染				
（1）感染的概念与来源			√	
（2）感染的途径与方式		√		
（3）感染的类型			√	
三、常见病原菌				理论讲授
（一）病原性球菌				多媒体演示
1. 葡萄球菌属				案例分析
（1）生物学性状			√	情景教学
（2）致病性与免疫性			√	角色扮演
（3）微生物学检查		√		小组讨论
（4）防治原则	√			
2. 链球菌属			√	
（1）生物学性状				
（2）致病性与免疫性				
（3）微生物学检查				

续表

教学内容	教学要求			教学活动参考
	了解	熟悉	掌握	
（4）防治原则				理论讲授 多媒体演示 案例分析 情景教学 角色扮演 小组讨论
3. 肺炎链球菌				
4. 奈瑟菌属	√			
（二）肠道杆菌				
（1）脑膜炎奈瑟菌				
（2）淋病奈瑟菌				
1. 埃希菌属			√	
2. 志贺菌属		√		
3. 沙门菌属			√	
4. 变形杆菌属	√			
（三）弧菌属				
1. 霍乱弧菌			√	
2. 副溶血性弧菌	√			
（四）分枝杆菌属				
1. 结核分枝杆菌属			√	
2. 麻风分枝杆菌属	√			
（五）厌氧性细菌				
1. 厌氧芽孢梭菌属			√	
2. 无芽孢厌氧菌	√			
（六）其他病原菌	√			
四、其他原核细胞型微生物				理论讲授 多媒体演示 案例分析 情景教学 小组讨论
（一）螺旋体				
1. 钩端螺旋体		√		
2. 梅毒螺旋体		√		
（二）立克次体		√		
（三）衣原体		√		
（四）支原体		√		
（五）放线菌	√			
五、真菌				理论讲授 多媒体演示 案例分析
（一）真菌概述			√	
（二）常见病原性真菌		√		
六、病毒概述				理论讲授 多媒体演示 案例分析 小组讨论
（一）病毒的基本性状				
1. 病毒的大小与形态			√	
2. 病毒的结构与化学组成			√	
3. 病毒的增殖			√	
4. 病毒的干扰现象			√	
5. 病毒的抵抗力与变异性			√	
（二）病毒的致病性与免疫性				
1. 病毒的感染方式与类型		√		
2. 病毒的致病性		√		
3. 抗病毒免疫		√		
（三）病毒感染的检查方法与防治原则				
1. 病毒感染的检查方法		√		
2. 病毒性疾病的防治原则	√			
七、常见病毒				理论讲授 多媒体演示 案例分析 小组讨论
（一）呼吸道病毒				
1. 流行性感冒病毒			√	
2. 麻疹病毒		√		
3. 冠状病毒和 SARS 冠状病毒		√		
4. 其他呼吸道病毒	√			
（二）肠道病毒				
1. 脊髓灰质炎病毒		√		
2. 其他肠道病毒	√			
（三）肝炎病毒				
1. 甲型肝炎病毒			√	
2. 乙型肝炎病毒			√	
3. 其他肝炎病毒	√			
（四）人类免疫缺陷病毒			√	
（五）其他病毒				
1. 狂犬病病毒			√	
2. 流行性乙型脑炎病毒			√	
3. 其他虫媒病毒		√		
4. 疱疹病毒		√		
5. 出血热病毒		√		
6. 轮状病毒		√		
八、人体寄生虫概述				理论讲授 多媒体演示
（一）寄生现象与生活史			√	
（二）寄生虫与宿主的相互关系			√	

续表

教学内容	教学要求			教学活动参考
	了解	熟悉	掌握	
（三）寄生虫病的流行与防治	√			
九、常见人体寄生虫				理论讲授
（一）医学蠕虫				多媒体演示
1. 线虫纲			√	案例分析
2. 吸虫纲		√		小组讨论
3. 绦虫纲		√		
（二）医学原虫				
1. 根足虫纲		√		
2. 鞭毛虫纲	√			
3. 孢子虫纲			√	
实验四　常见人体寄生虫				技能操作
（1）常见人体寄生虫虫卵观察			√	
（2）常见人体寄生虫幼虫、成虫观察			√	
（3）吸虫中间宿主、猪带绦虫感染阶段标本观察			√	
十、免疫学基础				理论讲授
（一）抗原				多媒体演示
1. 抗原的概念与性能			√	案例分析
2. 影响抗原免疫原性的因素			√	情景教学
3. 抗原的特异性与交叉反应		√		
4. 医学上的重要抗原		√		
（二）免疫系统				
1. 免疫器官				
（1）中枢免疫器官			√	
（2）外周免疫器官			√	
2. 免疫细胞				
（1）T 淋巴细胞			√	
（2）B 淋巴细胞			√	
（3）NK 细胞		√		
（4）抗原提呈细胞		√		
3. 免疫分子				
（1）免疫球蛋白与抗体			√	
（2）补体		√		
（3）细胞因子	√			
（三）免疫应答				
1. 免疫应答概述				理论讲授 多媒体演示 案例分析 情景教学
（1）免疫应答的概念		√		
（2）免疫应答的类型				
（3）免疫应答的场所				
（4）免疫应答的基本过程			√	
2. 体液免疫应答				
（1）抗体产生的一般规律		√		
（2）体液免疫的生物学作用			√	
3. 细胞免疫应答				
（1）细胞免疫的效应机制			√	
（2）细胞免疫的生物学作用		√		
4. 免疫调节和免疫耐受				
（1）免疫调节	√			
（2）免疫耐受		√		
（四）抗感染免疫				
1. 固有免疫				
（1）屏障结构			√	
（2）吞噬细胞			√	
（3）体液中的抗菌物质	√			
2. 适应性免疫				
（1）抗病毒适应性免疫			√	
（2）抗细菌适应性免疫			√	
十一、临床免疫				理论讲授
（一）超敏反应				多媒体演示
1. Ⅰ型超敏反应				案例分析
（1）发生机制			√	小组讨论
（2）常见疾病			√	
（3）防治原则		√		
2. Ⅱ型超敏反应				
（1）发生机制			√	
（2）常见疾病			√	
3. Ⅲ型超敏反应				
（1）发生机制			√	
（2）常见疾病			√	
4. Ⅳ型超敏反应				

续表

教学内容	教学要求			教学活动参考	教学内容	教学要求			教学活动参考
	了解	熟悉	掌握			了解	熟悉	掌握	
（1）发生机制			√	理论讲授 多媒体演示 案例分析 小组讨论	2. 免疫治疗	√			
（2）常见疾病			√		（二）免疫学诊断				
（二）自身免疫病与免疫缺陷病					1. 体外免疫学检测				
					（1）体液免疫检测		√		
1. 自身免疫病	√				（2）细胞免疫检测	√			
2. 免疫缺陷病	√				2. 体内免疫学检测	√			
十二、免疫学应用				理论讲授 多媒体演示 案例分析 小组讨论	实验五　免疫学实验				技能操作
（一）免疫学防治					（1）豚鼠过敏实验		√		
1. 免疫预防					（2）抗原抗体反应			√	
（1）人工主动免疫			√		（3）免疫标记技术			√	
（2）人工被动免疫			√						

四、学时分配建议（54 学时）

教学内容	学时数		
	理论	实践	小计
一、绪论	1		1
二、细菌概述	7	6	13
三、常见病原菌	7		7
四、其他原核细胞型微生物	1		1
五、真菌	1		1
六、病毒概述	2		2
七、常见病毒	4		4
八、人体寄生虫概述	1		1
九、常见人体寄生虫	4	2	6
十、免疫学基础	11		11
十一、临床免疫	4		4
十二、免疫学应用	1	2	3
机动			
合计	44	10	54

五、教学大纲说明

（一）适用对象与参考学时

本教学大纲可供中职护理、助产等专业使用，总学时为 54，其中理论教学 44 学时，实践教学 10 学时。

（二）教学要求

1. 本课程对理论教学部分要求有掌握、熟悉、了解三个层次。掌握是指对所学的基本知识、基本理论具有深刻的认识，并能灵活地应用所学知识分析、解释生活现象和临床问题。熟悉是指能够解释、领会概念的基本含义并会应用所学技能。了解是指能够简单理解、记忆所学知识。

2. 本课程突出以培养能力为本位的教学理念，在实践技能方面分为熟练掌握和学会两个层次。熟练掌握是指能够独立娴熟地进行正确的实践技能操作。学会是指能够在教师指导下进行实践技能操作。

（三）教学建议

1. 在教学过程中要积极采用现代化教学手段，加强直观教学，充分发挥教师的主导作用和学生的主体作用。注重理论联系实际，并组织学生开展必要的临床案例分析讨论，以培养学生的分析问题和解决问题的能力，使学生加深对教学内容的理解和掌握。

2. 实践教学要充分利用教学资源，案例分析讨论等教学形式，充分调动学生学习的积极性和主观能动性，强化学生的动手能力和专业实践技能操作。

3. 教学评价应通过课堂提问、布置作业、单元目标测试、案例分析讨论、期末考试等多种形式，对学生进行学习能力、实践能力和应用新知识能力的综合考核，以期达到教学目标提出的各项任务。

4. 本课程内容包括病原生物和免疫学基础两部分。各校可依据实际教学情况适当调整教学内容、学时安排和教学顺序。

自测题参考答案

第 1 章　绪论

1. D　2. E　3. D　4. E

第 2 章　细菌概述

1. A　2. D　3. C　4. C　5. A　6. C　7. E　8. E　9. A　10. E　11. D　12. B　13. E　14. D　15. A　16. D　17. B　18. B　19. B　20. B　21. C　22. E

第 3 章　常见病原菌

1. D　2. D　3. D　4. E　5. C　6. A　7. B　8. B　9. E　10. B　11. D　12. D　13. C　14. E　15. E　16. A　17. B　18. D　19. D　20. E　21. E　22. B　23. B　24. B　25. D

第 4 章　其他原核细胞型微生物

1. E　2. B　3. B　4. D　5. C　6. D　7. C　8. E　9. B　10. C　11. B　12. B　13. A

第 5 章　真菌

1. B　2. D　3. B　4. E　5. D　6. D　7. E　8. B　9. E　10. B

第 6 章　病毒概述

1. D　2. D　3. C　4. E　5. D　6. E　7. C　8. C

第 7 章　常见病毒

1. B　2. E　3. B　4. E　5. B　6. C　7. D　8. A　9. D　10. D　11. D　12. A　13. B　14. C　15. C　16. E　17. D　18. A　19. C　20. A　21. D　22. B　23. E　24. C　25. D　26. C　27. D　28. B　29. D　30. B　31. A　32. A　33. E　34. E　35. C　36. A　37. D　38. C　39. A　40. B　41. A　42. A

第 8 章　人体寄生虫概述

1. B　2. A　3. E　4. D

第 9 章　常见人体寄生虫

1. B　2. B　3. A　4. D　5. C　6. D　7. B　8. D　9. C　10. B　11. B　12. C　13. A　14. D

第 10 章　免疫学基础

1. C　2. B　3. B　4. D　5. E　6. B　7. D　8. E　9. E　10. C　11. C　12. A　13. E　14. D　15. A　16. C　17. B　18. E　19. D　20. A　21. D　22. B　23. A　24. A　25. C　26. A　27. B　28. A　29. B　30. C　31. B　32. A　33. E　34. C　35. D　36. A　37. C　38. C　39. E　40. E　41. E　42. C　43. B　44. A　45. C　46. B　47. C　48. E　49. D　50. D　51. D　52. C

第 11 章　临床免疫

1. C　2. D　3. E　4. C　5. A　6. A　7. E　8. D　9. D　10. B　11. A　12. A　13. D　14. C

第 12 章　免疫学应用

1. D　2. E　3. A　4. C　5. A　6. D　7. C